Lao Russell

Gott arbeitet mit dir.
Aber nicht für dich.

Lao Russell

Gott arbeitet mit dir.
Aber nicht für dich.

Eine lebendige Philosophie

Deutsch von Dagmar Neubronner

Genius Verlag

GOTTES GROSSE GESCHENKE AN DIE MENSCHEN SIND DAS LEBEN UND DAS, WAS DER MENSCH TOD NENNT.

Gottes Universum basiert auf der Liebe, die Er Seinem universalen Körper
als Leben gibt – und auf der Liebe, die Sein universaler Körper
Ihm als Tod zurückgibt, um ewig ins Leben wiedergeboren zu werden.

DIESE NEUE LEBENSART
basiert auf der harmonischen Vollkommenheit und Normalität
des Liebesprinzips der Natur, die niemals nimmt, sondern gibt,
damit das Gegebene gleichwertig wiedergegeben werde.

LEBEN
ist das große Geschenk der Liebe,
das unser Vater-Mutter-Gott aller Schöpfung gegeben hat –
und

TOD
ist das große Geschenk der Liebe,
das alle Schöpfung unserem Vater-Mutter-Gott zurückgibt,
damit alle Schöpfung ewig wiederaufersteht zu gleichwertig ausgewogenen
und gegenläufig unterteilten Abfolgen von Leben.

LAO RUSSELL

WESENTLICHE GRUNDLAGE
FÜR EINE LEBENDIGE PHILOSOPHIE

Um dich selbst zu segnen, segne deinen Nächsten.
Um dein Leben zu bereichern, bereichere das Leben deines Nächsten.
Ehre deinen Nächsten, und die Welt wird dich ehren.
Willst du dir selbst Leid zufügen, füge deinem Nächsten Leid zu.
Wer Liebe sucht, wird sie finden, indem er Liebe gibt.
Der Reichtum eines Menschen bemisst sich daran,
wie viel Reichtum er gegeben hat.
Willst du reich an Freunden sein, bereichere deine Freunde mit dir.
Das, was du einem Menschen nimmst, wird die Welt dir nehmen.
Wenn du den ersten Schritt tust, um dich dem zu geben, was du möchtest,
wird es den ersten Schritt tun, um sich dir zu geben.
Friede und Glück kommen nicht aus der Ferne zu dir,
sondern breiten sich von dir über den Horizont hinaus
in die Unendlichkeit aus.
Das ganze Universum ist ein Spiegel, der dir widerspiegelt,
was du in ihn hinein spiegelst.
Liebe ist wie die Besteigung eines Berggipfels.
Sie kommt dir in dem Maße näher, wie du dich ihr näherst.

LAO RUSSELL

Alle Rechte vorbehalten
Titel der Originalausgabe: God Will Work With You But Not For You
Deutsche Erstausgabe
© 2009 by Genius Verlag, Bremen
www.genius-verlag.de
info@genius-verlag.de

Übersetzung Teil I: Dagmar Mallett, Teil II+III: Dagmar Neubronner
Lektorat und Layout: Tilman Neubronner
Korrektorat: Gaby Splett, Hermann Behrmann
Cover: Petra Friebel, www.friebelarts.de
Druck: Finidr, Tschechische Republik
1. Auflage Juni 2009

ISBN 978-3-934719-32-3

INHALT

TEIL I

TEIL II

TEIL III

EINFÜHRUNG

von Walter Russell

Wer der Welt seine eigene Frau vorstellt, gerät natürlicherweise in die Versuchung zu übertreiben. Ich glaube zwar diesbezüglich immun zu sein, halte es jedoch nicht für unmöglich. Ich glaube mit Recht und ohne Voreingenommenheit sagen zu können, dass meine Frau die großartigste Geisteshaltung hat, der ich je begegnet bin. Das will bei mir einiges heißen, denn ich hatte das Privileg, die bedeutendsten Intellektuellen unserer Zeit aus nächster Nähe kennen zu lernen.

Meine Frau wurde mit dem Geist der Kreuzritter geboren, der ihr Leben von Anfang an bestimmt hat. Es war ihre Bestimmung, von frühester Kindheit an nach dem schwer fassbaren Geheimnis zu suchen, das allein den Menschen von seinem Glauben an das BÖSE befreien kann, der ihn versklavt zu haben scheint.

Auch sie bereiste ferne Länder auf ihrer Suche nach diesem Geheimnis, welches das Licht im Menschen erwecken und ihn so von den Ketten seiner Dunkelheit befreien sollte. Sie suchte zu Füßen der Pyramiden im Sand der Sahara, in den indischen Tropen und in überfüllten Städten auf vier Kontinenten – aber sie betrachtete nicht das Äußere der Menschen, um zu finden, wonach sie suchte. Sie suchte nur *in* den Menschen. Sie schaute nur ins Licht ihrer erleuchteten Seelen. Und dort in der erleuchteten Seele des Menschen fand sie den Heiligen Gral ihrer langen Suche. Denn siehe: Alles, was sie dort fand, war GUT – sie fand nur GUTES.

Und erneut reiste sie durch die Welt, um in der Seele des Menschen nach dem zu suchen, was er das BÖSE nennt – aber immer fand sie in der SEELE des Menschen nur das GUTE.

Sie fragte sich, wo das BÖSE in ihm zu finden sei, und schaute in seine SINNE. Und siehe da! Dort fand sie das BÖSE, eingehüllt in eine schwarze Wolke aus Angst und Gier. Diese führte die Menschen in tiefe Abgründe, angefüllt mit trügerischem Gold, das sie nie lange genug in Händen halten konnten, um es zu zählen – so schnell verschwand es wieder in seiner schwarzen Wolke. Sie sah näher hin, um herauszufinden, warum der Mensch sich von seinen Sinnen verleiten ließ, all diese vielen Dinge zu tun, die er für böse hielt, und sie sah in der schwarzen Wolke ein weiteres Trugbild mit Namen GLAUBE AN DAS BÖSE, in dem seine Sinne ihn zu seinem eigenen Bild werden ließen, zu dem, was er zu sein glaubt.

Als sie in die Herzen der Männer und Frauen blickte, Väter und Mütter einer gespaltenen, unglücklichen und ängstlichen Welt, entstand in ihr der Impuls, nach der Ursache dieser Spaltung zu suchen und die Angst und Traurigkeit der Welt aufzulösen. In ihrer Kosmischen Erleuchtung konnte sie die Ursache der Welt-Spaltung sehen und warum die Menschheit die Bedeutung der Liebe nicht kennt. »Der Mensch ist nicht schlecht«, sagte sie. »Er ist nicht böse. Nirgendwo gibt es Sünde. Es gibt nur das GUTE. Der Mensch steht noch ganz am Anfang und weiß noch nicht, wie er leben soll, wie er lieben soll. Er weiß noch nicht, WER er ist und WARUM er hier ist. Nur sehr wenige Menschen sind sich bisher ihrer Göttlichkeit bewusst. Und weil der Mensch erst am Anfang steht, muss man ihm vergeben. Darum hat Jesus gesagt: ›Sie wissen nicht, was sie tun.‹«

Da Lao Russell von Gott nicht durch ihre Sinne, sondern durch ihre Seele gelehrt wurde, erkannte sie die wahren Gegebenheiten, die von den Sinnen nicht erfasst werden können. Zugleich wurde sie befreit von der Illusion der Materie in Bewegung, die so sehr die Sinne täuscht, welche Vergänglichkeit für wirklich halten. Darum sah sie Gottes Universum mit den Augen der inneren Schau und erblickte das Unsichtbare, sie hörte mit den inneren Ohren und erlauschte, was noch in der Stille eingefaltet liegt. Darum hat sie immer in ihrem eigenen Selbst gesucht, um zu erfahren, was sie wissen wollte, und um sich zu ihrer Bestimmung führen zu lassen.

Im langen intensiven Einswerden mit Gott, ihrem einzigen Lehrer, wurde sie darauf vorbereitet, die vorliegende wundervolle Botschaft der Welt zu geben. Sie ist die Vollendung der Aufgabe, die Gott ihr gestellt hatte. Damit gibt sie Gottes Botschaft an die Welt, um deren gefährliche Spannungen aufzuheben und den Absturz in die Vergessenheit umzukehren, auf den die Welt unwissentlich zusteuert.

Meine geliebte Frau ist eine Botin. Sie bringt der Menschheit neues Wissen, das sie in dieser Stunde der Dämmerung, in der sie entweder in einen neuen Tag erwacht oder in weitere lange Nacht versinkt, dringend braucht. Gott hat den Menschen viele Botschaften der Liebe geschickt, um sie auf hohe Gipfel zu heben, von denen sie immer wieder heruntergefallen sind und weiter fallen werden, bis sie diese Botschaften, die von Gottes Seele in die Seele der Menschen gesenkt werden, mit ihren inneren Ohren hören.

Gottes leise Stimme spricht ständig zu allen Menschen, aber nur wenige hören sie, und die vielen anderen wissen nicht, was sie bedeutet. Die wenigen, die sie hören und ihre Bedeutung verstehen, bringen all jenen, die ihre Bedeutung nicht verstehen, Botschaften der Liebe, um ihnen zu vermitteln, was Liebe bedeutet.

Die Menschheit hat die Bedeutung dieser kosmischen Botschaften der Liebe unter männlicher Führung nie verstanden, denn der Vater der menschlichen Weltfamilie regierte allein. Es ist kaum eine Generation her, dass er widerstrebend der Mutter der Weltfamilie erlaubt hat, in einer kleinen Ecke der Welt an die äußerste seiner Pforten zu kommen.

Ihr ganzes Leben lang hat meine Frau gewusst, dass die Ursache für alles Elend und alle Uneinigkeit in der Welt darin liegt, dass die Weltfamilie keine Mutter hat. So wie es einer Familie ohne Mutter geht, so geht es der ganzen Weltfamilie. Gott schuf Väter und Mütter, damit sie sich den Bau ihres Heimes teilen. Wo nur der Mann Herr seines Heimes ist, können Liebe und Einheit nicht einziehen. Bis der Mann Gottes Gesetz erkennt und sich die Verwaltung des großen Welten-Heimes mit den Frauen teilt, wird es bis in alle Ewigkeit nur die Uneinigkeit einer Krieg führenden, angsterfüllten Welt geben. Die Zivilisation wird ewig weiter fallen, wie es unsere jetzige tut, bis die eine vereinte Weltfamilie durch die Eigenschaften des Vaters wie der Mutter ins Gleichgewicht gebracht wird.

Seit ihrer frühen Kindheit hat meine erleuchtete Lao diese Vision von der Ursache dieses weltweiten Mangels aufrechterhalten, zusammen mit der Überzeugung, dass es ihre Bestimmung war, alle denkenden Männer und Frauen wachzurütteln, damit sie die Notwendigkeit erkennen, sich als ein einziger Vater-Mutter-Gott zu vereinen, um All-Liebe und persönliche Liebe, Frieden und Zufriedenheit in diese unglückliche und ängstliche Welt zu bringen.

Die darin enthaltene Botschaft ist der erste Schritt zur Verwandlung der Welt. Der nächste Schritt muss von den Frauen eingeleitet werden, die von den gebildeten Männern, die wirklich freiheitlich denken, Unterstützung erhalten werden. Nur so kann eine *ausgewogene Zivilisation* entstehen, die nachhaltig stabil ist.

TEIL I

»Ich muss mir eingestehen, dass ich mich selbst zerstört habe,
und dass jeder – ob groß oder klein –
nur durch die eigene Hand zerstört werden kann.«

OSCAR WILDE

KAPITEL I

FÜNF VOR ZWÖLF

Diese Botschaft wurde dem Menschen zu einer Zeit gegeben, wo unmittelbar sein Sturz in einen weiteren, Grauen erregenden Abgrund des Vergessens droht. Ich schrieb sie aus der Tiefe meiner Seele mit dem ernsthaften Wunsch, dass es nicht die verlorene Stimme einer Ruferin in der Wüste sein möge.

Wieder einmal scheint die mühsam errichtete Zivilisation des Menschen vor einem weiteren Sturz ins Chaos und in die Vergessenheit eines weiteren dunklen Zeitalters zu stehen, und zwar aus demselben Grund, aus dem sie immer wieder gestürzt ist. Bis zum Jahr 1900 hat die Welt acht Jahrhunderte lang einen ständigen Fortschritt erfahren, aber seitdem ist sie tiefer gesunken, als sie sich in diesen acht langen Jahrhunderten nach oben gearbeitet hat.

Die Welt war zu jener Jahrhundertwende ein sehr freundlicher Ort. Kriege und die Bedrohung durch Kriege schienen aus ihrem Denken verschwunden zu sein. Der aufgestaute Hass aus Zeiten, da Imperien errichtet wurden, schien vergessen zu sein. Die weltweite Aufrüstung, um Nachbarn vor Nachbarn zu schützen, hatte praktisch aufgehört. Kriegsschiffe schienen nutzlos geworden zu sein und wurden von vielen großen Nationen verschrottet. Die Kultur hatte in der ganzen Welt einen hohen Stand erreicht. Jeden Tag entstanden neue große Kunstsalons, gab es mehr Musikereignisse, und Genies wurden gefördert, um die Welt der Kultur zu verschönern.

Im Jahr 1914 tauchten plötzlich die alten Urwaldmanieren wieder auf, und wieder wurden Menschen zu Mördern und Schlächtern. Nur töteten und metzelten sie dieses Mal in einem bis dahin nicht gekannten Ausmaß. Die Welt-Einheit verschwand immer mehr, und eine noch nie da gewesene Welt-Uneinigkeit verbreitete sich. Hass, Angst, Feindseligkeit, Grausamkeit und

Verkommenheit kehrten aus ihren vergessen geglaubten Gräbern zurück, und in nur dreißig Jahren wurde das Blut von mehr als vierzig Millionen Menschen vergossen, und unzählige Millionen von einst freien Menschen wurden versklavt. Eine selbst während zweier Inquisitionen nie dagewesene Grausamkeit wurde zur Normalität dieser Welt.

Noch nie zuvor in der Geschichte der Menschheit haben Nationen ihre eigene Bevölkerung versklavt. Sie haben zwar eroberte Stämme und Rassen versklavt, nie aber das eigene Volk, wie es in manchen Teilen dieser Welt geschehen ist und immer noch geschieht. In riesigen Öfen vergasten und verbrannten wir Millionen unserer Brüder, die wir lieben sollten. Ganze Regimenter wurden lebendig in Gräben begraben, die sie für ihre eigene Beerdigung ausheben mussten. Gehirnwäsche führte zu neuer und unvorstellbarer Grausamkeit, mit der Menschen Gräueltaten verübten.

Heute ist die ganze Welt in sich gespalten und muss abstürzen, wenn Liebe und Einsatz sich nicht schnell genug einstellen, um sie zu retten. Kein Hauswesen kann mit sich selbst im Krieg liegen und überleben – sei es das eigene Heim oder die Gesamtheit aller Familien weltweit. Wenn die vervielfachten Kräfte der Wissenschaft in unserer gespaltenen Welt einen neuen Weltkrieg auslösen, dann wird die Zivilisation, die wir gekannt haben, vom Erdboden verschwinden.

Durch Kriege kann genauso wenig Frieden entstehen, wie durch Hass Liebe entstehen kann. Die Menschen führen Kriege in der Hoffnung, Frieden zu finden, und erkennen nicht, dass Kriege nur Kriege hervorbringen können und dass jeder scheinbare Frieden nur ein Waffenstillstand ist, aus Angst vor dem nächsten Krieg. Haben wir nicht genug gelitten, um nun endlich zu sagen: Herr, errette uns vor uns selbst, damit wir uns nicht selbst zerstören? Oder müssen wir immer noch mehr leiden, bis nicht mehr genug Menschen übrig geblieben sind, um weiterzukämpfen?

Gottes Plan für den Menschen ist es, dass er die Lektion der Liebe lernt, auf die das Universum sich gründet. Er kann diese Lektion nur lernen, wenn er seinem Nächsten Liebe gibt, die ihm von seinem Nächsten zurückgegeben wird. Dienst am Nächsten ist das höchste Lebensprinzip. Der Wert, den jeder Mensch für jeden anderen hat, ist die Quelle allen menschlichen Reichtums und Wohlstands. Weltfrieden und Zufriedenheit können nur errungen werden durch die Erkenntnis, welchen Wert der Mensch für den Menschen hat, und wenn dieser Wert durch gegenseitigen Dienst aufrechterhalten wird.

Doch statt diese Erkenntnis in die Tat umzusetzen, hat sich die Menschheit an der denkbar niedrigsten Tätigkeit beteiligt, dem Töten aus Gier. Mehr als sechzig Millionen Menschen haben sich vierzig Jahre lang anstellen lassen, um aus dem Töten von Menschen den weltweit größten Wirtschaftszweig zu machen. Über vierhundert Milliarden Dollar wurden dafür ausgegeben, Menschen zu töten, statt dem Gesetz der Bruderschaft der Menschheit zu gehorchen. Im letzten Jahrhundert war die Zahl der getöteten Menschen eher unbedeutend. Sie ist erst in unserer modernen Zivilisation so schnell angewachsen, in der in fünfzig Jahren dreißig Mal mehr Menschen getötet wurden, als in den fünf Jahrhunderten vor dem siebzehnten Jahrhundert.

Mit Pfeil und Bogen war es noch schwierig, Menschen zu töten. Das wurde zunehmend leichter, als diese Waffen durch Gewehrkugeln, Projektile, Torpedos, Unterseeboote und Bombenflugzeuge abgelöst wurde. Heute kann man mit einer einzigen Bombe jeden Mann, jede Frau und jedes Kind in einem Radius von zwanzig Meilen umbringen. Das Töten von Menschen ist so leicht geworden, dass wir heute in nur wenigen Minuten so viele umbringen können, wie Napoleon in all seinen Feldzügen zusammen!

Sollte es darum nicht an der Zeit sein, dass die Menschen zusammenkommen und sich ansehen, wie degeneriert wir geworden sind, statt unserer brutalen, barbarischen und grausamen Zivilisation einen unverdienten Heiligenschein aufzusetzen? Haben wir genug Charakterstärke, um zuzugeben, dass unser Wohlstand durch Plünderei, Piraterie, Sklaverei, Sklavenhandel und unermesslicher Ausbeutung der Schwachen, also durch die Macht der Gier im Menschen erreicht wurde?

Ist es nicht auch Zeit, gründlich über die Tatsache nachzudenken, dass die vom Mann beherrschte Welt immer eine Krieg führende Welt gewesen ist? Der Mann hat immer nur seine von seinen im Dschungel kämpfenden Primaten ererbte menschliche Natur zum Ausdruck gebracht, wenn er aus lauter Gier zu Lande und zu Wasser plünderte, Länder eroberte, Menschen versklavte und aus Gier tötete, während die Frau liebte, diente und der Welt Leben schenkte. Wenn jedoch Mann und Frau als Eins zusammen arbeiten, um ein glückliches Heim zu erschaffen, dann tun sie das immer sehr erfolgreich. Könnte es nicht sein, dass ohne Einheit und Gleichheit der Weltenväter und Weltenmütter es genauso unmöglich ist, eine glückliche Welt zu erschaffen, wie es ohne diese Einheit kein glückliches Heim geben kann? Die menschliche Gier des Eroberers und Kriegers hat die Welt erschaffen, wie sie uns heute entgegenkommt. Wenn Liebe und Romantik der Gier geopfert werden, wie können wir noch aufs Überleben hoffen?

Es gibt nur einen sicheren Weg, den Menschen vor der Vernichtung durch sich selbst zu bewahren, und das ist der Weg neuer Selbsterkenntnis –

dynamischer Erkenntnis von: Wer der Mensch ist; was er ist; warum er hier ist; in welcher Verbindung er zu anderen Menschen steht; in welcher Verbindung er zu Gott und Seinem Universum steht. Mit dieser grundlegenden Erkenntnis wird er seine Bestimmung auf der Erde kennen und bewusst *mit* Gott, der ihn erschaffen hat, zusammen arbeiten, statt sich selbst durch eigene Hand zu zerstören, indem er gegen Gott arbeitet, so wie er es zur Zeit tut.

Von dem Tag an, an dem der Mensch aus dem Dschungel seiner Anfänge herausgetreten ist, hat er versucht, sich selbst zu entdecken. Von dem Tag an, an dem seine Innere Stimme sich in seinem erwachenden Bewusstsein meldete, hat er sich immer wieder gefragt: WER bin ich? WAS bin ich? WARUM bin ich hier?

Jahrhunderte sind seitdem vergangen, und der Mensch stellt sich immer noch diese unbeantworteten Fragen. Der Mensch selbst ist das größte Geheimnis des noch immer Unbekannten. Er hat die Meere erobert, die Lüfte, die Elemente und sogar die Kräfte, die das Universum bewegen. Doch der Mensch, der große Entdecker so vieler Dinge, hat immer noch nicht sich selbst entdeckt. Er kennt immer noch nicht den MENSCHEN. Er fragt sich immer noch verzweifelt: WER bin ich? WAS bin ich? WARUM bin ich hier?

Die Zeit ist gekommen, dass der Mensch die Antworten erfahren kann, wenn er will, aber nur wenn er auf seine Innere Stimme hört. Es hat in der Vergangenheit sehr wohl Menschen gegeben, die diese Entdeckung gemacht haben. Sie haben sogar versucht, den anderen davon zu erzählen, aber ihre Worte hatten für den Primaten-Menschen keine Bedeutung.

Dann kam der Eine, der das Wissen hatte. Er versuchte, den Menschen von ihrer göttlichen Abstammung zu erzählen, vom Gott der Liebe und von Seiner Einheit mit Ihm und allen Menschen, aber Er starb am Kreuz. Seine Worte hatten für den Primaten-Menschen damals keine Bedeutung. Sie beteten weiter einen Gott der Angst an, einen zornigen Gott, den sie mit Blutopfern zu besänftigen suchten.

Bis heute haben die Menschen die Lehren Jesu, dieses unübertroffenen Wissenschaftlers aller Zeiten, noch nicht gänzlich verstanden. Seine wenigen Worte enthalten das größte Wissen, das den Menschen jemals gegeben worden ist. In ihnen ist die Frage nach Identität und *Ziel* des Menschen vollständig beantwortet. In ihnen ist auch alles Wissen über die Ursache zu finden, nach der weltweit angesehene Wissenschaftler vergeblich gesucht haben. Sie fragen immer noch: Wer bin ich? Was ist Gravitation - und Energie - und Licht - und was hält das Atom zusammen? Jesus hat sogar diese Fragen für zukünftige Generationen beantwortet und ihnen den Weg gewiesen, die

Antworten zu verstehen. Aber die Menschen schauten in eine andere Richtung, und das tun sie noch immer. Sie verstehen einfach nicht.

Obwohl Jesus, der göttliche Botschafter der Liebe, der das GUTE in die Welt gebracht hat, um das Böse zu verdrängen, von Menschen gekreuzigt wurde, gab es auch Menschen, die an ihn glaubten. Die Liebe überlebte die Kreuzigung, auch wenn jene wenigen Menschen, die an ihn glaubten, die tiefere Bedeutung Seiner Worte nicht verstanden. Auch in unserer heutigen Welt gibt es nur wenige, die dies tun.

Gott, Mann, Frau und die Natur sind die einzigen Elemente, die der Mensch kennen und in einen Zusammenhang bringen muss, um eine überlebensfähige Zivilisation zu errichten. Das fehlende Wissen des Menschen um diese Elemente und darum, wie sie miteinander verbunden sind, ist der Grund dafür, dass seine so mühsam errichteten Zivilisationen immer wieder zusammenbrachen. Darum steht auch die heutige Zivilisation vor dem Zusammenbruch, wenn der Mensch nicht »durch die Erneuerung seines Geistes rechtzeitig transformiert werden kann«, um sich selbst vor dieser grauenvollen Katastrophe zu retten.

Dieses neue Konzept ist in Wahrheit ein neues Verständnis und eine neue Interpretation der Lehren Jesu, des einzigen vollkommen im Christusbewusstsein erleuchteten Mystikers aller Zeiten. Jesus gab der Welt einen vollständigen Lebensweg, der ewigen Bestand gehabt hätte, wenn die Menschen Ihn nur verstanden hätten. Aber der Mensch war noch zu unterentwickelt, dem Dschungel und seinem Primatendasein noch zu nah, um Ihn auch nur annähernd verstehen zu können.

Die Menschen unseres technischen Kommunikationszeitalters sind jetzt in der Lage, Seine Lehren zu verstehen, wenn sie nur die alten heidnischen Traditionen über Bord werfen, die leider fest in ihrem Denken verankert sind. Wenn Jesus heute unter uns wäre, um der Welt Sein Wissen zu geben, *dann wäre das größte zu überwindende Hindernis die heidnische Fehlinterpretation Seiner eigenen Lehren, die eine undurchdringliche Mauer aus Aberglaube, Bösem, Magie und Glaube an Wunder und Übernatürliches um das menschliche Denken herum errichtet hat.* Wenn wir bedenken, dass noch in den letzten zweihundert Jahren viele unserer höchstgestellten Intellektuellen an Hexerei glaubten und Hexen lebendigen Leibes verbrannten, dann wird deutlich, wie stark der Einfluss des frühen heidnischen Denkens auf unser modernes Denken ist.

Das ist das größte zu überwindende Hindernis, wenn man in diesem Denken von der wahren Bedeutung der Lehren Jesu spricht. Es gibt jedoch viele, die für ein neues Verständnis offen sind. Wenn alle, die diese Lehren lesen, sie unvoreingenommen annehmen, dann können wir in der Tat unsere Welt davor retten, in Vergessenheit zu geraten, und sie durch eine überlebensfähige Welt des Friedens und des Glücks ersetzen, die dem Menschen wohl gesonnen ist. Dieses hohe Ziel kann nur erreicht werden, wenn sich die ganze Welt zu einer Familie vereint.

Lasst uns darum die Welt transformieren, indem wir die Denkweise der Welt verändern. *Diese Transformation kann nur stattfinden, wenn der Mensch versteht, dass er auf ewig und jederzeit untrennbar Eins ist mit einem verständnisvollen Gott, mit allen Menschen und mit der Natur.*

Die Welt hätte schon vor langer Zeit ein kraftvolles Wissen von Gott und Seiner Beziehung zu den Menschen haben können, statt der vagen Vorstellungen, die sie heute davon hat, wenn sie nur die Lehren Jesu verstanden hätte. Er forderte die Menschen auf, *in sich* hineinzuschauen, um die Antwort auf all diese Fragen zu finden.

Was hat Er damit gemeint? Was ist dort *im Inneren* des Menschen, was ist mit »Himmelreich« und all dem anderen gemeint?

Er meinte den GEIST. *Er meinte, dass es im ganzen Universum nur Geist und Körper gibt – was Schöpfer und Schöpfung bedeutet, und was auch Ursache und Wirkung bedeutet.*

Und das IST die Antwort auf alle Fragen. Es ist die Antwort auf die Frage, was ist Gott, die Natur, der Mann, die Frau, Energie, Lautlosigkeit, Klang, Stille, Bewegung und alles andere.

Gottes Geist und das elektrische Pulsieren seines geteilten Denkens erzeugen die Gesamtheit dieses Universums. Darüber hinaus gibt es nichts anderes.

Gottes allwissender, allmächtiger, lebendiger, bewusster Geist ist ewiglich im Ruhezustand.

Gottes elektrisches Denken ist ewiglich in Bewegung. Sein elektrisches, kreatives Denken dehnt sich aus den Zentren der Stille aus, um Körper zu erschaffen, die für eine Zeitspanne Sein Wissen von Macht und Handeln manifestieren. Alle so von Ihm ausgehenden lebenden Körper, die Seine Energie durch Handeln ausdrücken, kehren dann für eine Zeitspanne der Ruhe zu Ihm zurück, bevor sie sich wieder in einen weiteren Pulsschlag des Handelns ausdehnen. Dieses auch Reinkarnation oder Wiederholung von Körpermustern genannte Prinzip ist der Ablauf der Natur.

Die Menschen empfangen diese pulsierenden Gedanken des lebendigen, denkenden Gottes, um lebendige und sterbende Körper zu sein, die ihre eigene Identität und Realität haben. Auf diesem tragischen Missverständnis begründen sich alle Missstände, die der Mensch für sich selbst erschaffen hat, und zwar ausnahmslos alle, von geschäftlichen Fehlschlägen bis zu Scheidungen, von Degenerationskrankheiten bis zu Kriegen, von Enttäuschungen bis zum Irrsinn und zum regelmäßig wiederkehrenden Aufstieg und Untergang ganzer Zivilisationen.

Wie schade! Und WARUM?

Weil die Menschen Seiner Zeit nicht verstanden, was Jesus meinte, als Er ihnen sagte, dass *sie Gott in ihrem Inneren finden können, und ihnen dann alles andere gegeben werden würde.* Aber statt Ihn zu verstehen und Ihm zu glauben, konzentriert sich der Massen-Geist der Welt damals wie heute auf das Außen, gründet seine Realität auf vergängliche, pulsierende Körper der lebendigen-sterbenden physischen Materie, statt auf den ihm innewohnenden Seelen-Geist. Die Menschen taten genau das Gegenteil von dem, was Jesus lehrte, und richteten sich ein Leben ein, das sie ins Unglück und in Vergessenheit führte.

Der Menschen suchte im Außen nach sich selbst und entschied sich für vergängliche, pulsierende lebendige-sterbende materielle Dinge, die er für bereichernd hielt.

Er richtete seine Aufmerksamkeit weg von seinem geistigen Selbst, um Liebe und Glück im Austausch mit physischen, sich rhythmisch bewegenden Körpern zu finden, die ihm doch nur Bewegung geben können.

In seinem Streben nach Macht richtete der Mensch seine Aufmerksamkeit weg von der EINEN großen Realität, in der alle Kraft liegt, auf die Unwirklichkeit des vergänglichen Materiellen, und übernahm für sich ein Trugbild, das sich in seiner eigenen Leere auflöste.

Selbst die größten Intellektuellen der Welt blickten in die falsche Richtung, statt ihre Aufmerksamkeit auf die stille, zentrale Energiequelle zu richten, um pulsierende Bewegungen mit Energie auszustatten. Dabei suchen sie nach der URSACHE in den vergänglichen WIRKUNGEN von Ursachen.

Kann es da verwundern, dass dieser vom Menschen gewählte Lebensweg ihm nie Glück und Frieden bringen konnte? Hat je ein Lebensweg, der auf Gier nach materiellem Besitz und Macht beruhte, zu Glück, Frieden und Wohlstand geführt?

Nicht eine einzige seiner Schöpfungen hat überlebt, wenn der Mensch sich auf das Außen konzentrierte und sich von dem ihm innewohnenden Geist abwandte.

Andererseits waren jene unsterblichen Schöpfungen des Menschen, die auch unsere Zivilisation überdauern, Werke von spirituellen Genies, die von jenem Funken inspiriert waren, den jeder Mensch in sich trägt. Ihre Worte entspringen der Begeisterung und Inspiration ihrer Geist-Quelle und spiegeln den Rhythmus von Gottes Denken wider, während Werke der Menschen-Körper, die nur den Rhythmus von Körperklängen kennen, nur einen Tag lang leben und dann vergessen werden.

Wir müssen heute unseren Lebensweg mit dem Bewusstsein erschaffen, dass Gott in uns ist, sonst gehen wir unter. Bisher hat der Mensch seinen Lebensweg in einer Welt aus Angst, Hass, Feindschaft und Uneinigkeit eingerichtet, und auf ihm wollte er sich mit dem »Recht« des Stärkeren aneignen, was seinem Nächsten gehörte.

Dieser alte, auf *Nehmen* ausgerichtete Weg hat sich als verhängnisvoll herausgestellt, denn er schaffte Feinde, die in ihrem Hass *wiederum nehmen*.

Der neue Weg wird auf *Geben* ausgerichtet sein, denn er schafft Freunde, die in ihrer Liebe *wiedergeben*.

In der »Botschaft der Göttlichen Iliade« meines Mannes steht: »Alle Menschen werden zur rechten Zeit zu Mir kommen, aber die Qual des Wartens liegt bei ihnen.«

Wenn wir wissentlich mit Gottes universellen Gesetzen zusammenarbeiten, dann kann die »Qual des Wartens« vorüber sein, und alle Männer und Frauen können sich als eine vereinte Weltfamilie auf ein Leben in himmlischem Frieden und Glückseligkeit freuen. Es ist eine gewaltige Herausforderung und ein gewaltiges Ziel, aber diesen Preis kann sich die gesamte Menschheit teilen.

KAPITEL II

WER BIN ICH?

Wer bin Ich? Was bin ich? Warum bin ich hier? Seit Ewigkeiten hat der Mensch in allen Zeitaltern die Antworten auf diese entscheidenden Fragen gesucht.

Die einfache Wahrheit des Lebens ist, dass es gelebt werden muss und der stärkste Instinkt des Menschen ist sein Überlebenswille. Mit ganzer Leidenschaft hält er zäh am Leben fest. Er weiß immer noch nicht, wer er ist – kennt weder seine Identität noch seine Individualität – weiß nicht, was er ist und kennt nicht das WARUM für alles, was ihn befremdet. Tag für Tag trotzt er der allgegenwärtigen Tatsache, dass er hier ist – und leben und arbeiten muss, um zu überleben. Für immer und ewig muss er unerklärliche Höhen erklimmen, die höher sind als die Stufe, auf der er sich gerade befindet. Und immer wieder scheinen diese Höhen undefinierbar, unerreichbar und unerkennbar zu sein.

Sehr eindrücklich nimmt der Mensch sich als Lebewesen wahr, sieht aber nicht die Bedeutung seiner Existenz. Er spürt intuitiv, dass er eine Bestimmung hat, und auf der Suche danach tastet er sich gewundene Pfade entlang, die ihn aus der Dunkelheit seiner Anfänge ins unbekannte Licht führen sollen, zum Ziel seiner Suche. Während aller vergangenen Zeitalter entsprang das Leben der Dunkelheit, in welcher der Mensch das große Geheimnis seiner Einheit und seiner Identität mit Gott nicht kannte. Selbst wenn man ihm davon erzählte, hatte diese Information für ihn keine Bedeutung. Der vor ihm liegende Weg blieb dunkel und verwirrend.

In dieser entscheidenden Stunde, in der die Welt in Gefahr ist, müssen die lebenswichtigen Fragen nach der Identität und Bestimmung des Menschen beantwortet und die Antworten verstanden werden. Ein Mensch, der nichts von seiner Bedeutung und seiner wichtigen Rolle bei der Entfaltung von Gottes Idee weiß, wird in seiner Entwicklung zurückgehalten, weil er sich dessen nicht bewusst ist. Entsprechend wird die Entwicklung der

23

gesamten menschlichen Spezies verzögert, wenn sie ihre göttliche Bestimmung nicht entdeckt.

Bevor ich diese entscheidenden Fragen beantworte, möchte ich eindringlich darauf hinweisen, dass neues – auf neuen Konzepten aufbauendes – Wissen sich zwangsläufig einer neuen Sprache bedient. Dieses Buch ist darum keine leichte Lektüre für zwischendurch. Alles neue Wissen verlangt große mentale Anstrengung. Man kann bei jedem Lesen nur einen kleinen Bruchteil des hier Geschriebenen erfassen. Es ist ein Buch, das ein ganzes Leben lang studiert werden will, nicht nur einen Tag lang.

Es wurde nicht zur Unterhaltung geschrieben, sondern um jene zu inspirieren, die für die nächste Stufe in der Entfaltung des Menschen bereit sind. Wir stehen an der Schwelle des Kosmischen Zeitalters, und der Mensch beginnt, seine göttliche Verwandtschaft mit dem Schöpfer und seine Einheit mit aller Schöpfung zu erkennen. *Dieses höchste Ziel ist höchste Anstrengung wert.* Jene, die bereit sind, dieses Ziel anzustreben, werden diese Anstrengung auf sich nehmen, genauso wie ein Konzertpianist oder jemand, der den Drang in sich spürt, ein großes Industrieunternehmen zu führen, von Liebe zu ihrem Tun bewegt werden.

Denken Sie daran, dass jeder sein höchstes Lebensziel erreichen kann, wenn er es wirklich will und zu jeder Anstrengung bereit ist. Wer diese Anstrengung auf sich nimmt, wird feststellen, dass Genie selbst errungen ist, während die Widerwilligen erkennen werden, dass Scheitern selbst verschuldet ist. Jedes Kind trägt bei seiner Geburt höchstes Genie in sich. Was es aus diesem göttlichen Erbe macht, hängt von der Intensität seines Wunsches ab, sich selbst auszudrücken. Darum ist es so wichtig, dass Sie die Antworten auf diese drei großen Fragen der Menschen verstehen.

Frage: Wer bin ich?

Antwort: Sie sind eine göttliche, unsterbliche, unsichtbare Seele. Sie bilden das Zentrum eines sichtbaren, physischen Körpers, der einzig aus sich bewegenden Gedankenwellen besteht und nur dazu bestimmt ist, Ihre Göttlichkeit zu manifestieren. Ihre göttliche unsterbliche Seele ist EINS mit dem Schöpfer des Universums. Das meinte Jesus, als Er sagte: »Ich und Mein Vater sind Eins«, und »Was Ich bin, das seid auch Ihr.«

Das haben uns schon viele gesagt, aber weil der Mensch seinen Körper mit *sich selbst* verwechselt, fiel es ihm schwer, die Vorstellung seiner eigenen Göttlichkeit anzunehmen. Den wenigen, die bereits von innen her erleuchtet sind, fällt es nicht schwer, diese Tatsache zu akzeptieren. Diese wenigen kennen Gott in ihrem Inneren. Sie haben die leise Stimme ihrer Seele in

Rhythmen flüstern hören, die sich ihnen endlich in ihrer Bedeutung erschlossen. Heute gehen, sprechen und arbeiten viele Menschen in bewusster Einheit mit Gott – und Gott arbeitet mit ihnen, damit ihre Arbeit meisterlich wird. Diese Menschen haben gelernt, Gott auf Erden zu manifestieren, und sie haben andere dazu inspiriert, ihre eigene Göttlichkeit kennen zu lernen. Im Bewusstsein Seiner Gegenwart kommunizieren sie mit Gott, und sie sind die wenigen, die viele emporheben, indem sie ihnen den Weg aus der Finsternis ins Licht zeigen.

Sie sind nicht Ihr Körper. *Sie* sind die spirituelle Intelligenz des EINEN Geistes des Schöpfers aller Dinge, der Bewusstsein in Ihren Körper einziehen lässt. In Ihrer Seele ruht der Wunsch, einen Körper nach Ihren Vorstellungen zu schaffen. *Darum werden Sie schließlich, was Sie denken.*

Ihre Seele ist eines von zahllosen bewussten Gedankenzentren in Gottes Geist-Universum. Von diesem Zentrum aus entfaltet sich Ihr Körper, um Gedanken durch Handlungen auszudrücken und sich dann wieder in das Seelenzentrum einzufalten, wo er sich ausruht und erneuert, bevor er sich erneut entfaltet.

Ihr Körper verschwindet so vollständig in Ihrer Seele, wie Klang in der Stille verschwindet, aus der er hervorgekommen ist. Die Ruhephase Ihres Körpers, der zwischen Tod und Wiedergeburt in Ihrer Seele verschwindet, ist wie die Ruhephase des nächtlichen Schlafs zwischen zwei Tagen – der Unterschied liegt nur in der Länge der Zeit. Diese Ruhephasen zwischen aktiven Zeiten sind ein charakteristisches Merkmal aller Auswirkungen von Bewegung in der Natur.

Das ist die Antwort auf die ewige Frage: *Wohin gehen wir, wenn wir sterben?*

Unser Körper geht in unser Selbst zurück, aus dem er hervorkam. Alle Körper sind Schwingungswellen von Bewegung. Sie entspringen aus dem universalen Ruhezustand, auch universales Gleichgewicht genannt, und kehren in die unsichtbare Stille dieses Gleichgewichts zurück, aus der sie entsprangen. Der Körper einer Eiche geht aus der Stille seines Samens hervor und faltet sich zurück in seinen Samen, um daraus wiedergeboren zu werden. Wasserwellen erheben sich aus ihrer ruhigen Oberfläche in die Bewegung. Wenn Wellen »sterben«, dann kehren sie zurück, um sich in dieser ruhigen Oberfläche auszuruhen. Diese Schöpfungen erscheinen und wir können sie sehen, zählen, messen. Dann verschwinden sie wieder und wir können sie nicht mehr sehen, zählen oder messen, aber sie werden auf ewig erscheinen und wieder verschwinden. Das ist das Prinzip von Leben und Tod, das in diesem

Buch noch an zahlreichen Beispielen verdeutlicht werden wird, um die Frage nach dem mysteriösen »Leben nach dem Tod«, welche die Welt so lange verwirrt hat, nun endgültig zu beantworten.

Unsere Seele lebt ewig. *Sie* sind Ihre Seele. In *Ihnen* ist ewiges Leben. Ihr ewiges Ich wurde nie als Körper erschaffen; darum können *Sie* nicht sterben.

Ihre Seele ist das Kraftwerk, das Ihren physischen Körper anregt, und sie ist der Sitz von Intelligenz und Bewusstsein, das Ihren Körper erschafft und lenkt.

Ihre Seele ist »das Königreich im Himmel«, von dem Jesus – Gottes Bote – sprach, und er bat Sie, es *in Ihrem Inneren* zu suchen.

Je mehr Sie über das Verhältnis Ihrer Seele zu Ihrem Körper wissen, desto mehr wissen Sie über die innige Nähe Gottes. Darum muss kraftvolles Wissen die unklaren Vorstellungen und Theorien über die Seele ersetzen.

Viele Menschen glauben, nur wir hätten eine Seele. Sie glauben, Tiere seien seelenlos. Auch die Vorstellung, dass Bäume, Blumen, Insekten oder die Elemente der Materie Seelen haben könnten, wird meist abgelehnt. Dennoch ist es eine Tatsache, dass jedes erschaffene Ding in diesem Universum eine Seele hat, egal, ob es zu den Tieren, Pflanzen oder Mineralien gehört, und auch egal, ob es sich um einen komplexen Körper oder einen Eisen-, Kalzium- oder Silberpartikel handelt.

Ihre Seele ist Ihr Geist. Beide Begriffe bedeuten dasselbe. *Geist* erschuf alle Dinge, also bildet der Geist die Mitte aller Dinge, die er erschafft. Der Geist erschafft allerdings viele verschiedene Gedanken in physischer Form, und jeder Gedanke hat ein anderes Muster. Ihre Seele steuert das Muster des Gedankens »Mensch«. Sie entfalten sich aus Ihrer Seele heraus in einen menschlichen Körper hinein. Dann falten Sie sich wieder in Ihre Seele ein, um im Muster eines Menschen wieder geboren zu werden. Die Seele eines Hundes entfaltet sich als ein Hund, und die Seele einer Rose entfaltet sich gemäß der Idee einer Rose. Die Seele ist, mit anderen Worten gesagt, der Wunsch des Geistes, die All-Eine umfassende Idee der Schöpfung in viele Ideen aufzuteilen.

Es gibt nur *eine* universale Seele, so wie es nur *einen* universalen Geist gibt, aber wenn Sie »meine Seele« oder »mein Geist« sagen, dann sprechen Sie von Ihrer Identität als einer Untereinheit der Schöpfung. Lieschen Müller denkt an sich als an den individuellen Menschen Lieschen Müller. Es gibt Millionen von Menschen, aber nur jeweils eine einzige Idee Mensch, Idee Hund, Idee Eiche oder Idee Veilchen als Gattung. Gottes Geist hat sie alle erschaffen, aber die Seele im Geist lenkt das Entfalten und Wiedereinfalten einer Gattung. *Die Seele ist die Aufzeichnung eines jeden Musters in einem Körper.*

Stellen Sie sich zum Beispiel eine Eichel vor. In ihrem Zentrum ruht die Seele dessen, was sich zu einer fünfzig Tonnen schweren Eiche entfalten kann, weil die Seele der Eiche dieses Muster seit Millionen Jahren entfaltet und wiedereingefaltet hat. Sie lenkt und kontrolliert die sich entfaltende Idee der Eiche, angefangen von einem einfachen Einzeller bis hin zum voll entwickelten, mächtigen Eichenbaum. Genauso hat Ihre Seele die Entfaltung Ihres Körpers von Ihren Anfängen als Einzeller an gelenkt und kontrolliert. Die Seele der Eiche ist nur ein mikroskopisch kleiner Punkt in der Eichel, und dennoch ruhen in diesem mikroskopisch kleinen, gewichtslosen Punkt jeder Zweig, jedes Blatt und jede Wurzel dieses fünfzig Tonnen schweren Baums, auch wenn Sie selbst unter dem Elektronenmikroskop noch nichts davon sehen können.

Die Seele ist bezogen auf den Geist dasselbe, wie das Samenkorn bezogen auf die Pflanzenart. Sie fragen in einer Samenhandlung nicht nach einer Tüte Tomatenseelen, sondern nach Tomatensamen. Aber es ist dasselbe.

Sie wissen, dass die sichtbare Eiche sich aus dem unsichtbaren Samen entwickelt, oder genauer gesagt, aus ihrer unsichtbaren Seele, die das Zentrum ihres Samens bildet. Sie wissen auch, dass die Eiche sich aus ihrer Seele entfaltet und wieder in ihre Seele einfaltet. Damit meine ich: Während sich die Eiche aus der Eichel entfaltet, komprimiert sie ihr Eichenmuster wiederum in Eicheln, damit der Wunsch der Eichenseele weiterlebt. Vielleicht haben Sie es auf diese Art noch nicht betrachtet, aber so arbeitet die Natur.

Die vom Baum gebildeten Samen sind die Aufzeichnungen des sichtbaren, lebenden Baumes, der das vollständige Muster seines Körpers in die unsichtbare Seele wiedereinfaltet, aus der dieser sich entwickelt hat. Entfalten und Wiedereinfalten geschehen gleichzeitig. Leben und »Sterben« geschehen gleichzeitig. Dennoch gibt es keinen Tod, denn der lebende Baum lebt in seinem Seelensamen weiter und wird aus seiner unsichtbaren Seele heraus neu erstehen, um wieder als mächtige, sichtbare Eiche zu leben.

Tod und Leben gleichen sich immer aus. Sowie das eine endet, entsteht das andere.

Diese Sicht der Dinge mag Ihnen neu sein, aber sie ist äußerst wichtig, damit Sie erkennen, dass Sie nicht sterben können, weder als Gattung, noch als individuelle Einheit einer Gattung. Die Aufzeichnung Ihres ICHS besteht für immer und ewig. Ihr Körper hat immer wieder seine von Ihrer unsterblichen Seele geprägte Form entfaltet und seine geprägte Form mit jedem

Gedanken und jeder Handlung Ihres Lebens in Ihre Seele wiedereingefaltet. Das ist Gottes Buchhaltungs- und Aufzeichnungssystem. Es ist auch das Prinzip von Ausdehnung und Zusammenziehen in elektrischen Aktionen und Reaktionen, welche die sich aus dem unsichtbaren Universum ihrem Muster gemäß entfaltenden Körper sichtbar machen und dann in ihren unsichtbaren Zustand wiedereinfalten.

Es ist auch das Prinzip des Denkens, das sich konzentriert, um aus der Inspiration empfangene Gedanken in körperliche Gestalt zu bringen, und sich dann wieder dezentriert, um zu ruhen. Die körperlichen Gestalten verschwinden dann für eine Ruhephase in ihren unsichtbaren Seelen, bevor sie wieder daraus hervorgehen und die von ihnen symbolisierten Vorstellungen manifestieren, indem sie wieder in Aktion treten.

Der sichtbare Samen, der die Seele umgibt, mag verbrennen oder vermodern, aber die ihm innewohnende Seele kann nicht zerstört werden. In dieser Seele liegt der Wunsch nach Schöpfung, der durch physische Gegebenheiten nicht aufgehoben werden kann. Nicht einmal das Feuer der Sonne kann ihn beeinträchtigen. Die in ihm eingefaltete Identität wird sich geeignete Bedingungen suchen, um sich in einem anderen Körper wieder zu entfalten.

Die Schwierigkeit, die darin liegt, sich eine Vielzahl von Seelen – sowohl als eine Einheit, als auch als einzelne Seelen – in verschiedenen Körpern vorzustellen, löst sich auf, wenn wir die Seelen mit den einzelnen Wellen des Ozeans vergleichen, der zugleich der Ursprung all seiner Wellen ist. Der Ozean ist ein einziger Wasserkörper, der aus zahllosen Wellen besteht. Die vielen Wellen sind der eine Ozean. So gibt es auch nur Einen Universellen Geist, aber dieser Eine Geist besteht aus all seinen voneinander getrennten Einheiten. In Ihrem Körper sind Milliarden von Zellen, aber sie alle sind Ihr *einer* Körper.

Die Wissenschaft weiß schon lange, dass »Materie aus dem Raum aufzutauchen scheint, um dann wieder von ihm verschluckt zu werden ...« Dennoch zweifelt sie immer noch daran, dass der Prozess des Auftauchens und Verschwindens geklärt werden kann. Die Lösung ist einfach. Körper sind elektrisch. Das *Denken* des Geistes ist elektrisch. Alle elektrischen Körper sind in den im unsichtbaren Universum des Geistes gespeicherten elektrischen Aufzeichnungen erfasst, so wie Tonaufzeichnungen gespeichert sind, wenn sie gerade nicht abgespielt werden.

Wenn Sie eine elektrische Aufzeichnung reproduzieren wollen, dann legen Sie den Tonträger in ein elektrisches Gerät und schalten den Strom ein.

Die Aufzeichnungen von Seelen werden auf dieselbe Weise wiedergeboren. Die elektrische Kraft des universalen Generators wird »eingeschaltet«, indem der Seelen-Samen in die Gebärmutter von Mutter Erde oder des Mutterkörpers gelegt wird, und schon wiederholt sich die Aufzeichnung eigenständig.

Alle Körper gehen aus der All-Seele hervor und kehren in sie zurück. Das Sichtbare geht aus dem Unsichtbaren hervor, wird von ihm gelenkt und kehrt zu ihm zurück. Das ist die Antwort auf die Frage: *Wohin gehe ich, wenn ich sterbe? Sie* sterben nie. Ihr sichtbarer Körper, der aus Ihrem unsichtbaren *Ich* hervorgegangen ist, kehrt in Ihr *Ich* zurück. Er kehrt zu Ihrer Seele zurück, um immer aufs Neue wiedergeboren zu werden, bis Ihre eigenständige »Individualität« in der Einheit aufgeht, so wie individuelle Wellen in dem einen Ozean aufgehen.

Wenn Sie den Zustand der vollkommenen Einheit mit Ihrem Gottes-Selbst erreicht haben, werden Sie Eins mit Gott und verlieren den Wunsch, Ihre Individualität zu manifestieren. Dieser Zustand mag jedoch erst nach weiteren Tausenden von Inkarnationen erreicht werden, denn er ist das Endziel.

KAPITEL III

WAS BIN ICH?

Frage: Was bin ich?

Antwort: Sie sind ein individueller Ausdruck von Intelligenz. Sie sind ein unsichtbares Wesen in einem sichtbaren Körper, mit dessen Hilfe Sie Ihr Selbst ausdrücken. Ihre Individualität ist die Summe aller Gedanken, die Sie je gehabt haben, seit Sie als Protoplasma-Einzeller begonnen haben zu leben und den Wunsch hegten, eine größere und bessere Zelle zu werden.

Der allgemein vorherrschende Glaube hält den sichtbaren Körper für das individuelle Wesen und nicht die unsichtbare Intelligenz, die in ihm wohnt und ihn kontrolliert. Darum müssen wir unbedingt die Beziehung zwischen diesen beiden verstehen. Ihr *Ich* ist die Ursache für alles, was Ihren Körper ausmacht. Physische Körper können von sich aus nicht einmal wachsen, geschweige denn leben oder sterben oder zerfallen. Sie können nicht Ihren kleinen Finger heben, ohne dass Ihre Intelligenz diesen Wunsch durch Ihr Gehirn und über die Nervenbahnen geschickt hat.

Ihr Körper ist nur die »Kopie« Ihres eigenen Diktats. Er ist das Ergebnis Ihrer eigenen Schöpfung. Alles in Ihrem Körper ist dort, weil Ihr *Denken* es dorthin gebracht hat. Wenn Sie einer Tonbandaufnahme Ihrer Stimme lauschen und sich husten oder niesen hören, dann wissen Sie, dass Sie dieses Husten oder Niesen selbst produziert haben. Den Menschen scheint nicht bewusst zu sein, dass Emotionen wie Kummer, Frustration, Sorgen, Ärger, Angst, Unfreundlichkeiten und sonstige unharmonische Gedanken von ihrem Körper genauso automatisch aufgezeichnet werden, wie das Husten oder Niesen von einem Tonbandgerät. Darum fragen sie sich oft, wenn sie von einer Krankheit heimgesucht werden »Wieso passiert das ausgerechnet mir?« Sie erkennen nicht, dass sie selbst irgendwo und irgendwann den Samen dafür gelegt haben, sei es durch ihr Denken oder auch durch Ursachen in ihrem Umfeld, gegen die niemand sich völlig abschotten kann.

Ihre *Persönlichkeit* entspricht den Ursachen, die Sie setzen. Das unterliegt vollständig Ihrer Steuerung. Ihr Körper ist das Ergebnis Ihrer begrenzten Steuerungsmöglichkeiten, denn Ihr Umfeld beeinflusst Ihr Steuerungsvermögen. Wie stark Ihr Steuerungsvermögen ist, hängt davon ab, wie viel Sie wissen. Haben Sie sich das schon einmal überlegt?

Bei Krankheiten wie Erkältungen, Malaria, Typhus und anderen Ansteckungen teilen Sie sich die Kontrolle mit dem äußeren Umfeld, aber die sogenannten Degenerationskrankheiten wie Krebs, Magengeschwüre, Tumore und Herzerkrankungen unterliegen vollständig Ihrer Kontrolle und sind somit selbst erschaffen. Das Wissen um die Ursache gibt Ihnen jedoch die Kraft, sie zu heilen, indem Sie den Prozess, der sie auslöste, umkehren. Diesem Thema sind später noch zwei vollständige Kapitel gewidmet.

Wir geben unseren Körpern sogar Namen, weil wir glauben, der Körper namens Anna oder John sei eine individuelle Person. Wir denken nicht an die unsichtbare Seele, welche die Quelle unserer Individualität ist. Individualität bedeutet Trennung oder die Unterschiedlichkeit von Persönlichkeiten. Den Unterschied zwischen verschiedenen Menschen erkennen wir nur an ihren Manifestationen, wenn sie ihre Gedanken in die Tat umsetzen. Darum ist es nur natürlich, dass wir die Individualität dem Körper zuordnen.

Die Menschen haben unterschiedliche Wünsche. Ihre Gedanken drücken diese Wünsche aus, und ihr Körper zeichnet die dazugehörigen Bilder auf. Ein Mensch mit erfindungsreichen Gedanken unterscheidet sich von anderen, die auch an einem Fließband zufrieden arbeiten. Der Arbeiter am Fließband sieht anders aus als der Erfinder. Seine Gedanken erschaffen einen anderen Typus. Jeder Mensch wird, was er denkt.

Nie haben zwei Menschen dieselbe Kombination von Gedanken. Darum kann es auch nicht zwei völlig gleiche Menschen geben. Wer Shakespeare, Tennyson, Beethoven, Mozart und Raffael liebt, hat eine völlig andere Individualität als jemand, der gern Krimis liest, sich Wettkämpfe anschaut oder für ähnlich sinnliche Eindrücke empfänglich ist. Die Gedanken und Wünsche dieser beiden Menschen sind unsichtbar, aber wir können ihre Persönlichkeiten wahrnehmen.

Jeder Mensch drückt seine Persönlichkeit durch sein Handeln aus, egal, ob es für andere sichtbar oder unsichtbar ist. Man kann eine Persönlichkeit anhand ihrer Körperhaltung und ihrer Gesten beurteilen - anhand ihrem Benehmen allein und in der Öffentlichkeit - anhand ihrer Reaktionen, wenn sie ein Spiel gewinnt oder verliert - anhand ihrer Wertschätzung von Kultur oder auch ihres mangelnden Interesses dafür - anhand ihrer Großzügigkeit,

Freundlichkeit oder Selbstsucht und anhand zahlreicher weiterer sichtbarer Merkmale ihres Charakters.

All diese sichtbaren und unsichtbaren Anzeichen sorgen dafür, dass kein Mensch seine Gedanken vor seinen Mitmenschen verbergen kann.

Der Mensch, der Box- und Ringkämpfe austrägt, schafft sich einen Körper, welcher der Welt verkündet, was für eine Art Mensch er ist. Niemand würde ihn für einen Dichter oder Schreiber halten. Entsprechend wird sich ein Läufer den geschmeidigen Körper eines Läufers schaffen.

Nur wenigen Menschen ist bewusst, dass ihre Gedanken und Wünsche augenblicklich ihr Gesicht und ihren Körper prägen. Ein glücklicher Mensch mit viel Sinn für Humor zieht andere Menschen an. Seine Mundwinkel sind nach oben gezogen, seine Augen zwinkern freundlich. Ein solcher Mensch gewinnt viele Freunde, weil er freundliche Gedanken und Wünsche hat. Seine glückliche Individualität, von der sein Körper geprägt ist, zieht die Menschen an.

Jeder Porträtmaler, der sein Modell genau betrachtet, kann ihm seine emotionale Geschichte deutlich vom Gesicht ablesen. Das ganze Leben seines Modells scheint sich nach und nach vor ihm auszubreiten. Sehr oft sind selbstsüchtige oder frustrierte Gedanken ihm oder ihr so lebendig ins Gesicht geschrieben, dass es dem Maler schwer fällt, sie wegzuwischen und glückliche Gedanken einzuschieben.

Wenn jemand sich für eine Anstellung bewirbt, dann macht er sofort einen angenehmen oder unangenehmen Eindruck. Diesen Eindruck erweckt er nicht durch die Gedanken, die er in diesem Moment hat, denn man kann eine glückliche Miene aufsetzen, um einen angenehmen Eindruck zu hinterlassen. Das geschulte Auge und die Intuition eines erfahrenen Personalchefs nehmen beim ersten Blick den Eindruck wahr, den ein ganzes Leben hinterlassen hat, und auf Grund dessen stellt er den Bewerber ein – oder nicht. Er erkennt intuitiv den starken oder schwachen Charakter, dem er vertrauen kann oder eben nicht. Er erkennt, ob der Bewerber Unternehmungsgeist hat und Verantwortung übernehmen kann, oder ob er nur auf die Uhr schaut und auf den Feierabend wartet.

In jeder Schauspielschule wird nachdrücklich darauf hingewiesen, dass die Schüler wie die von ihnen dargestellten Charaktere denken müssen, und zwar nicht nur, wenn sie ihren Text sprechen. Die Zuschauer müssen den Schauspieler denken sehen, heißt es. Er muss mit dem dargestellten Charakter eins werden, seine Ängste, seinen Ärger und all seine anderen Gefühle zu jeder Sekunde zeigen. Die Gestik des Körpers ändert sich mit jedem Gefühl, genauso wie das Gesicht. Daran kann man sehen, dass der Körper nicht der Mensch ist, der durch ihn handelt. Ein guter Schauspieler, der vielleicht ein sehr sanfter Mensch ist, kann einen Mörder verkörpern, indem er andere Gedankenkombinationen durch seinen Körper schickt, damit dieser eine andere Individualität darstellt.

Wird Ihnen somit klar, dass Ihr Körper nur eine Leinwand ist, auf der Sie Ihr eigenes Porträt zeichnen? Wenn ein Künstler auf derselben Leinwand viele verschiedene Menschen malen kann und ein Schauspieler seinen Körper viele verschiedene Charaktere darstellen lassen kann, indem er vorübergehend andere Gedanken produziert, dann können auch Sie sich dauerhaft in einen höher schwingenden Menschentypen verwandeln, indem Sie andere Gedanken hegen als bisher.

Wenn Sie Ihre Individualität verwandeln und erheben möchten, dann beginnen Sie, größere Gedanken zu denken, schöne Gedanken, kraftvolle und freundliche Gedanken, und sofort wird Ihre Persönlichkeit Ihr verändertes Denken widerspiegeln. Ihr Gesichtsausdruck wird sich in allen Einzelheiten verändern, und auch Ihre gesamte Körperhaltung wird eine andere sein. Sie werden sogar anders gehen. Ein Krimineller geht anders als ein Gelehrter, und auch seine Körperhaltung und Gesten sind nicht dieselben. Der Kriminelle drückt in seinem Gang Angst aus, wenn man ihn verfolgt, oder aber er schleicht und duckt sich, statt wie ein »aufrichtiger« Mensch aufrecht zu schreiten.

Sie können werden, was Sie werden wollen, und Ihre Ausstrahlung wird der Welt verkünden, welches Maß an Intelligenz dem Menschen zu Eigen ist, den Ihr Körper verkörpert. Ihren Zielen sind keine Grenzen gesetzt, wenn Ihr Wunsch nur stark genug ist. Ihr Dasein wird immer von Ihrer Größe und dem Niveau des Menschen künden, der Sie sind.

Der Körper eines Klaviers ist ein gutes Beispiel für diese Tatsache. Es kann allein keinen Ton hervorbringen. Aber wenn ein großer Meister der Musik seine abstrakten Gedanken durch das Klavier ausdrückt, dann weiß die Welt, dass eine große menschliche Intelligenz diesen Körper steuert. Wenn hingegen ein sinnlicher Mensch durch dasselbe Klavier seine physische Sinnlichkeit zum Ausdruck bringt, wird die Welt wissen, dass ein völlig anderer Menschentyp es zum Erklingen bringt.

Bedenken Sie, welche Wirkung jeder einzelne Mensch auf die gesamte Menschheit hat. Während der eine die ganze Welt kulturell erhebt, erniedrigt ein anderer sie. Ein inspiriertes Genie inspiriert andere zu größeren Höhen geistiger Ekstase. Es weckt in anderen die Göttlichkeit und hebt sie an in die

Reiche ihrer geistigen Natur, was sie ihren Körper vergessen lässt. Der sinnenfreudige Musiker erzielt die genau entgegengesetzte Wirkung. Seine Jazz-Rhythmen ziehen ihn in physische Schwingungsebenen und regen körperliche Wünsche an. So fertigt jeder seine Art von Individualität.

Je mehr Wissen wir über Gottes Schöpfungsplan und Seine Schöpfungsvorgänge wissen, desto besser verstehen wir, welche Macht wir über unseren Körper haben. *Wir können nur beherrschen, was wir verstehen.*

Jeder Mensch handelt gemäß seinen Überzeugungen. Wenn jedoch das, was er glaubt, nicht richtig ist, dann werden auch seine Handlungen nicht die richtigen sein. Er schadet sich selbst, statt sich zu fördern. Dennoch machen diese immer wiederkehrenden Handlungen seine Individualität oder Persönlichkeit aus. Je mehr wir wissen, was wir sind, desto besser kann unsere bewusste Intelligenz einen Körper bauen und kontrollieren, der unsere individuelle Intelligenz manifestiert. Wenn Sie eine bedeutende Person werden möchten, sollten Sie sich zuerst fragen, ob Ihr Denken nach innen auf Ihr Seelen-Selbst gerichtet ist, oder durch Ihre Sinne nach außen auf das physische Universum.

Es gibt nur zwei Arten von Menschen auf der Welt. Die einen denken mehr nach innen und konzentrieren sich auf ihr geistiges Selbst, die anderen denken mehr nach außen und konzentrieren sich auf ihre physischen Sinne. Alle Menschen denken in beide Richtungen, aber Menschen wie Mozart oder Leonardo da Vinci denken die meiste Zeit nach innen. Ein Beethoven ist ein geistvoller Mensch, dessen Gefühl für Werte sich darin ausdrückt, dass er die Fülle seines Selbst an die Welt verteilt, während ein Napoleon ein materiell ausgerichteter Mensch ist. Sein Gefühl für Werte drückt sich darin aus, dass er zur Selbstverherrlichung materielle Besitztümer erobert.

Eigenartigerweise wird die Bedeutung von Individualität vom Durchschnittsmenschen völlig missverstanden. Ein bedeutender Mensch ist jemand, der nach und nach seine Individualität verliert, während das Gottesgewahrsein in ihm zunimmt und ihn universal werden lässt. Das höchste Ziel im Leben ist darum, die eigene Individualität zu verlieren und umfassendes Sein zu erlangen. Je größer das Gottesbewusstsein in einem Menschen ist, desto näher ist er der völligen Geistes-Einheit. Die Reise des Lebens erfüllt sich in der Allmacht und Allwissenheit der Universalität, dem umfassenden Sein des Menschen mit Gott.

KAPITEL IV

WARUM BIN ICH HIER?

Frage: Warum bin ich hier?

Antwort: Sie sind hier, um als eine Untereinheit der Idee Mensch Gott, Ihren Schöpfer zu manifestieren. Sie sind hier, um im kosmischen Drama von Ursache und Wirkung mitzuwirken. Der Meisterdramaturg hat es geschrieben, um die Idee der Liebe auszudrücken – das Fundament, auf dem das Universum aufgebaut ist. Das bedeutet, dass Sie den sehr langen Weg des Lebens auf sich genommen haben. Dieser Weg beginnt im Protoplasma-Einzeller, dessen Zentrum bereits Ihre Seele war. Ihre Seele ist der geistige Lenker auf Ihrem Weg durch lange Zeitalter, in denen Ihr Körper unter Führung und mit Hilfe der Seele, die seine Mitte bildet, geformt wird. Diese Reise dauert Millionen von Jahren, und in dieser Zeit verwandelt sich die physische Wahrnehmung Ihres Körpers in die geistige Wahrnehmung des Geistes. Die Reise endet in vollständiger Universalität oder Einheit mit Gott.

Die Reise der Entfaltung der Idee »Mensch«, die wir als Menschheit bezeichnen, vollzieht sich in den folgenden fünf Stufen:

Die erste Stufe war die Zeit der nicht von ethischen Vorstellungen, sondern von ihren Instinkten gesteuerten Primaten. Damals wurde vor allem der Körper aufgebaut und ums Überleben gekämpft. Der Mann hatte als Kämpfer und Nahrungslieferant die Vormachtstellung, während die Frau nur sein Besitz und seine Sklavin war. Diese Stufe endete, als das Bewusstsein erwachte.

Die zweite Stufe ist die aktuelle, heidnische oder barbarische, von den Sinnen beherrschte Zeit. Man fängt an, zwischen richtig und falsch zu unterscheiden. Die Frau gewinnt zunehmend an Bedeutung, aber nie so viel, dass es für eine ausgewogene Zivilisation reicht. Auch heute noch leben wir in einer Männerwelt. Die Herrschaft der Instinkte schwächt sich ab, da der Mensch den sich entfaltenden Geist anerkennt und den freien Willen erprobt. Diese barbarische Stufe wird bestimmt von der Gier nach materiel-

35

len Besitztümern und Machtausübung über andere gemäß dem sogenannten Recht des Stärkeren. Diese Phase wird so lange anhalten, wie der Mensch Menschen tötet, an das Böse glaubt und die Frauen dem Mann nicht völlig gleichgestellt sind.

Die dritte Stufe ist die erste Bewusstseinsstufe, auf welcher der Geist dominiert, die Genius-Periode. Es ist die zweite von ethischen Werten geformte Periode mit höheren Idealen und größerem Gottes-Bewusstsein. Auf dieser Stufe wird der Mensch erstmals bewusst gemeinsam mit Gott schöpferisch, weil er lernt, unsichtbaren geistigen Vorstellungen einen sichtbaren Körper zu geben. Der Genius versteht die Rhythmen von Gottes Sprache und kann sie anderen Menschen erläutern. Die barbarische Stufe und die Genius-Phase überschneiden sich, denn unter den Milliarden von Barbaren gab es bereits einige hundert Menschen mit schöpferischer Geisteskraft. Im Verlauf der Genius-Zeit verschwindet die Idee des Bösen fast völlig.

Die vierte Stufe ist die Zeit, in der sich das Kosmische Bewusstsein entfaltet. Es ist die ethisch und geistig höher entwickelte Stufe des vollständigen Gottes-Gewahrseins. Diese Phase zeichnet sich dadurch aus, dass die Beherrschung durch den Instinkt ebenso verschwindet wie die Wahrnehmung von Bösem und Gedächtnisschwäche. Es ist die Stufe des Mystikers, der fast allwissend und allmächtig ist. Wir wissen von zwanzig oder dreißig Menschen, die diese hohe Stufe bisher erreicht haben.

Die fünfte Stufe ist das Christusbewusstsein oder das vollständige Gewahrsein unserer Einheit mit Gott. Dies ist die letzte Stufe der Universalität, der Allwissenheit und Allmacht des Menschen. Im Christusbewusstsein hat sich die Liebe auf Erden voll und ganz manifestiert, und das Böse ist vollständig verschwunden. Bisher hat nur ein Mensch jemals diese letzte Stufe erreicht.

Um den Lebensplan und die Bestimmung des Menschen auf Erden besser zu verstehen, wollen wir die fünf Stufen genauer betrachten.

Der Mensch im Primatenstadium

Erste Stufe. Die Idee »Mensch« beginnt mit dem allmählichen Aufbau eines Körpers, wenn der Planet in seiner Spiralbewegung sich weit genug von der Sonne entfernt hat und die notwendigen Bedingungen bereitstellt, damit sich menschliches Leben auf ihm entfalten kann.

Die ersten Zyklen eines Menschenlebens dauern nur wenige Minuten und werden im Laufe von Millionen Jahren immer länger, weil der Körper immer mehr Zellen hinzufügt. Erst teilen sich einzelne Zellen in männliche und weibliche Gegenstücke, indem sie den elektrischen Strom der Natur polarisieren. Wenn sich Zellen jedoch vermehren, müssen ihre immer komplexeren Muster im Seelen-Samen aufgezeichnet werden.

Der Lebenszyklus wird durch diese Komplexierung und ihren Aufzeichnungsprozess allmählich immer länger, bis er etwa achtzig Jahre dauert. Auch die Zeit der Schwangerschaft verlängert sich von wenigen Minuten bis zu neun Monaten. Alles, was der Körper braucht, um seine Bedürfnisse zu befriedigen, borgt er sich von der Erde und gibt, wenn er nicht mehr als Körper funktionieren kann, jedes Milligramm dieser Leihgaben an die Erde zurück. Wunschkraft erschafft nach und nach alle Körperzellen. Die Entfaltung des Körpers hält Schritt mit dem Wunsch nach einem Körper.

Das Verlangen danach führt zu neuen Bestandteilen und neuen Fähigkeiten, und jedes neue Teil, das sich aus dem Kontrollzentrum heraus ausdehnt, muss mit diesem Zentrum »verkabelt« werden, damit es von seiner zentrierenden Intelligenz aus gesteuert werden kann. Was wir bei einer vom Menschen erschaffenen Maschine »Verkabelung« nennen, wird in von Gott erschaffenen, lebendigen organischen Maschinen *Sinneswahrnehmung* genannt. Die Sinne des Körpers tragen die Botschaften in zwei Richtungen vom Geist *durch* das Gehirn zu allen Körperteilen und wieder zurück.

Es wird allgemein angenommen, dass wir fünf Sinne haben: Sehen, Hören, Riechen, Schmecken und Tasten. Wir haben aber nur *einen* Sinn, den *Fühlsinn*. Wir fühlen durch unsere Augen, unsere Ohren, unseren Gaumen, unseren Körper und unsere Nasenlöcher. Der eine Fühlsinn ist die Schwingung des elektrischen Stroms, der durch unsere Nerven fließt. Dieser Sinn der elektrischen Schwingung ist das Einzige, wodurch der Körper sich seiner Existenz bewusst wird. Wenn der Körper elektrisch aufgeladen ist, hat er eine elektrische Wahrnehmung seiner körperlichen Existenz. Ohne ausreichende elektrische Aufladung, mit welcher der Körper Schwingungsimpulse durch seine Verkabelung schicken kann, kann er seine Existenz nicht wahrnehmen. Genau das passiert, wenn wir schlafen.

Wenn der Körper sich an Komplexität und Masse ausdehnt, vergrößert auch die Wahrnehmungszentrale, die wir Gehirn nennen, ihre beiden wachsenden elektrischen Batteriezellen, die als »Selbstanlasser« für körperliche Aktivitäten dienen. Diese zweilappige elektrische Speicherbatterie, aus der das Gehirn besteht, hat keinerlei Wissen. Sie besitzt keinen größeren Zusammenhang mit unserer Intelligenz als ein Fingernagel. Der Sitz der Intelligenz oder des Geistes oder der Seele ist in der Hirnanhangdrüse, der Hypophyse. Wenn der Geist denkt, dann drückt er sein Anliegen auf elektrischem Weg durch das Gehirn aus, sofern die Körperbatterien ausreichend geladen sind, um das Gehirn zu aktivieren. Es *denken* jedoch nur sehr wenige Menschen mit ihrem Geist. Die meisten *fühlen* mit ihrem *Gehirn*, indem sie die gespeicherten Aufzeichnungen freigeben, die wir Erinnerungen nennen. Die Aufgabe des Gehirns besteht lediglich darin, Empfindungen und Wahrnehmungen zu empfangen, weiterzuleiten und aufzuzeichnen, wenn es ausreichend elektrisch aufgeladen ist, um die Körpermaschine laufen zu lassen.

Alle Speicherbatterien entladen sich jedoch. Täglich leeren sich die Speicher der menschlichen, tierischen und pflanzlichen Batterien vollständig, bis sie so »tot« sind wie eine leere Autobatterie. Wenn die Sinne keine Botschaften an andere Körperteile schicken können, verlieren sie ihre gesamte elektrische Wahrnehmungsfähigkeit. Der Körper verliert für mehrere Stunden täglich jede Eigenwahrnehmung. Wenn unsere elektrischen Batterien so entladen sind, bezeichnen wir das als Schlaf. Wenn unser Herzschlag seine Kraft erneuert hat, um »unsere Batterien wieder aufzuladen«, dann sagen wir, dass wir wach sind.

Wir sagen viele Dinge, die nicht mit dem Plan der Natur übereinstimmen. Wir sprechen von Bewusstlosigkeit und gebrauchen das Wort so, als käme unser Bewusstsein zum Erliegen. *Unser Bewusstsein ist unsere unsterbliche, ewige Intelligenz.* Es hört niemals auf.

Die Intelligenz des Geistes ist immer bewusst, aber das *Denken* des Geistes ist elektrisch. Elektrizität ist unterteilt in Aktions- und Ruhephasen, was wir als Zyklen bezeichnen. Eine Hälfte jedes elektrischen Zyklus beginnt mit Ruhe und vervielfacht sich zu Aktionen. Das kann mit einem Menschen verglichen werden, der nach einer Ruhephase aufwacht und den ganzen Tag hart arbeitet. Die andere Hälfte unterteilt die Handlungskraft und kehrt zur Ruhe zurück, wie ein Mensch es tut, der nicht mehr arbeiten kann und sich ausruhen muss. Das ist das Prinzip vom Leben und Tod elektrischer Körper. Um zu leben, müssen sie aus der Ruhe in ihrem Samen starten und in die Aktion hineinwachsen. Um zu sterben, müssen sie den Prozess umkehren und in die Ruhe in ihrem Samen zerfallen. Bewusstsein unterliegt nicht dem Zyklus von Leben und Tod. Bewusstsein gehört zur Unsterblichkeit des Geistes. Es ist auf ewig unwandelbar.

Die Fehlannahme bezüglich der sogenannten Bewusstlosigkeit gründet sich auf die Annahme, das Gehirn sei der Geist selbst. Es ist aber nur eine

»Schaltzentrale«, durch die der Geist bei ausreichender Aufladung denken kann und die Sinne agieren können. In Wirklichkeit ist der bewusste Geist das, was für »Unterbewusstsein« gehalten wird. Es gibt jedoch keinen unterbewussten Geist. Geist ist nicht geschichtet. Es gibt nur Geist in Ruhe und Geist in Aktion – und Letzteres bedeutet *denkend*.

Sie denken, Sie seien bewusstlos, wenn Sie schlafen. Aber im Schlaf ist Ihre Intelligenz genauso hellwach wie immer, nur haben Sie den elektrischen Strom abgeschaltet, der *Ihnen* ermöglicht, durch Ihren Körper zu denken und wahrzunehmen. Zum besseren Verständnis stellen Sie sich vor, Sie setzen sich in Ihr Auto, betätigen die Zündung, und nichts passiert. Dann sagen Sie, dass die Batterien leer sind. Sie sprechen nicht davon, dass das Auto schläft. Auch behaupten Sie nicht, es sei bewusstlos. Sie sind die bewusste Intelligenz, welche die Leistungsbereitschaft Ihres Autos steuert, aber Sie können es nicht bewegen. Wenn Sie es »aufwecken«, indem Sie seine Batterien zehn Minuten lang aufladen, dann wird es sich etwas bewegen, aber seine volle Kraft wird es erst erlangen, wenn es voll aufgeladen ist. Das Gleiche passiert, wenn Sie einen Menschen aufwecken, der nur kurze Zeit geschlafen hat und sich zwar bewegen, aber keine normale Tagesleistung erbringen kann, solange er nicht »ausgeschlafen« hat, also bevor seine Batterien nicht wieder voll aufgeladen sind.

Die gängigen Vorstellungen über Unterbewusstsein und Bewusstsein stehen der Maxime »Mensch erkenne dich selbst« entgegen. Der Mensch braucht diese Maxime jedoch, um sein Schiff sicher durch die komplexen Gefahren auf dem Ozean des Lebens steuern zu können.

Während der gesamten ersten Stufe seiner Entwicklung baut der Mensch seinen Körper und kämpft mit Hilfe der instinktiven Kontrolle seiner innewohnenden Seele ums Überleben. Er hat keinen eigenen Willen. Er gehorcht nur den elektrischen Botschaften, die durch seine Nervenverkabelung geschickt werden, und er gehorcht diesen Befehlen genauso automatisch, wie ein Stein gerade hinunter ins Zentrum der Schwerkraft fällt. Wenn ein Telegramm durch einen Draht geschickt wird, dann hat auch der Draht keine Ahnung vom Inhalt der Botschaft. Genauso wenig hat der Primatenmensch eine Vorstellung von den Befehlen, die durch seine Sinne geschickt werden. Er lebt einfach nur und gehorcht seinen Instinkten, so wie Vögel, Insekten und andere Lebewesen es tun.

Während er weiter gehorcht, baut der Mensch seinen Körper und erweitert ihn ständig. Er transformiert seinen Körper stetig, indem er das Gehirn vergrößert, um den immer komplexer werdenden Anforderungen gerecht zu werden. Die fliehende Stirn wird gerade, die gebückte Haltung richtet sich auf und der enorm große Kiefer verkleinert sich. Während dieser ganzen Entwicklung hat er keine wie auch immer geartete Kreativität. Bis zum Erwachen seines geistigen Bewusstseins kann er seine Sinne zwar nutzen, um Entscheidungen zu fällen, nie jedoch ein Boot oder Rad bauen, noch ein Segel setzen oder ein Feuer entzünden. Auch hat er keinen Sinn für Moral, noch für Gut oder Böse, bis das Bewusstsein in ihm erwacht, was in der Geschichte des Menschen erst vor etwa fünfzehntausend Jahren passiert ist.

Während der gesamten Primaten-Periode spielte die Frau keine bedeutende Rolle im Leben des Mannes, sie war nur bewegliches Eigentum. Der Mann kämpfte für das Überleben der Familie. Überleben und der Kampf dafür waren das Wichtigste im Leben. Nichts anderes zählte. Die Welt der Primaten war eine Männerwelt.

Der heidnisch-barbarische Mensch

Die zweite Stufe in der Geschichte des Menschen ist das heidnische oder barbarische Zeitalter, in dem wir uns immer noch befinden. Es begann, als die schwache Vermutung im Bewusstsein des Menschen auftauchte, es könne eine höhere Macht geben. Er fing an zu denken, zu urteilen, erfand das Feuermachen, das Boot, das Segel für das Boot und das Rad. Die Vorstellung einer Moral dämmerte in seiner noch nicht entfalteten Wahrnehmung. Er unterschied zwischen falsch und richtig. Es gab plötzlich Gutes und Böses. Er fing an, die Materie zu lenken, je mehr er über sie wusste. Er befahl der Erde, ihm Ernten zu bescheren, und er erfand Werkzeuge, um seine Herrscherkraft zu vervielfachen. Die Frauen bearbeiteten mit den Männern den Boden. Sie zogen die Schafe, Ziegen und Rinder auf, die den Männern gehörten. Sie nähten Zelte und Kleidung. Die Frau begann in der Wertschätzung des Mannes wichtig zu sein – und nicht mehr nur in seinem Leben.

Die ewige Suche nach dem großen Unbekannten führte zur Sonnenanbetung, Dämonen- und Götzenverehrung. Der Mensch erschuf Götter des Waldes – der Steine – männliche Götter – immer wieder männliche Götter, für Männer nach dem Bilde des Mannes gemacht.

Es vergingen viele lange Jahrhunderte, bis der Mensch sich den Einen Gott vorstellen konnte. Es war immer noch der männliche Gott, für den Mann und nach dem Bilde des Mannes gemacht. Der Mensch machte Gott dem Mann gleich, dem man eine Freude machen konnte, wenn man Blut vergoss, und der zornig, rachsüchtig und schnell zu verärgern war. Die Männer huldigten ihrem männlichen Zornesgott vor blutgetränkten Altären. Zehntausende von Schafen, Ziegen und Rindern wurden getötet, um Gott zu besänftigen in der Hoffnung, er würde ihnen ihre Sünden vergeben. Frischbekehrte wurden bei ihrer Taufzeremonie mit einem Schwall von Blut übergossen.

Heidnische Heldensagen erzählen von der Freude, die ein Held ihrem Einen Gott bereitet hatte, als er tausend Männer mit dem Kieferknochen eines Esels erschlug. Ähnliche Heldengeschichten wurden von Barbaren weitergereicht, die sich noch an ihr Primatenleben erinnerten und immer noch begeistert Blut vergossen, Menschen abschlachteten und eroberten.

Immer wieder entstanden große Zivilisationen und vergingen wieder – jedes Mal wuchsen sie etwas höher und vergingen wieder. Ruinen und Monumente blieben auf der Erde zurück, um uns von diesen Zivilisationen zu erzählen: Pyramiden, Tempel, Gräber, in Ägypten, in den Anden, in Yucatan, in Tibet und Indien. Das Böse wurde legendär. Magie, das Übernatürliche, das Unnatürliche und das Geheimnisvolle waren Grundlage für Tausende von heidnischen Legenden über das Böse und die Wirklichkeit des Bösen.

Die für die menschliche Entwicklung schädlichste dieser heidnischen Legenden ist die Geschichte, die uns glauben machen soll, dass eine Schlange eine intelligente Unterhaltung mit einer Frau hatte – dass eine Schlange Kenntnisse über Gut und Böse hatte – dass Gut und Böse auf einem Baum wuchsen – und dass das Böse in die Welt kam, weil ein Mann einen Apfel gegessen hat. Die Bösartigkeit dieser Legende liegt in der Unterstellung, das Böse und die Sünde der Welt lägen in Gottes heiligem Paarungsakt, der Väter und Mütter im Schöpfungsakt vereint, damit sie mehr Väter und Mütter erschaffen können, um Gottes Plan fortzuführen. Diese Legende macht aus dem Gott der Liebe den Erschaffer des Bösen. Die Legende vom Bösen erschuf das Böse selbst, weil sie eine der Ursachen ist, die alles Gute im Menschen in zwölf Jahrhunderte bestialischer Erniedrigung des Geschlechtsverkehrs stürzte. Auf sie gehen die Grausamkeiten und Quälereien zweier Inquisitionen zurück.

Abertausende von Menschen glauben immer noch an diese frühe heidnische Legende, die von der ungeheuren Unwissenheit der damaligen Welt zeugt. Daran wird deutlich, wie schwierig es für den Menschen ist, seinem eigenen Primatentum zu entrinnen. Diese Legenden gehören zur Tradition des Menschen, was so viel bedeutet, dass er ohne darüber nachzudenken an diese Dinge glaubt, nur weil er sie schon immer geglaubt hat und nicht kritisch hinterfragt. Solche Glaubensinhalte halten die Menschheit zurück und verzögern die Entfaltung seiner höheren geistigen Natur. *So lange, wie der Mensch Heide sein will und an heidnischen Glaubensinhalten und Praktiken festhält, genauso lange wird er ein Heide sein.* Der Mensch ist immer das, was er denkt. Er kann nicht geistig erhoben werden, wenn er ein verdorbenes Leben lebt oder lasterhaft denkt.

In unseren heutigen Grad an Erleuchtung sind durch unsere Traditionen immer noch heidnische Erinnerungen verwoben, und diese Traditionen haben einen starken Einfluss, weil sie unüberlegt wiederholt werden. Ohne darüber nachzudenken singen wir sogar heidnische Kirchenlieder. Wir singen *Es ist ein Born, draus heil'ges Blut Für arme Sünder quillt, Ein Born, der lauter Wunder tut, Und jeden Kummer stillt! ...* [1] Dieses Kirchenlied hätte zu einer heidnischen Taufe gepasst, bei der Dutzende von Tieren am Altar geschlachtet wurden, um den bestialischen Gott einer bestialischen Fantasie zu besänftigen, ist aber ganz sicher nicht für Versammlungen einfühlsamer Menschen geeignet, denen eine solche Szene zutiefst zuwider wäre.

Es braucht viele Jahrhunderte höher entwickelter Zivilisationen, um die traditionellen Glaubensinhalte unserer frühen heidnischen Tage abzuschaffen. Die drastische Ignoranz jener Zeit mit ihren Teufeln, Dämonen, bösen Geistern und Aberglauben wirkt bis in unsere heutigen Tage. Solange unsere Glaubensinhalte heidnischer Natur sind, wird auch unsere Zivilisation heidnisch sein.

Gott schickte vom Geist erleuchtete Botschafter wie Buddha, Zarathustra, Moses, Konfuzius, Laotse und Jesus, um die Entfaltung der spirituellen Natur des menschlichen Geistes zu beschleunigen. Sie sollten uns von dem Einen Gott der Liebe erzählen, aber die Traditionen waren stärker als die Wahrheit. Der männliche Gott des Zorns und der Angst überdauerte die Zeit dieser Botschafter und dauert bis in unsere Zeit an. Wir nennen uns immer noch eine »gottesfürchtige Nation«, wo wir doch eigentlich eine »Gott liebende Nation« sein sollten. Der Glaube an den Tod ist nur schwer auszutilgen. Der Mensch leidet, bis er sich von diesem Glauben löst. Er muss leiden, weil er in der Welt lebt, die er sich selbst erschaffen hat, und die Welt erschafft er sich so, wie er ist.

Männliches Denken erschuf die kriegerische Welt voller Angst, Hass, Feindschaft und Uneinigkeit, in der wir heute gezwungen sind zu leben. Vom Manne erschaffen nach seinem eigenen Ebenbild – nach dem Bild seines männlichen Denkens. Dschingis Khan erschuf seine Welt nach seiner Vorstellung. Dann kamen Alexander der Große, Cäsar, Karl der Große, Friedrich und Peter der Große, Iwan der Schreckliche, Wilhelm der Eroberer, Napoleon, Bismarck,

Hitler, Lenin, Stalin, Mussolini und andere männliche Eroberer, Tyrannen, Diktatoren, plündernde Horden von Hunnen, Tartaren, Mandschus, Wikingern und anderen Terroristen, welche die Welt immer wieder nach ihrem männlichen Bilde erschufen.

Frauen wuchsen nur sehr langsam in der Wertschätzung der Männer und das auch nur in wenigen Teilen der Welt. Wo immer die Frauen ihren Einfluss als geistige Partnerinnen ihrer materiell denkenden Männer spüren ließen, reagierten die Nationen auf diesen Einfluss und machten schnelle Fortschritte. Wo hingegen die Frauen unterdrückt wurden, entwickelten sich die Nationen zurück, weil sie mit dem Lauf der Welt nicht Schritt halten konnten. *Das Maß, in dem die Frauen anerkannt werden, ist das Maß, in dem ein Land Fortschritte macht.* Der Mann hält sich immer noch für den Herrn im eigenen Haus. Er hält sich als Herrscher einer Weltregierung und Weltwirtschaft immer noch für geistig überlegen. Er glaubt immer noch, dass Frauen als Hausfrauen an den Herd gehören. Als Frauen den Kampf um ihr Wahlrecht organisierten, hielten Männer das für absolut absurd. Aber als die Kriege der Männer es erforderlich machten, dass Frauen in Handwerk und Industrie ihren Beitrag leisteten, waren sie in vielerlei Hinsicht besser als die Männer, obwohl diese Welt für sie neu war.

Der Mann scheint keine Ahnung von Gottes Plan für die Beziehung zwischen Mann und Frau zu haben. Gott schuf Mann und Frau als gleichberechtigte Hälften *eines einzigen Ganzen.* Denn eine Einheit aus zwei ungleichen Hälften ist unmöglich. Der Mann - der Plünderer, Kämpfer und Eroberer - hat Millionen von Jahren hinter sich, die ihn an seine lebensvernichtenden Tage des Tötens erinnern, in denen er das Glück anderer zerstörte. Die Frau, Mutter und Lebensspenderin hat Millionen von Jahren hinter sich, die sie an den Dienst erinnern, die sie dem Mann erwiesen hat.

Die geistige, liebevolle Natur der Frau hat nie die Gelegenheit bekommen, den Prozess der Zivilisation ins Gleichgewicht zu bringen. Darum sind die Zivilisationen immer wieder untergegangen, so wie auch unsere gegenwärtige Zivilisation unweigerlich untergehen wird, aufgrund ihrer Unausgewogenheit und Gespaltenheit in allen wesentlichen Angelegenheiten, die für eine normale Existenz notwendig sind.

Jahrtausendelang blieb die heidnisch-barbarische Zivilisation unverändert auf sehr niedrigem Niveau. Vor etwa achthundert Jahren hob ein größeres geistiges Erwachen den Menschen auf ein seitdem ständig ansteigendes Niveau. Stetig an Schwung zunehmend ließ dieses Erwachen die Menschheit in den letzten einhundert Jahren mehr intellektuelle Fortschritte machen als in Tausenden von Jahren zuvor. Während der letzten achtzig Jahre entstanden in der

Malerei, der Musik und Literatur die größten geistig transformierenden Kunstwerke. Skulpturen und Architektur gab es schon vorher, doch diese statischen Künste erreichten nicht die Seele des frühen Menschen. Die Rhythmen in der Musik und der Malerei drücken den Takt des Herzschlags aus, den des Menschen und den des Universums. Sie haben die Kraft, mit ihrer Dynamik, welche der Bildhauerei und der Architektur fehlte, die Seele zu erreichen.

Die diatonische Tonleiter in der Musik war bis hundert Jahre nach Leonardo da Vinci unbekannt. Cäsar hat die göttliche Musik, so wie wir sie kennen, nie gehört. Das menschliche Bewusstsein hatte sich damals noch nicht weit genug entwickelt, um sie zu verstehen. Die Wiedergabe der Musik eines Bach, Beethoven oder Wagner wäre für Cäsar oder Nero nur langweiliger Lärm gewesen, was sie für einen Preisboxer oder sonstige Liebhaber blutrünstiger Sportarten auch heute noch ist. In einer heidnischen Zeit, die Triumphe mit Gladiatorenkämpfen feierte, in der das größte Vergnügen von Frauen und Kinder darin bestand, zuzusehen, wie Löwen Menschen zerfleischten oder Männer in der Arena im Zweikampf Blut vergossen, in einer solchen Zeit hätte man unsere tonale Musik, wenn es sie gegeben hätte, nicht verstehen können.

Musik war die bedeutendste Ursache, mit der die Liebe zur Menschheit kam. Als die großen Meister ihre Musik, Malerei und Bildhauerei in die Welt brachten, begannen Grausamkeiten und Blutrünstigkeit aus ihr zu verschwinden. Der rhythmische Takt der großen Musik und die tonalen Harmonien aller großen Kunstwerke sind Ausdruck des Universal-Herzschlags. Er erreicht die Seele des Menschen, indem er die äußere Sinneswelt ausschaltet und inneres Denken auslöst. Inneres Denken ist meditativ und weckt den Wunsch zu beten. Das Gebet ist der angeborene und intuitive Wunsch, mit Gott zu reden.

Die Entwicklung der Musik hat das Geistige im Menschen erweckt und in ihm das Verlangen entfacht, Gott zu finden. Musik und Anbetung sind dasselbe, sie sind austauschbar. Das christliche Bewusstsein stieg aus seiner Asche auf und half dem Menschen einen Schritt höher hinauf auf seinem langen Anstieg. Es war nur ein kleiner Schritt nach oben, aber er hat die Menschheit transformiert.

Die Kraft des neu erwachten christlichen Geistes in der ersten geistigen Renaissance dieses barbarischen Zeitalters erhob die Weltkultur auf ein höheres Niveau menschlicher Freundlichkeit, die uns die acht großen Jahrhunderte großen Fortschritts bescherte. Diesen Fortschritt drohen wir jetzt wieder zu verlieren. Die geistige Renaissance brachte uns jedoch noch kein

Wissen. Die Vorstellungen des Menschen sind immer noch heidnisch. Sein Gottesbild ist immer noch das eines starken, mächtigen Mannes mit einem physischen Körper, der zu großem Zorn fähig ist. Das menschliche Verständnis ist noch nicht so weit entfaltet, dass es die Kraft und Liebe in einem unsichtbaren Gott erfassen kann, obwohl doch die größte den Menschen bekannte Kraft die – ebenfalls unsichtbare – Schwerkraft ist. Auch kann der heidnische Geist nicht begreifen, dass der Himmel woanders sein könnte als über der Erde zwischen den Wolken, wohin gute Menschen nach ihrem Tod aufsteigen. Heidnische, aus heidnischen Legenden und abergläubischen Vorstellungen übernommene Vorstellungen verhindern, dass unser Verhalten mit dem Geist wahrhafter Christlichkeit Schritt hält, deren Weiterentwicklung wir am stetigen Aufschwung der Weltkultur ablesen können.

Christlicher Geist ohne christliches Verhalten wird nie eine christliche Welt erschaffen. In einer wahrhaft christlichen Welt herrschen Einheit und Frieden, die aus dem Wissen um Gottes Wege und Gesetzmäßigkeiten entstehen. Das bedeutet die Einheit einer einzigen Welt in geschwisterlicher Liebe und Gehorsam gegen Gottes Eines Gesetz vom rhythmisch ausgewogenen Austausch, so wie die Natur sich in all ihrem Austausch nach diesem Gesetz richtet.

Seit Jahrhunderten ist die Kultur immer geistvoller geworden, aber barbarische Gier und Primatenerinnerungen an Blut und Eroberungen waren in der Mehrzahl der Menschen noch zu lebendig, um das geistige Wachstum zuzulassen, das einige wenige transformierte. Dennoch war das spirituelle Wachstum im Menschen groß genug, um ein elektrisches Zeitalter einzuleiten, wodurch das Denken der Welt und die Lebensbedingungen völlig verändert wurden. Der Fortschritt der letzten hundert Jahre ist größer als in allen vorhergegangenen Jahrhunderten seit der Renaissance.

Bis zum Jahr 1900 hatte der Mensch die ganze Welt gewonnen – um den Preis seiner Seele. In all diesen Jahrhunderten hat die leise innere Stimme in Tausenden von Seelen den göttlichen Funken entfacht, während die große Mehrheit es vorzog, ihr barbarisches Verhalten beizubehalten.

Die barbarische große Mehrheit synkopiert die universalen Rhythmen der großen Meister gemäß ihrem Musikverständnis zu Dschungelrhythmen. Die Krönung wissenschaftlichen Fortschritts ist heute integraler Bestandteil der riesigen Industrie zur Tötung von Menschen, die der Mensch in der von ihm erschaffenen Welt aufgebaut hat, statt der Goldenen Regel »Liebet einander« zu folgen und seine Welt auf dem Fundament wahrhafter Christlichkeit zu errichten.

Wenn die Liebe die Welt verlässt, kommen Hässlichkeit und Brutalität herein und ringen alle Kulturen und Verhaltensweisen nieder. So, wie die ihre Kultur liebenden Menschen des Hellenistischen Zeitalters zusehen mussten, wie ihre Skulpturen ins Meer geworfen wurden, so müssen die heutigen ihre Kultur liebenden Menschen zusehen, wie die Hässlichkeit immer mehr bis in die Kunstmuseen hinein moderne Kunst infiltriert, und wie der Jazz der Dschungelrhythmen unsere schönen Menuette und fröhlichen Wiener Walzer ersetzen. Sogar die Musikinstrumente, welche die Töne der Natur hervorbringen und so die Seele erreichen können, sind nur noch in Symphonieorchestern zu hören. Überall sonst wurden sie durch laute Blechinstrumente ersetzt, um die Dekadenz der Massen zu befriedigen.

Die poetische Qualität von Musikwiedergaben wird durch unerträgliches Lärmen ersetzt, das mehr an den Dschungel als an ein kultiviertes Leben erinnert. Geigen, Flöten und Klarinetten können wie der Wind flüstern, wie Vögel singen, wie Insekten tönen und die summenden, surrenden, brummenden und zwitschernden Geräusche des Waldes erklingen lassen. Die sanfte, träumerische, beruhigende Dinnermusik der Zeit um 1900, die gesellschaftliche Zusammenkünfte inspirierte, wurde in Restaurants, Nachtklubs und im Fernsehen durch ohrenbetäubende Blechmusik ersetzt. Die rhythmischen Harmonien unserer schnell verschwindenden Kultur sind verloren gegangen. Sie wurden durch möglichst viele Dissonanzen in synkopierten Melodien ersetzt, die alles zerstören, was in den geistigen Künsten schön und erhebend war. [2]

Kulturelle Degeneration geht immer mit sexueller Degeneration einher, mit sexueller Perversion und schnell sinkender Moral. Jede untergegangene Zivilisation folgte diesem Muster wachsender sexueller Verrohung, die sich in dem Maße vervielfältigt, wie kulturelle Werte und die schönen Künste von ihrem Thron verschwinden. Die zunehmenden sexuellen Perversionen in Griechenland gingen mit dem Zerfall der dortigen Kultur einher. Dieses Muster wiederholt sich in unserer eigenen, schnell untergehenden Zivilisation. In der heutigen Zeit nehmen alle Arten sexueller Perversion rapide zu, sogar unter Kindern. Sexuelle Perversionen führen sehr schnell in den Dschungel und wecken sogar in Kindern den Wunsch zu töten. *Immer und immer wieder ist die Welt schockiert über Jugendliche, die aus reiner Lust töten.* Die Welt schreibt diese Ereignisse der Jugendkriminalität zu, aber diese ist nur eine Auswirkung der Welt-Dekadenz. Kriminalität beschränkt sich nicht allein auf die Jugend. Sie säumt unseren täglichen Lebensweg. Der schnelle Anstieg der Kriminalität von erwachsenen Straftätern kann es mit dem bei unserer Jugend aufnehmen. [3]

Was unsere heutigen Intellektuellen am meisten beunruhigen sollte, ist die Tatsache, dass jede nachfolgende Generation von Jugendlichen in ein moralisch niedrigeres Entwicklungsstadium unserer Zivilisation hineingeboren wird. Eines Tages wird alles Edle und Gute der menschlichen Rasse für die folgenden Jahrhunderte nicht einmal mehr eine Erinnerung sein und nur noch von den wenigen hoch gehalten werden, die das Licht durch diese dunklen Zeiten in Klöstern oder abgeschiedenen Orten leuchten lassen, genauso wie die spirituell Entwickelten es während des Mittelalters bis zur Wiedergeburt der Zivilisation im 14. Jahrhundert haben leuchten lassen.

Wenn wir nicht sofort damit beginnen, die Menschheit so zu verwandeln, dass sie sich auf eine Mensch-*für*-Mensch-Regel gründet und nicht mehr auf die alte Mann-*gegen*-Mann-Regel, dann wird sie mit Sicherheit wieder fallen, wie es aus demselben Grund in der Vergangenheit schon so oft geschehen ist. Wenn das wirklich passiert, dann wird es dieses Mal mehr spirituell Erleuchtete unter uns geben, die das Licht durch die nächsten dunklen Jahrhunderte tragen, als beim letzten Fall der Menschheit. Aber auch diese würden das Leben als hart, schwierig und gefährlich empfinden. Sie würden einsam in abgeschiedenen Bergregionen und wahrscheinlich hinter hohen mittelalterlichen Burgmauern leben müssen, um ihre Anhänger vor den plündernden Räubern der dann folgenden gesetzlosen Jahrhunderte zu schützen.

Verbrechen und Jugendkriminalität haben bereits für einen so großen Zerfall der Moral in unserer Welt gesorgt, dass nachdenkliche Menschen meinen, nur ein großes geistiges Erwachen könne die Welt noch retten. Ein geistiges Erwachen ist jedoch nur im Einklang mit den geistigen Gesetzen möglich. Geistige Lehren, die nicht mit Gottes Gesetz harmonieren, sind vergleichbar mit einem Menschen, der gut, glücklich und friedlich sein wollte, das Geld dafür jedoch durch Raub, Diebstahl und Grausamkeit zusammenraffte.

Das Vorstehende ist ein ausgezeichnetes Beispiel für die seit ihrer ersten Auferstehung im 14. Jahrhundert vom Menschen erschaffene Welt. Dies wäre nicht geschehen, wenn Männer und Frauen *gleichberechtigt* am Aufbau der Zivilisation beteiligt gewesen wären. Sehr wahrscheinlich hätte die Menschheit in noch einmal hundert Jahren den dauerhaften Frieden gefunden, nach dem sie suchte, wenn sie nicht gezwungen gewesen wäre, die Ernte von Feindschaft und Hass einzufahren, welche die Erbauer von Imperien in das Welt-Muster gesät hatten.

Das ist sehr schade, denn die Welt steht vor der Schwelle eines noch bedeutenderen Jahrhunderts, als es das letzte war. Das entstehende elektronische Zeitalter wird unsere heutige wunderbare Welt sehr primitiv erscheinen lassen. Die verheißene Entfaltung wird jedoch gegen den Widerstand des heutigen Rückschritts in eine sich vervielfältigende Uneinigkeit unmöglich sein.

Diese zusätzlichen hundert Jahre Frieden, die wahrscheinlich die Gleichstellung von Männern und Frauen in Regierungsangelegenheiten gebracht hätten, waren uns nicht vergönnt. Dennoch fangen wir jetzt damit an, diese Gleichstellung in die Praxis umzusetzen, denn für die Männer ist es keine Undenkbarkeit mehr, dass Frauen hohe Ämter in Industrie und Politik bekleiden. Hätten Männer und Frauen in den letzten hundert Jahren zusammengearbeitet, hätte die Rückkehr zum Töten von Menschen ganz bestimmt nicht stattgefunden, und wir stünden jetzt nicht vor der schrecklichen Ernte der vergangenen Menschentötungen.

Wir haben um Glück, Frieden und Wohlstand für uns selbst gebetet, während wir unserem Nächsten Frieden, Glück und Wohlstand genommen haben. *Unbewusst haben wir uns selbst genau das angetan, was wir unserem Nächsten angetan haben.* Wir haben unsere Imperien nach unserem Ebenbild erbaut – und sie fielen zusammen wie Kartenhäuser. Indem wir eine Million Söhne unseres Nächsten töteten, töteten wir zehn Millionen unserer eigenen Söhne. Denn jede Milliarde Dollar, die wir geplündert haben, um uns reicher zu machen, hat uns um zehn Milliarden Dollar Schulden ärmer gemacht.

Wir wussten nicht, was wir taten. Wir waren unmoralische Heiden, die entsprechend ihrer barbarischen Natur handelten, und zwar genauso treu und selbstverständlich, wie der Primatenmensch nach dem Muster seiner wahren Primatennatur handelte. Die Unkenntnis der Gesetzmäßigkeiten ist für uns jedoch keine Entschuldigung, niemals. Wir werden weiterhin so lange in unserer selbst erschaffenen barbarischen Welt leben, wie wir uns barbarisch verhalten. Wir wissen immer noch nicht genug über den Menschen und über Gott, um unsere enge Beziehung zu verstehen, die Koordination und Kooperation erfordert, bei allem, was Gott und Mensch gemeinsam tun. Das Versagen des Menschen in der Zusammenarbeit mit Gott und die Strafe, die er durch solchen Ungehorsam über sich selbst gebracht hat, ist im folgenden Zitat aus der Botschaft der Göttlichen Iliade festgehalten:

Diene zuerst deinem Bruder. Verletze lieber dich selbst als deinen Nächsten. Gewinne nichts von ihm, was nicht durch dein Geben ausgewogen wird. Beschütze die Schwachen mit deiner Stärke, denn wenn du deine Stärke gegen sie wendest, wird ihre Schwäche dich übermannen, und deine Stärke wird dir nichts nützen. [4]

Der Mensch hat dieses Gesetz in seinem barbarischen Leben verletzt und verletzt es immer noch in der Hoffnung, die Konsequenzen nicht tragen zu müssen. Jede schwache Nation, die einst erobert wurde, ist heute der Eroberer. Dasselbe gilt für die Theorie, dass der Zweck von kriegerischen Eroberungen die Bereicherung ist, während doch die Auswirkung eines jeden bisher vom Menschen geführten Krieges Verarmung war. Wie oft noch muss der Mensch die Schrecken eines Krieges erleben, bis er endlich den Preis so oft in Form von Leid gezahlt hat, dass er die Gesetzmäßigkeit erkennt?

Zusammenfassung

Das Barbarische Zeitalter kann zusammenfassend als eine von den Sinnen dominierte, vom Mann beherrschte Zeit bezeichnet werden, in der die Gier nach materiellem Gewinn den Menschen trieb, so viel wie möglich zu nehmen und so wenig wie möglich zu geben. In ihrem geschichtlichen Verlauf begannen die geistigen Qualitäten des Menschen sich zu entfalten, weil göttlich inspirierte Boten in die Welt geboren wurden, um dem Menschen bei seiner Entfaltung zu helfen. Ihre Lehren überstiegen das Verständnis des Menschen, aber in ihm begann der Wunsch nach geistiger Entfaltung zu reifen. Diese Lehren hätten der Menschheit helfen können, ihre Einheit mit Gott und die geschwisterliche Verbundenheit aller Menschen zu erkennen, wenn nicht ihre angeborenen Erinnerungen an ihre mörderische Primatenzeit stärker gewesen wären.

Dieses gesamte Zeitalter wurde geprägt durch den Glauben an das Böse, weil die Menschen taten, was sie für böse hielten. Das hoffnungsvollste Anzeichen von Fortschritt war, dass die Frau aus absoluter Bedeutungslosigkeit in den letzten fünfzig Jahren weit genug aufstieg, um in den bisher den Männern vorbehaltenen Regierungsangelegenheiten mitbestimmen zu können, die jedoch weiterhin eine Männerdomäne sind. Das war der erste Schritt auf dem Weg zur notwendigen Gleichstellung von Mann und Frau, aber es war nur ein sehr kleiner Schritt.

Aufgrund dieser Mängel bei der langsamen Entfaltung der Menschheit gingen menschliche Zivilisationen viele Male unter, genauso wie auch unsere Zivilisation heute unweigerlich untergehen wird.

Lasst uns beten, dass die Männer und Frauen der ganzen Welt sich rechtzeitig vereinigen, um diesen Zerfall umzukehren in die glorreichste Renaissance, die unsere Welt je erlebt hat.

KAPITEL V

GEIST-BEWUSSTSEIN

Die dritte Stufe in der Entfaltung des Menschen ist das Geist-Bewusstsein. Sie folgt auf die Stufe des *Sinnen-Bewusstseins*. Ihre Vertreter sind die Genies der Welt.

Der Durchschnittsmensch glaubt, dass solche Menschen mit schöpferischer Geisteskraft schon als besondere Genies geboren werden, aber das ist nicht der Fall. Sie sind genauso wie andere Menschen, nur geistig weiter entfaltet. Geist-Bewusstsein hat seit Anbeginn zum Menschen gehört. Die Menschheit erwirbt nicht völlig neue Qualitäten. Sie enthüllt nur die bereits vorhandenen, während sie sich entfaltet. Zum Menschen ist von außen noch nie etwas hinzugefügt worden. Was auch immer der Mensch physisch, intellektuell oder geistig wird, das entfaltet er *von innen* heraus. Auch nach Millionen von Jahren der Entfaltung kann nur ans Licht kommen, was bereits in den ersten ursprünglichen Zellen vorhanden war. Die Natur entwickelt sich nicht. Sie entfaltet immer nur und faltet wieder ein.

Jede Idee existiert ewig. Die Idee Mensch ist Teil der einen umfassenden Gesamtidee der Schöpfung. Als IDEE ist sie vollkommen, aber ihre Manifestation in Raum und Zeit ist in zeitlich festgelegte Aufzeichnungen im Raum unterteilt. Genauso existiert im Seelen-Samen der gesamten Menschheit bereits alles Wissen. Ein genialer Mensch entdeckt diese Tatsache durch viel Zurückgezogenheit, viel Meditation und Kommunikation mit der Natur. Er entdeckt, dass das Wissen gemäß seinen Wünschen in Inspirationen aufblitzen kann. Wenn er im inneren Denken seinen Wunsch ausdrückt, dann wird dieser sich innerhalb seines Bewusstseins entfalten und er wird ihn wiedererkennen. Er begreift, dass er es schon immer gewusst hat.

Der Genius weiß, dass Wissen sich auf die *unveränderlichen Ursachen* beschränkt und nicht durch die *flüchtigen Wirkungen* der sich ständig ändernden Materie erlangt werden kann, es sei denn, diese werden durch nach innen gerichtetes Denken in ihre Ursache zurückübersetzt. Wirkungen von

Bewegungen können mit den Sinnen beobachtet werden, aber die Sinne können sich kein Wissen aneignen. Die Sinne können Wirkungen aufzeichnen und wiederholen, aber sie können nicht *wissen*, was sie aufgezeichnet und wiederholt haben. Genies wissen, dass Wissen ausschließlich eine Eigenschaft des Geistes und sinnlich nicht wahrnehmbar ist, und dass diese schöpferische Energie nur im Geist existiert. Darum können sie die Kraft entwickeln, von innen aus ihrem eigenen Bewusstsein heraus über physische Körper zu herrschen. Je mehr sie sich des ihnen innewohnenden Bewusstseins, von dem ihre Kraft und ihr Wissen ausgehen, bewusst werden, desto deutlicher wird ihnen auch ihre Göttlichkeit und ihre Einheit mit Gott. Wachsendes Gottesgewahrsein bringt nach und nach die Ekstase des Gott-Geistes und die Erkenntnis mit sich, dass Gott immer mit ihnen tätig ist, während sie mit Ihm zusammenarbeiten, um ihren Schöpfungen Meisterschaft zu verleihen. Werke, die auf diese Weise erschaffen wurden, haben Bestand. Kein menschliches Werk wird überdauern, wenn es nicht in der Ekstase des Gott-Bewusstseins erschaffen wurde, das allen Genies zu Eigen ist. Alle Werke des Menschen, die nur Aufzeichnungen und Wiederholungen sinnlicher Beobachtungen und Erinnerungen sind, sind kurzlebig und flüchtig. In ihnen steckt nicht Gott, sondern nur die Sinneswahrnehmung des Menschen, und diese ist seelenlos. Solche Werke inspirieren nicht, weil keine Inspiration in ihnen steckt.

Menschen, die den hohen Bewusstseinszustand des Genies erreicht haben, kennen ihre Bestimmung von Kindheit an. Sie übernehmen die Verantwortung für ihr Schicksal und würden auch für allen Reichtum der Welt keine Kompromisse eingehen. Wenn sie erst einmal die Schätze des Himmels in sich selbst gefunden haben, würden sie lieber ohne einen Cent in der Tasche sterben, als ihre Schöpfungen zu besudeln. Alles andere wäre für sie das Eintauschen ihrer Unsterblichkeit gegen ein Trugbild.

Jeder geniale Mensch ist sich seiner hohen Stellung als göttlich inspirierter Bote für alle, die nach dem Licht suchen, bewusst. Die Tausende, die er inspiriert, werden immer mehr angehoben. Die Menschheit wird so durch jeden ihrer inspirierten Boten bereichert, der den Menschen geschickt wird, um in göttlich inspirierter Sprache zu ihnen zu sprechen. Durch solche Boten kommt Kultur in die Welt und hebt sie langsam auf immer höhere Stufen empor. Während der Mensch kultivierter wird, wächst in ihm die Fähigkeit, inspiriert zu werden. *Der Aufstieg eines jeden Menschen zu großen Höhen hängt von seiner Fähigkeit ab, sich von den inspirierten Botschaften, die ihm von den Genies der Welt gebracht werden, seinerseits inspirieren zu lassen.* Der Geist vervielfältigt seine Kraft, die Menschheit auf höhere kulturelle Ebenen anzuheben, wenn er sich für friedvolle Aufgaben engagiert, die freundliche Gesinnungen fördern. Widmet er sich kriegerischen Aufgaben und unfairen Geschäftspraktiken, die Feindseligkeit unterstützen, kommt der menschliche Fortschritt zum Erliegen und kehrt sich um zu Zerfall.

Seit dem Beginn des 14. Jahrhunderts ist eine wachsende Anzahl von Genies in die Welt gekommen, die aber in den sechs Jahrhunderten weltlichen Fortschritts, der 1914 so plötzlich endete, die Zahl einhundert nicht überschritten hat. Wenn die Welt dekadent wird, kreuzigt sie die Genies. Fehlende Anerkennung und Unterstützung hält den Genius davon ab, seine unbezahlbaren Schätze der Welt preiszugeben. Hinzu kommt, dass viele jeder Gelegenheit beraubt werden, die Welt zu bereichern, indem sie gezwungen werden, als Soldaten Menschen zu töten, statt ihnen zu dienen. In dem Maße, wie den Menschen die Inspiration entzogen wird, wirft geistige Dekadenz die gesamte Zivilisation in ihr Primatentum zurück.

Gott wird mit den Menschen arbeiten, die mit Ihm arbeiten wollen, aber er wird nicht über deren eigenen Wunsch hinaus für *die Menschen arbeiten*. Die Dekadenz ist besonders offenkundig bei den großen Massen, die noch nicht den Punkt erreicht haben, an dem sie eine leise Ahnung von dem Geisteszustand einer Inspiration bekommen können. Es gibt unzählige Millionen dieser uninspirierten, unerleuchteten Exemplare der Menschheit, die noch tief in der Barbarei stecken.

Es gibt jedoch auch viele, viele Tausende, die innere Sicht und inneres Hören entwickelt haben, Fähigkeiten, die in jedem Menschen durch Inspiration entfaltet werden. Diese vielen tausend Menschen verdanken ihre Entwicklung jenen wenigen, die ihnen geholfen haben, in ihrem Inneren die geistigen Bilder zu sehen und die aus der Stille der Natur ertönenden Stimmen zu hören, welche jenseits physischer Wahrnehmbarkeit liegen. Diese Menschen werden die Menschheit retten, wenn sie denn gerettet werden kann, aber auf jeden von ihnen kommen tausend oder mehr andere. Sie sind die wenigen Kultivierten, die Symphoniekonzerte lieben und blutige Wettkämpfe verabscheuen, während Tausende den Kampf lieben und bei einem Symphoniekonzert leiden. *Sie sind es, die den Christusgeist in der Welt am Leben erhalten, indem sie die Menschen in Richtung des himmlischen Königreiches lenken, das sie nur durch inspiriertes, nach innen gerichtetes Denken finden können.*

Innerlich denkende Menschen suchen die Einsamkeit in Wäldern und der unberührten Natur, fernab vom Lärm menschlicher Aktivitäten. So lösen sie sich von ihren körperlichen Bedürfnissen und von allen Geräuschen, die nicht zum rhythmischen Pulsieren der Natur gehören. Ein solches Alleinsein erleichtert tiefe Meditation und stilles Gebet. Alleinsein lädt zu inniger Kommunikation mit Gott ein. Wer Gott auf diese Weise sucht, wird Ihn finden. Er wird mit den inneren Augen Sein Licht sehen, wird Seine Stimme in der Stille der Natur im Rhythmus ihres Herzschlags hören und die Ekstase Seiner Liebe spüren, in der Sein Universum ruht. In solchem Alleinsein von Mensch und Gott verschwindet alles Böse im Primatenmenschen in seiner eigenen Dunkelheit.

Die großen Boten könnten Gottes rhythmische Sprache nicht vermitteln, wenn auch nur die leiseste Spur von Bösem durch ihre Gedanken ginge. Entsprechend kann kein Mensch mit seiner Seele den rhythmischen Symphonien der großen Meister lauschen, wenn er gleichzeitig bösen Gedanken nachhängt. Darin liegt die große Kraft der Musik, denn sie erhält und vervielfältigt den Christusgeist zwischen den Menschen. Musik ist die größte unter all den vom Menschen benutzten Kräften, um die universale geschwisterliche Verbundenheit zu erschaffen, die für eine christliche Zivilisation unentbehrlich ist. Malerei ist die nächste große Kraft, die zur Inspiration und damit zu innerem Denken führt.

Diese Aussagen werden höchstwahrscheinlich von den Nichtdenkenden angezweifelt. Wir sollten uns vergegenwärtigen, dass Malerei und Musik unserer Zeit bis zum 12. und teilweise 15. Jahrhundert unbekannt waren. Die geistige Natur der Musik und auch der Malerei konnten sich nicht entfalten, solange die Erinnerung an das Blutvergießen und die Vorliebe dafür in der Menschheit so stark verankert waren, dass das größte Vergnügen ihrer Männer, Frauen und Kinder darin bestand, zuzusehen, wie sich Gladiatoren gegenseitig töten und Menschen den Löwen zum Fraß vorgeworfen wurden.

Nach innen gerichtetes geistiges Denken hatte während der Hellenischen Zeit begonnen und fand in der Schönheit von Architektur und Bildhauerei seinen Ausdruck, aber bis zur Geburt Jesu verstrichen vierhundert Jahre voller Dekadenz, in denen Blutvergießen das größte Vergnügen war. In einem solchen Primatenzustand konnte die Menschheit Gottes rhythmische Sprache nicht verstehen. Seine kosmische Sprache konnte nur von jenen verstanden und vermittelt werden, die das himmlische Königreich durch inneres geistiges Denken suchten. Dieses Stadium menschlicher Entfaltung wurde erst erreicht, als Leonardo da Vinci und Raffael mit ihrer Malerei der Welt ihre Vorstellungen von den Rhythmen der Natur vermittelten.

Vielleicht ist der Menschheit insgesamt nicht klar, dass Leonardo und Raffael die stärkste Kraft im wieder erwachenden Christusgeist waren. Die

Kirche jener Zeit sprach in einer Sprache zu den Menschen, die für diese bedeutungslos war. Sie bekamen keine Gelegenheit, etwas zu verstehen, denn die lateinischen Worte hatten für sie keinerlei Bedeutung. Leonardo da Vinci, Raffael, Michelangelo und viele andere sprachen zu den Menschen jener Zeit in den Rhythmen und Formen von Gottes Farbensprache, und die verstanden sie. Selbst die einfachsten Bauern konnten »Das Abendmahl« verstehen, oder die von den Nachfolgern Leonardos gemalten Darstellungen der Madonna mit dem Kind. Jesus wurde für sie lebendig und real. Die Apostel und andere ihnen heilige Persönlichkeiten erstanden vor ihren Augen und erfüllten sie mit neuer Hoffnung. Jedes Heim wurde ein religiöser Schrein. Jesus und ihre gesegnete Jungfrau waren ihnen wirklich nah. In einer Zeit scheinbarer Hoffnungslosigkeit stieg religiöse Inbrunst in ihnen auf. Die Malerei verlieh ihrer Religion Wirklichkeit.

Der Geist des Menschen entfaltete sich bis zu einem gewissen Grade, obwohl die Religion sich mehr in Emotionen und Ritualen als in echter Hingabe abspielte. Heidnische Legenden und abergläubische Vorstellungen vereinten ihre Kräfte mit dem Hang des Menschen zum »Übernatürlichen«, um sein Wachstum zu verlangsamen. Der spirituelle Mensch wuchs jedoch trotz dieses Widerstands, denn sogar religiöse Emotionalität führte zu tiefen Wünschen, und das innige Verlangen nach engerem Kontakt mit Gott führte zu Gebeten, und Gebete führten zu innerem Denken. Die Worte der geistigen Lehrer jener Zeit handelten vor allem von Angst und vom Bösen. Die geisterfüllten Worte der göttlichen Boten, die in Formen, Farben und elektrischen Rhythmen zu den Menschen sprachen, beinhalteten weder Angst noch Böses. In der Natur existieren weder Angst noch Böses.

Malerei und Musik sind von unschätzbarer Bedeutung für die geistige Entfaltung des Menschen. Wenn wir bedenken, dass weniger als einhundert Menschen Abertausende aus einer barbarischen Welt in die Bereiche geistigen Bewusstseins führten, dann können wir vielleicht den Wert ermessen, den jedes Genie für die Welt hat. Ein Beethoven oder ein Leonardo da Vinci haben für die Menschheit einen höheren materiellen Wert als alles Gold und aller Grundbesitz der Welt. Dennoch kreuzigen die Menschen das Genie von heute genauso, wie sie vor zweitausend Jahren die Liebe gekreuzigt haben. Es ist sehr wichtig, dass Sie verstehen, warum in den Meisterwerken der überragenden Genies eine so unermessliche Kraft steckt, die aus von ihren Sinnen geleiteten Menschen spirituelle Menschen machen kann. Ebenso unerlässlich ist es, dass Sie wirklich verstehen, was mit »Sprache Gottes« gemeint ist, die als Inspiration bezeichnet wird.

Solange es Menschen gibt, hat Gott mit dem Menschen geredet. Seine leise Stimme sprach erst als Instinkt, dann als Intuition und dann durch Inspiration zu ihm. Inspiration ist die Sprache der Rhythmen, die ein Genie genauso gut versteht, wie andere Menschen die Sprache der Worte verstehen. Das höchste und vollkommenste Mittel der Kommunikation zwischen dem Menschen und Gott ist die Sprache des Lichtes, die der christusbewusste Mensch versteht. In Kapitel VII, über das Christusbewusstsein, wird dieses Endstadium der Entfaltung genauer beschrieben.

Große Genies, die durch Inspiration mit Gott sprechen, hören nur die Rhythmen der Natur. Diese Rhythmen sind in Harmonie mit dem universalen Herzschlag. Es sind die Eins-Zwei-Rhythmen des elektrischen Pulsierens von Gottes Denken. Sie stehen im Einklang mit jeder Einheit von Aktion und Reaktion in der Natur. Das ist mit »Einklang mit der Unendlichkeit« gemeint. In der geistigen Natur gibt es keine unausgewogenen oder gespaltenen Rhythmen, wie sie der sinnliche Mensch benutzt, um seinen Körper zu stimulieren. Die Rhythmen und die Harmonie von Wasserfällen, das Flüstern sanfter Winde in den Wiesen oder das Donnern der Meeresbrandung stehen im Einklang mit dem Ein- und Ausatmen dieses Planeten und dem Schlagen eines jeden lebendigen Herzens im Universum. Das sind die Rhythmen, welche die großen Meister wiedergeben, um uns zu erheben und zu geistiger Ekstase zu inspirieren. Diese Rhythmen lassen uns den Körper vergessen, weil sie mit dem Pulsieren des Körpers synchron sind. Darum lösen sie keine physische Empfindung aus.

Wer im Außen denkt, verlangt nach sinnlichen Rhythmen, die nicht mit dem Pulsieren des Körpers synchron sind. Denn physische Körper können nur erregt werden, wenn sich Rhythmus und Tempo ihres Herzschlags ändern. Sobald das Tempo in einem musikalischen Rhythmus verlangsamt wird, verlangsamt sich auch der Herzschlag des Zuhörers. Darum schläft ein Baby ein, wenn die Mutter ein besänftigendes Schlaflied summt. Es ist unvorstellbar, wie sehr Musik mit ihren Rhythmen und Tempi das Leben beeinflussen kann. Die Rhythmen und Tempi der großen Welt-Genies heben die ganze Welt auf himmlische Höhen an und veranlassen jene, die berührt werden können, das ihnen innewohnende Himmelreich zu suchen. Entsprechend vervielfältigen unharmonische und gespaltene Rhythmen, die nicht im Einklang mit der Natur und dem menschlichen Herzschlag sind, die rein physischen Wahrnehmungen, die der Mensch zur Stimulierung seines Körpers sucht.

Der Dreivierteltakt des Walzers jedoch richtet die Aufmerksamkeit auf den Körper, indem er spirituelle und physische Emotionen miteinander vereint. Der für den Walzer typische dritte Schlag ist in vollkommener Harmonie mit den beiden ersten und erweckt den Wunsch, sich glücklich nach den harmonischen, das Physische mit dem Spirituellen vereinenden Rhythmen zu bewegen. In musikalischen Rhythmen kann man über diese drei hinausgehend nur einen oder alle spalten. Je weiter man sich von den harmonischen Rhythmen der Natur entfernt und den synkopischen Rhythmen des menschlichen Verlangens nach physischer Stimulierung folgt, desto wahrscheinlicher ist es, dass das Geistige zugunsten physischer Erniedrigung unterdrückt wird.

Dass Musik die Kraft hat, zu erniedrigen oder anzuheben, wird bei den Rhythmen und Tempi des Jazz, die ihre erniedrigende Kraft in wilden Klängen hinausschreit, besonders deutlich. Diese stören die Rhythmen der Natur genauso, wie eine lärmende Fabrik die friedliche ländliche Umgebung stört. Menschen, die sich von ihren Sinnen steuern lassen, wissen die tief inspirierende Musik innerlich denkender Menschen nicht zu schätzen. Sie haben sich noch nicht ausreichend entfaltet, um sie zu verstehen. Die Kraft geistig inspirierter Musik ist jedoch so groß, dass durch häufige Wiedergabe Abertausende allmählich transformiert werden.

Aufzeichnungen klassischer Musik werden zu Hunderttausenden verteilt, und ihre Wirkung ist das hoffnungsvollste Zeichen der Zeit und zeigt sehr deutlich, welche Kraft diese Musik hat, um sinnesgesteuerte Menschen in geistig Denkende zu verwandeln. Es ist die größte Leidenschaft eines jeden Genies, die Schätze des Himmels, die ihm gegeben wurden, an die ganze Welt weiterzugeben. Beethoven, Mozart, Leonardo oder Tennyson konnten ihre Schätze unmöglich für sich selbst behalten. Wer sich seiner Einheit mit dem Schöpfer bewusst wird, der freimütig ohne jede Erwartung alles gibt, was Er hat, der muss ebenfalls freimütig ohne alle Erwartungen geben.

Die für sinnesgesteuerte Menschen so typische Erwartung einer Belohnung existiert in der Natur nicht. In der Natur erschafft Geben ein Vakuum, das nur durch ein ausgewogenes Zurückgeben gefüllt werden kann. In der Natur ist Geben die erste Hälfte eines jeden elektrischen Kreislaufs, und ein solcher halber Kreislauf kann nicht unvollständig bleiben. Er *muss* sich vervollständigen, anders geht es nicht. Er muss sich durch ein ihn ausgleichendes Gegenstück auflösen. *Darum kann niemand geben ohne die kosmische Sicherheit, gleichermaßen zurückgegeben zu bekommen. Aus diesem Grund gehört in der Natur das Belohnungsprinzip nicht zu Gottes Plan.*

Aus demselben Grund ist es für ein Genie sehr schwierig, in einer materiellen Welt zu leben. Dennoch *muss* er leben. Er muss mit denen verhandeln, die von ihm kaufen könnten. Er muss verkaufen, obwohl es sein größtes Glück ist, einfach nur zu geben. Es ist wider seine Natur, dazu gezwungen zu sein. Es macht seine Seele krank, denn er ist sich bewusst, dass er vor seiner Zeit geboren wurde und immer gezwungen sein wird, in zwei Welten zu leben. Seine größte Entschädigung aber ist die Tatsache, dass er jederzeit der äußeren Welt der materiellen Dinge entrinnen und in seiner eigenen inneren Geisteswelt leben kann, um nach Herzenslust mit Gott zu kommunizieren und alles andere, besonders seinen Körper, zu vergessen.

Unter materiellen Gesichtspunkten ist der Genius ein unpraktischer Träumer, ein Minderbegabter, dem die Fähigkeit fehlt, wie normale Menschen sein Geld zu verdienen. Als Kinder haben Genies oft schlechte Noten, denn der altersbezogene vorgeschriebene Lehrplan wirkt sich auf den Genius lähmend aus, weil er das Gehirn »erzieht« statt den sich entfaltenden Geist. Thomas Edison wurde von der Schule mit einem Brief nach Hause geschickt, in dem der Lehrer seiner Mutter empfahl, ihren Sohn auf die Sonderschule zu schicken. Die Schule hat bisher zur Stabilisierung einer Zivilisation gedient, die gelernt hat, sich *zu erinnern und zu wiederholen,* statt zu vermitteln, wie man *denkt und weiß,* und so die Vorstellungskraft zu entfalten.

Der Intelligenztest für Stipendien an weiterführenden Schulen basiert auf der Anzahl der beantworteten Fragen. Um dabei gute Ergebnisse zu erzielen, muss man ein fotografisches Gedächtnis haben, das auf die Außenwelt konzentrierte Denker schnell entwickeln. Es ist jedoch nicht jedem möglich, einen fotografischen Geist zu haben. Darum wird ein Genie in der Schule oft für dumm gehalten. Sehr viele Kinder werden durch diese Prozedur verdorben. Sie mögen die gescheitesten Kinder mit großen schöpferischen Fähigkeiten sein; wenn diese kreativen Fähigkeiten von der Schule einige Jahre unterdrückt wurden, sind sie für ihre Bestimmung in der Welt verdorben.

Information ist nicht Wissen. Es ist völlig unwichtig, sich an Cäsars Todesjahr oder das Datum der Schlacht von Waterloo zu erinnern. Selbst wenn man jede Frage einer Enzyklopädie beantworten kann, hat man kein Wissen. Ein Schüler, dem geringe Intelligenz bescheinigt wird, weil er sich nicht erinnern kann, welcher Fluss ins Kaspische Meer fließt oder wie die Hauptstadt von Finnland heißt, mag sich damit trösten, dass Shakespeare oder Charles Dickens diese Fragen wahrscheinlich auch nicht hätten beantworten können. In einem solchen Lernsystem, das auf Erinnerung von Stoff basiert, können Jungen mit Unternehmungsgeist, Vorstellungskraft und Einfallsreichtum für dumm gehalten werden, während ein schwerfälliges Arbeitstier mit fotografischem Gedächtnis, aber ohne Unternehmungsgeist, als besonders klug gilt.

Informationen können mit Nahrung verglichen werden, die einen Körper erst ernährt, wenn sie verdaut ist und in den Blutkreislauf gelangt. Informationen können zu Wissen werden, wenn sie durch eigene Überlegungen und aktives Denken verdaut wurden; aber solange sie nur Aufzeichnungen des Gehirns sind, haben sie für schöpferischen Ausdruck keinen Wert. Sich zu erinnern, zu wiederholen, aus Experimenten Schlüsse zu ziehen und weitere Gehirnaufzeichnungen von beobachteten Wirkungen zu sammeln, ist kein Wissen. Es lässt lediglich auf Cleverness schließen. Unsere hoch technisierte Welt voller Fachgeschick ist eher das Ergebnis großer Klugheit beim Sammeln von beobachteten Wirkungen, als das Ergebnis wirklichen Wissens.

Wenn die Welt beginnt, sich Wissen anzueignen, dann werden sich die Auswirkungen in den menschlichen Beziehungen zeigen und nicht in chemischen oder metallurgischen Zusammenhängen. Die Menschheit hat sich noch nicht genügend Wissen angeeignet, um das Gesetz zu kennen, nach dem Menschen miteinander leben können – oder um die Beziehung zwischen Mann und Frau zu begreifen. Sie ist zu sehr mit der Anwendung der vielen physikalischen Gesetze über die Beziehungen physischer Materie beschäftigt, um über Gottes Gesetz nachzudenken, nach dem sich geistige Beziehungen richten.

Die Welt verlangt aus rein wirtschaftlichen und materiellen Gründen nach Wissen darüber, was das Atom zusammenhält. Solch ein Wissen ist »millionenschwer« in Bezug auf neue Maschinen und Annehmlichkeiten für den Menschen. Dies ist die Grundlage des weltweiten Wissensdranges. Wissen hat nur Geldwert. Der geistige Wert des Wissens hat das Bewusstsein des Menschen noch nicht erreicht. Darum wird Gott den Menschen dieses Wissen nicht gewähren, und sie werden es nie finden, solange sie mit ihrer Suche in die falsche Richtung gehen. Eigentlich hat der Mensch die Antwort direkt vor Augen, aber er erkennt sie nicht, solange seine Augen nur im Außen suchen. Wenn er durch inneres Denken die innere Schau erlangt, dann wird er die Antwort in all ihrer Einfachheit erkennen. Wer den Zustand des Kosmischen Geistes erreicht hat, weiß genau, wovon das Atom zusammengehalten wird, und braucht dafür keine Zyklotronen, um ihnen das Geheimnis des unsichtbaren Universums zu entreißen. *Das Wissen um die URSACHE kann nicht aus der Bewegung gewonnen werden. Es kann nur aus der Quelle der Bewegung gewonnen werden.*

Die Ergebnisse von Sinneswahrnehmungen nennt man »empirisches Wissen«. Wahres Wissen kann nicht mit den Sinnen gewonnen werden, denn die Sinne sind nicht in der Lage, das wahre Bild einer beliebigen Bewegungswirkung zu sehen. Keine Wirkung in der Natur ist das, was sie zu sein scheint. Ein dreidimensionales gegenständliches Universum ist genauso eine Illusion, wie ein Kinofilm Illusion ist. Aus der Simulierung von Wahrheit und Realität kann man nicht Wahrheit und Realität ableiten. Unser Bewegungsuniversum ist nur ein kosmischer Kinofilm, der aus der leuchtenden Quelle im denkenden Geist auf die Leinwand des Weltraums projiziert wird. Seine Wirklichkeit liegt in seiner Quelle und nicht im projizierten Bild.

Im Alter zwischen drei und vierzehn Jahren hat der Mensch seine fantasievollsten Jahre. Während dieser Zeit sollte die Kreativität eines Kindes entwickelt und gefördert werden. Statt sie »vollzustopfen«, damit sie in Prüfungen Fragen beantworten können, sollte eine kreative Erziehung Kindern ermöglichen, Dinge zu tun, bei denen sie lernen, zu denken und zu wissen, statt das Erinnern und Wiederholen zu üben. Im Schulalter sollte das Hauptziel sein, die Fantasie anzuregen. So können die Kinder ihren schöpferischen Ausdruck entwickeln, der ihnen hilft, den Funken des Genies zu wecken, das in jedem Menschen steckt. Denn schöpferischer Ausdruck setzt inneres Denken voraus. Der Erwerb mathematischer Grundlagen, von Grammatik, Orthografie und Geografie spielt dabei nur eine untergeordnete Rolle und braucht nicht viel Zeit. Anderes Fachwissen wie Geschichte oder Sprachen kann sich jeder in späteren Jahren den jeweiligen Interessen und Bedürfnissen gemäß durch Lesen aneignen.

Für die nächste Generation wäre es besser, wenn es das Fach Geschichte nicht gäbe. Denn der Geschichtsunterricht gründet sich auf Kriege und die Glorifizierung des Verlangens im heidnischen Menschen, seine Mitmenschen zu töten. So, wie Geschichte für Schulen aufgeschrieben wurde, ist sie ein Verzeichnis von Kriegen, um die Heldenverehrung von Killern zu fördern. Dabei sollte das Ziel einer Geschichtsschreibung die Erleuchtung der Menschheit sein und nicht ihre Erniedrigung. Sie sollte vermitteln, welche Qualen den Menschen durch Kriege zugefügt wurden. Informationen über die Menschheitsgeschichte sollten deutlich machen, dass Krieg sich nicht auszahlt.

Jedes Kind sollte die Möglichkeit bekommen, sich mit Zeichnen, Malen, Modellieren und Musik zu befassen. Kinder zeichnen gern. Der Wunsch zu zeichnen und zu malen entwickelt sich bereits in frühem Kindesalter. Auch sollte die Musik der großen Meister nicht nur gehört, sondern auch analysiert werden, bis vor allem der Unterschied zu den hämmernden Rhythmen einer nur der Sinnesstimulierung dienenden Musik verstanden wird.

Jede Betonung des sinnesorientierten Denkens schwächt das Verlangen nach geistigem Ausdruck und stärkt all jene Eigenschaften, von denen die Menschheit sich lösen muss, um sich auf ihr Ziel hin zu entwickeln. Es ist schade und tragisch, wenn kostbare Jahre damit verbracht werden, den göttlichen Funken, der eines Tages in jedem Menschen aktiviert werden muss, zu ersticken und zunichte zu machen.

Mein Mann, der nicht nur in allen fünf Schönen Künsten Meisterschaft entwickelt, sondern auch für die Wissenschaft unschätzbare Beiträge geleistet hat, sagte oft, es sei der größte Glücksfall seines Lebens gewesen, im Alter von neun Jahren aus der Schule genommen worden zu sein. Er kannte seine Bestimmung bereits im Alter von sieben Jahren, was eigentlich bei allen Genies der Fall ist.

Zusammenfassung

Jesus sagte: »Sucht das Himmelreich in euch.« Das Genie kommt dem Erreichen dieses inneren Zentrums, mit dem Jesus selbst gänzlich eins war, sehr nah.

Wenn diese Ebene der menschlichen Entfaltung von so vielen Menschen erreicht worden ist, dass sie den Umgang miteinander bestimmt, dann wird es keine Kriege mehr geben. Materielle Werte sind die Grundlage aller Kriege. Im Geniuszustand der Entfaltung wird materiellen Dingen absolut kein Wert beigemessen. Gier und Gewinnsucht haben keinen Platz. Das Genie hat keinen Sinn für das Böse. Für einen Beethoven oder Sibelius wäre es unmöglich, sich die Disharmonien auch nur vorzustellen, die notwendig sind, um in den Krieg zu ziehen.

Man kann eine Zivilisation nur zusammenhalten, wenn man in ihr kosmische Harmonie verbreitet, indem die Menschen liebevoll miteinander umgehen. Auf keine andere Weise kann sie dauerhaft als eine funktionsfähige Zivilisation bestehen. Wir haben heute in unserer von Menschen geschaffenen Welt den Punkt erreicht, an dem an allen Konferenztischen Hass, Misstrauen und Gier Platz genommen haben, um miteinander zu feilschen. Und je länger sie feilschen, umso größer muss die Aufrüstung sein.

An den Verhandlungstischen sitzen Männer, die alten Eroberer und Väter von Eroberern. Die Frauen, die Mütter und Friedensstifterinnen, sitzen nicht mit ihren Männern an den Konferenztischen. Es wird auf Erden nie Frieden und friedliches Miteinander geben, wenn Väter und Mütter sich nicht als Welt-Väter und Welt-Mütter zusammensetzen, um ihren gegenseitigen liebevollen Dienst zu erweitern. Die herrschende Unausgeglichenheit verletzt Gottes unverbrüchliches Gesetz, und ein Leben gegen dieses Gesetz, wie die Menschen es heute vergeblich zu leben versuchen, ist unmöglich. Vielleicht sind Frauen die einzige Hoffnung, diese Zivilisation zu retten!

Anmerkung der Herausgeberin:

Heute sind zwar in vielen Ländern Frauen in führenden politischen Ämtern und sogar als Staatschefinnen und Außenministerinnen tätig, wie Lao Russell es sich gewünscht hat, aber diese Frauen handeln nicht als Gegenpole zur Männerwelt. Sie haben in ihrem Denken die männlichen Prinzipien übernommen und handeln zum Teil »männlicher« als ihre männlichen Kollegen. Die Gleichberechtigung der Frauen ist nicht erreicht, wenn Frauen so wie Männer sein und handeln dürfen und in diesen Rollen gleiche Rechte haben. Wahre Gleichberechtigung bedeutet, dass der weibliche Pol des Seins als gleichwertig anerkannt wird. Nur dann kann der »rhythmisch ausgewogene Austausch zwischen gleichwertig entgegengesetzten Partnern« erfolgen, und nur dann besteht ein Anreiz für Männer und Frauen, beide Pole in sich zu entwickeln, sowohl den männlichen, als auch den weiblichen.

Die Gleichberechtigungsbewegung der letzten Jahrzehnte hat die Frauen zwar ermutigt, den männlichen Pol in sich zu entwickeln – jedoch auf Kosten ihres weiblichen Pols. So ist durch die sogenannte Frauenemanzipation der einseitige Schwerpunkt unserer Zivilisation auf männlichem Denken und Handeln sogar noch verstärkt worden. Die Frauen sitzen zwar vielerorts mit in den Schaltstellen der Macht, aber sie verwirklichen dort nicht weibliches Denken, und die entscheidende Qualität der Mütterlichkeit geht zu Gunsten einer männlich geprägten Funktionalität und Effizienz verloren. So sind sie nicht Welt-Mütter, die gemeinsam und gleichberechtigt mit Welt-Vätern gute Entscheidungen treffen, sondern Frauen agieren wie Männer als geschlechtsneutrale Management-Leistungsträger. Im familiären Bereich geschieht die Betreuung der Kinder nicht, wie es wünschenswert wäre, statt durch die Mütter allein zunehmend auch durch die Väter, so dass Kinder im fruchtbaren Spannungsfeld der väterlich-mütterlichen Polarität aufwachsen könnten, während Mütter und Väter im familiären Bereich wie weltpolitisch sich ergänzend gleichberechtigt zusammenarbeiten. Stattdessen wird die Kinderbetreuung zunehmend professionalisiert und geschieht fernab dieses polaren Spannungsfeldes durch bezahlte Fachkräfte, die den Kindern weder Vater noch Mutter ersetzen können, sondern ebenfalls als gleichsam geschlechtsneutral agieren. Durch das zum politischen Ziel erklärte »Gender Mainstreaming« wird nicht Gleichwertigkeit der spezifisch mütterlichen und väterlichen Qualitäten gefördert, sondern eine Gleichheit der Geschlechter im Sinn der Unterschiedslosigkeit angestrebt, wodurch die polaren Vater-Mutter-Qualitäten insgesamt verloren zu gehen drohen.

Diese Entwicklung konnte Lao Russell nicht vorhersehen. Ihr Ziel war die Aufwertung und Gleichberechtigung des Weiblichen. Diesem Ziel sind wir trotz der scheinbaren Emanzipationserfolge heute kaum näher gekommen als zu ihrer Zeit, weil Emanzipation meist einseitig mit dem Ausleben »männlicher« Qualitäten durch Frauen gleichgesetzt wurde und die Bedeutung von Väterlichkeit wie von Mütterlichkeit zunehmend geleugnet und Beides als entbehrlich hingestellt wird. Dies geht so weit, dass Müttern, die ihren Kindern zuliebe nicht außer Haus erwerbstätig sein wollen, ein veralteter Mutterkomplex oder sogar Drückebergerei unterstellt wird. Politikerinnen oder Managerinnen, die »weibliche« Regungen wie Mitgefühl oder einen Mangel an aggressivem Durchsetzungswillen zeigen, wird dies als Schwäche angekreidet. Doch Gleichwertigkeit gegensätzlicher Pole ist etwas ganz Anderes als einförmige, nicht mehr polare Gleichheit.

KAPITEL VI

KOSMISCHES BEWUSSTSEIN

Die vierte Stufe menschlicher Entfaltung vom sinnesgebundenen zum spirituellen Menschen ist die hohe Stufe des kosmischen Bewusstseins. Sie ist der Genius-Stufe genauso weit voraus, wie diese der barbarischen voraus ist. Wer die Genius-Stufe noch nicht erreicht hat, wird diese Stufe nur schwer verstehen können, aber jeder kann erkennen, dass sie existiert, weil die Werke der großen kosmischen Genies überall sichtbar sind. Jeder weiß, dass es wirklich übermenschliche Persönlichkeiten wie Michelangelo, Brahms oder Mozart gibt, obwohl jedem klar ist, dass er selbst anders ist. Auch hat es etwa hundert große Genies gegeben, deren Arbeiten unübersehbar beweisen, dass es einen viel höheren geistigen Zustand als den durchschnittlichen geben kann.

Der Zustand des Kosmischen Bewusstseins wurde zuerst in Indien als die »Brahmanische Glückseligkeit« erwähnt. Ein anderer Begriff ist Nirwana, wenn vom höchsten Ziel der Menschheit die Rede ist, in dem jede eigene Identität im universalen Sein aufgeht. Im Neuen Testament wird davon gesprochen, »im Geist« oder »gesalbt« zu sein, oder im »Zustand der Ekstase, Verzückung oder Verklärung«. Kosmisches Bewusstsein ist jedoch so selten, dass es wahrscheinlich in der bisherigen Menschheitsgeschichte nicht mehr als fünfzehn Erleuchtete erlangt haben. Damit meine ich jene, welche die völlige Loslösung der Sinne aus dem Bewusstsein über einen längeren Zeitraum erlebt haben, und nicht jene, die nur flüchtige Blitze von kosmischem Bewusstsein erlebten und in einem Zustand der Verwirrung zurückblieben.

Dr. Richard Maurice Bucke[5] ist die größte Autorität für kosmisches Bewusstsein. Seine eigene Erleuchtung dauerte zwar nur wenige Sekunden, transformierte ihn aber so vollständig, dass er den Rest seines Lebens damit verbrachte, vergleichbare Fälle zu studieren und ein Buch zu schreiben, das für alle, die danach trachten, ihr eigenes spirituelles Bewusstsein zu erwecken, von unschätzbarem Wert ist. Er beschreibt die Symptome so, dass wir sie als Symptome eines erwachenden Genius oder kosmischen Bewusstseins erkennen können. Diese Symptome haben manche Menschen vielleicht erlebt, ohne sie verstanden zu haben. Dr. Bucke führt etwa vierzig solcher Fälle an, zu denen er irrtümlich auch Jesus zählt. Jesus ist der einzige, der je die höchste Stufe göttlichen Bewusstseins, das Christusbewusstsein, erreicht hat, das im nächsten Kapitel beschrieben wird.

Das kosmische Bewusstsein transformiert alle jene, die bereits die hohe Genius-Stufe erreicht haben, in den unsagbar großartigeren Zustand spiritueller Geist-Existenz. In einigen Fällen wurde die Genius-Stufe sogar übersprungen oder unbewusst durchlaufen. Wenn das kosmische Bewusstsein jemanden mit der Erleuchtung des Seelen-Geistes erfüllt, dann kommt das sehr plötzlich und ohne jede Vorankündigung oder Vorbereitung. Es gibt weder Anzeichen dafür, noch kann es absichtlich herbeigeführt werden, egal wie vertraut wir mit der Möglichkeit solcher Vorkommnisse sind.

Die völlige und plötzliche kosmische Erleuchtung wird von einem Blitz des Kosmischen Lichtes begleitet, das außer für den Empfänger für jeden anderen unsichtbar ist. Im Neuen Testament wird die spirituelle Erleuchtung des Paulus ins kosmische Bewusstsein so beschrieben: »Er wurde verwandelt, plötzlich, in einem Augenblick.« Er wurde transformiert, weil von diesem Augenblick an seine Geistesverfassung eine andere war, die sich von seinem vorherigen Zustand so unterschied, wie die Geistesverfassung eines erwachsenen Mannes sich von der eines Kindes unterscheidet.

Es ist, als ob sich das Tor zum »Himmelreich« plötzlich öffnet, und die Herrlichkeit von Gottes Licht des All-Wissens und der All-Macht offenbar wird. Der Empfänger wird zum Wissen um seine absolute Einheit mit Gott verwandelt. Er beginnt auf einmal, mit Gott zu denken und Seine Gedanken zu kennen, als wären es seine eigenen. Er wird sich plötzlich bewusst, dass die Stimme, die er erstmalig vor Millionen von Jahren als Instinkt, später als Intuition und dann als Inspiration gehört hatte, die Stimme Gottes ist und dass sie EINS ist mit seiner eigenen. Sie ist nicht mehr geheimnisvoll und verschwommen. Das Verlangen, das Undurchdringbare zu durchdringen, ist verschwunden. Es *wurde* durchdrungen. Der Erleuchtete hat den Kern der Stille gefunden, der seine Seele ist. Er kann wissend sagen: Ich und mein Vater sind EINS, denn er ist zu diesem Einen geworden. Das ist mit Offenbarung gemeint. Sie ist das enthüllte kosmische Wissen.

Der alle Fälle kosmischen Bewusstseins begleitende Lichtblitz wird von einem Kurzschluss verursacht, der die Empfindungszentren in den beiden Gehirnhälften von der Quelle des Bewusstseins trennt. Solch einen Blitz gibt es auch im Augenblick des Todes. Er ist schon oft fotografiert worden.

Alle, die kosmisches Bewusstsein erfahren haben, berichten von einem weiteren deutlichen Merkmal. Sie alle wurden in einen Zustand gewaltiger Ekstase versetzt. Sie ist das Wesen Gottes – eine tief empfundene Liebe und die Einheit von Gott und Mensch – und die Vorstellung von Bösem und Tod verschwindet völlig im Wissen um Unsterblichkeit und ewiges Leben. Was ein kosmisch bewusster Mystiker schreibt, wird von jedem anderen Mystiker verstanden. Auch wenn sie unterschiedliche Worte benutzen, so ist doch die Bedeutung universal. Sie sprechen dieselbe Sprache, die jedoch nur von hoch kultivierten und spirituell weit entfalteten Menschen verstanden wird.

Zum besseren Verständnis dieser göttlichen Vertreter unter den Menschen will ich einige typische Äußerungen der acht Erleuchtetsten zitieren. Der erste bekannte Fall ist der Verfasser der Bhagavad Gita[6]. Es ist nicht gesichert, wer er war, aber seine unsterblichen Worte haben Tausende von Jahren überlebt und werden fortdauern, solange der Mensch fortdauert. Die folgenden Zitate singen von ihrer eigenen Herrlichkeit in der unverkennbaren Sprache eines göttlichen Mystikers:

»Hier strahlt eine andere Sonne, ein anderer Mond, ein anderes Licht – weder Morgen- und Abenddämmerung noch Mittagsglut – wer dorthin gelangt, kehrt nie zurück, denn er hat Meine Ruhe erlangt, den größten Segen im Leben.« (Kapitel XV)

***

»Wenn Du denkst, dass ich imstande bin, Deine kosmische Form zu betrachten, o mein Herr, o Meister aller mystischen Macht, dann sei bitte so gütig, mir dieses universale Selbst zu zeigen. Zeige mir Dein wahres Selbst, ewiger Gott.«
»Siehe! Dies ist das Universum! – Schau! Was lebendig ist und tot, ich sammle es alles zusammen in Mir! Siehe, wie deine Lippen gesagt haben, auf den EWIGEN GOTT. Sieh Mich!, siehe, was du betest.
Doch mit deinen gegenwärtigen Augen kannst du Mich nicht sehen. Deshalb gebe Ich dir göttliche Augen, andere Augen, neues Licht! Und siehe, dies ist Meine Glorie, der Sicht des Sterblichen enthüllt.« (Kapitel XI)

***

»Von vielen Tausenden von Menschen strebt vielleicht einer nach Wahrheit, und von denen, die ihr nahe kommen, kaum jemals einer hier und da erkennet Mich so, wie Ich Bin, die Wahrheit selbst.« (Kapitel VII)

***

»Denn in dieser Welt ist das Sein zweifach: Eines ist das Gespaltene, das andere das Ungespaltene. In der materiellen Welt ist jedes Lebewesen gespalten, und in der spirituellen Welt ist jedes Wesen ungespalten.« (Kapitel XV)

Gautama, auch bekannt als »Der Buddha«, ist der zweite bekannte Fall von Kosmischem Bewusstsein. Er lebte etwa fünfhundert Jahre vor Jesus, und sein Leben hat die fernöstliche Welt genauso stark beeinflusst wie Jesus die westliche Welt. Er war der Sohn eines sehr reichen Landbesitzers und lebte in großem Luxus, als das »übernatürliche Licht« auf ihn herabstieg. Er wandte sich vom Luxus ab und verließ seine Frau und seinen Sohn, um für lange Zeit allein in der Wildnis zu leben. Dann begann er, die Menschen zu lehren, den ewigen Frieden in sich selbst zu finden, und zwar durch Meditation in der Einsamkeit und allen weltlichen Dingen vollständig entsagend.

Wie alle Erleuchteten gewann Buddha all sein Wissen aus seinem Inneren. Er verwarf alles sogenannte Schulwissen als oberflächlich oder sogar nutzlos. Dieser Punkt wird in einer Geschichte deutlich, die er über einen jungen Mann erzählt, der nach Hause zurückkehrte, nachdem er zwölf Jahre lang die Veden studiert hatte. Der Vater des Jungen fragte diesen, *»Svetaketu, der du so eingebildet bist und dich für so gebildet hältst, und bist so ernst. Mein Lieber, hast du je um die Unterweisung gebeten, wie wir das Unhörbare hören, das Nicht-Wahrnehmbare wahrnehmen, das Nicht-zu-Wissende wissen können?«

Dieses Zitat beweist, dass Buddha die Genius-Stufe durchlief, ohne sich dessen bewusst zu sein, oder wenn er es denn wusste, keinem Historiker diese Tatsache klar genug war, um von ihr zu berichten. Vielleicht liegt die Essenz seiner Erfahrung in den Worten: *»Das Selbst ist einzig. Unbeweglich, ist es schneller als Gedanken. Die Sinne holen es nicht ein; denn stets ist es im Vorsprung. Still stehend, überholt es alles sich Bewegende. Der bewegende Geist schenkt ihm Kraft. Er bewegt und bewegt doch nicht. Es ist fern und doch nah. Es ist in allen Dingen und außerhalb aller Dinge zugleich.

Wer alle Wesen im Selbst sieht und das Selbst in allen Wesen, der wendet sich niemals ab. Erleuchtung heißt: das eigene Selbst im ganzen Weltall finden. Überwunden hat Wahn und Sorge, wer überall die Einheit sieht.« (Upanischaden)

Wenn die Lehren aller Mystiker gründlich verstanden würden, gäbe es nur eine Religion, denn die Lehren sind dieselben. In einer Religion, die danach trachtet, Gott zu erkennen, kann es keine Irrtümer geben. Die Irrtümer entstehen aus der Unfähigkeit des Menschen, Gott zu *sehen*, Gott zu *erkennen* und Gott zu *sein*. Die Menschheit muss sich in geordneten Stufen entfalten. Alle Menschen werden Einsicht bekommen, aber *der Mensch kann das beschleunigen, indem er zutiefst danach verlangt und indem er durch viel Meditationen und wortloses Gebet tief in sich selbst danach sucht.*

Plotin und Mohammed wurden während der zwölf Jahrhunderte der Dunklen Zeitalter in die Welt geboren. Sehr wahrscheinlich war auch Dante ein Erleuchteter. Es wird behauptet, dass er es war, aber ich bin nicht ausreichend davon überzeugt, um ihn mit einzuschließen.

Plotin, im Jahr 204 n. Chr. geboren, wurde siebzig Jahre alt. Er lehnte alle sogenannte Gelehrsamkeit ab und meinte damit das sogenannte Wissen, die Aufzeichnungen der Sinne im menschlichen Gehirn als Erinnerung. Es ist wichtig, dass die heutigen Generationen seinen erhabenen Standpunkt verstehen, denn das moderne System zur Heranbildung von Gelehrten ist oberflächlich. Es sammelt Informationen über Wirkungen von Bewegung und behauptet, das sei Wissen. In dem Sinne bringen Schulen keine Gelehrten hervor, sondern es gibt nur Gelehrte aus eigener Kraft. Plotin benutzte das Wort »Erscheinungen« in dem Sinn, in dem wir heute »Informationen« verwenden. Ich zitiere ihn:

* »Äußere Gegenstände bieten uns nur Erscheinungen dar, sie sind also nur phänomenal. In Bezug auf diese also besitzen wir vielmehr *Meinung* als *Erkenntnis*...

Unsere Frage dreht sich um die ideale Wirklichkeit, welche hinter der Erscheinung existiert. Wie nimmt der Geist diese Ideen wahr? Sind sie außer uns, und beschäftigt sich die Vernunft – ebenso wie die Sinneswahrnehmungen – mit Gegenständen, die außerhalb ihrer selbst liegen?

Was für eine Gewissheit könnten wir dann haben, was für eine Versicherung, dass unsere Wahrnehmung untrüglich gewesen ist? Der wahrgenommene Gegenstand würde etwas von dem ihn wahrnehmenden Geist Verschiedenes sein. Wir würden dann ein Bild anstatt einer Wirklichkeit haben.

Es wäre widersinnig, auch nur für einen Augenblick zu glauben, dass der Geist unfähig sei, die ideale Wahrheit genau so wie sie ist wahrzunehmen und, dass wir keine Gewissheit, keine wirkliche Erkenntnis hinsichtlich der Verstandeswelt hätten.

Daraus folgt, dass dieses Gebiet der Wahrheit nicht als ein außer uns liegendes und darum nur unvollkommen erkanntes erforscht werden darf. Es ist in uns selbst. Hier sind die Objekte, die wir betrachten, und das, was betrachtet, identisch – beide sind Gedanke.

Das Subjekt kann doch nicht ein von ihm selbst verschiedenes Objekt erkennen ...

Das Bewusstsein ist also die einzige Basis der Gewissheit. Der Geist ist sein eigener Zeuge. In sich selbst sieht die Vernunft das, was über ihr ist, als ihre Quelle; und wiederum das, was unter ihr ist, als noch einmal sie selbst.«[7]

Welch ein Unterschied zwischen dieser Sprache und der in unseren Schulen und von unseren Gelehrten verwendeten, die jenen Studenten Beifall spenden, die sich an mehr Ereignisse und Vorkommnisse erinnern als andere. Interessant ist auch, dass Plotin die Menschen aufforderte, die Wahrheit im eigenen Inneren zu suchen, wie auch Jesus es tat.

Deutlich wird Plotins Wissen auch in seiner Antwort auf die Frage: »Wie können wir das Unendliche erkennen?«

* »Ich antworte: Nicht durch die Vernunft. Es ist das Amt der Vernunft, zu unterscheiden und zu definieren. Das Unendliche kann daher nicht zu ihren Objekten gezählt werden. Du kannst das Unendliche nur durch eine Kraft erreichen, die höher ist als die Vernunft, indem du in einen Zustand eingehst, in dem du nicht mehr dein endliches Selbst bist, in dem du an der göttlichen Wesenheit Anteil hast. Dies ist der Zustand der Verzückung (Kosmisches Bewusstsein). Es ist die Befreiung deines Geistes von all seinen endlichen Sorgen.«[8]

Auch Mohammed ist einer der großen Erleuchteten. Aus den Lehren dreier großer Mystiker entstanden drei große Religionen, die zwar unterschiedliche Worte benutzen, aber dasselbe lehren. Der Islam wird völlig anders praktiziert als das Christentum oder der Buddhismus, aber das liegt an der Ausübung und nicht an seinen Lehren. Dasselbe könnte man vom Christentum und vom Buddhismus sagen.

Wer die Lehren von Mohammed, Jesus und Buddha miteinander vergleicht, findet in der Essenz ihrer Lehren keinen Unterschied. Dasselbe gilt für den Vergleich ihrer Worte mit denen von Francis Bacon (Shakespeare), Walt Whitman, Jacob Behmen, Balzac oder John Yepes, die im Wesentlichen dasselbe sagen. Mohammed sprach vom »Paradies«, Jesus nannte dasselbe »Himmelreich« und Buddha sagte »Nirwana«. Mohammed sagte:

* »Dies ist der Tag der Ewigkeit. Geht darin ein in Frieden.« Dies entspricht den Worten Jesu: »Das Himmelreich ist in euch.« John Yepes sagte:
* »Gott ist immer auch im Menschen, und meistens ist sich die Seele seiner Gegenwart bewusst. Es ist, als schliefe er in der Seele. Auch wenn er nur ein einziges Mal im Leben eines Menschen aufwacht, wird die Erfahrung dieses Augenblicks sein ganzes Leben beeinflussen.«

Noch ein weiterer moderner Mystiker hat das Leben von Millionen von Menschen verändert, indem er ihre Aufmerksamkeit auf das Licht gelenkt hat: Baha' u' llah ist der Begründer einer großen religiösen Bewegung, des Bahaismus, auch wenn er von Dr. Bucke in seinem klassischen Werk nicht als Erleuchteter aufgeführt wird.

Die Entfaltung des physischen Menschen zum geistigen Menschen geschieht immer durch die Enthüllungen kosmischer Boten, die mit höherem Wissen erleuchtet wurden, indem sie ganz Geist wurden, und sei es nur für einen kurzen Augenblick. Dieser war aber immer lang genug, um die Welt durch ihre eigene Transformation mit zu transformieren. Eine Studie über den Aufstieg des Menschen würde ergeben, dass jeder Entwicklungsschritt der Menschen in größere Höhen durch die Ankunft eines kosmischen Boten ausgelöst wurde, wie sie regelmäßig zu den Menschen kommen, um neues Wissen weiterzugeben, das ihnen zu diesem Zweck gegeben wurde. Diese Studie würde auch die Tatsache aufzeigen, dass jeder Mensch, der mit einem höheren Wissen und höheren Idealen in diese Welt kommt als der Durchschnittsmensch seiner Zeit, verfolgt, lächerlich gemacht, eingesperrt, gefoltert und sogar gekreuzigt wird von Mehrheiten, die ihn nicht verstehen. Je größer die Botschaft und der Botschafter, desto größer die Qual. Diese Boten, welche die Welt mit neuem Wissen transformieren, müssen für ihre unschätzbaren Gaben immer mit großem persönlichem Leid bezahlen. Seien es die Erfinder, die Pioniere neuer Wege und Methoden, die Genies der Schönen Künste oder auch nur Menschen, die es wagen, eingefahrene Wege des Denkens zu verlassen, sie alle sind auf die unterschiedlichste Weise der Lächerlichkeit ausgesetzt, bis der Wert ihrer Geschenke von der Welt anerkannt wird.

Jesus starb am Kreuz, Leonardo starb in Armut, Galileo wurde gefoltert. Kopernikus wurde verachtet und ausgelacht. Bacon sah sich gezwungen, seine wahre Identität hinter dem Namen Shakespeare zu verstecken. Spinoza lebte in der ständigen Angst, eingesperrt zu werden. Whitman wurde verschmäht und seine Bücher wurden verboten. Mozart, Liszt, Chopin und Schumann arbeiteten als mietbare Unterhalter der Reichen. Sogar Goodyear in unserer heutigen Zeit erlitt unsagbare Qualen für sein Geschenk in Form von vulkanisiertem Gummi, das unsere Transportmöglichkeiten revolutionierte. Immer unterdrückt die große Mehrheit die wenigen Ausnahmen. Darum ist es für Liebe und Wissen so schwer, in unsere Welt einzuziehen. Auf Liebe wartet immer die Kreuzigung. Wissen wird immer auf einem Meer von Ignoranz zu Wasser gelassen. Darum ist die Reise des Menschen so lang, so schwierig und so langsam.

Baha' u' llah ist ein Beispiel, das diesen Zug der menschlichen Natur veranschaulicht, denn er wurde gefoltert und jahrelang bis kurz vor seinem Tod angekettet in dreckigen, dunklen Verliesen zusammen mit Dieben und Mördern gefangen gehalten. Viele seiner Anhänger wurden mit ihm eingesperrt und hingerichtet, und dennoch blieb ihm auf seinem Leidensweg, der schlimmer war als eine Kreuzigung, die kosmische Glückseligkeit eines ewig glücklichen Menschen erhalten.

Baha'u'llahs Schriften und Lehren sind im Wesentlichen dieselben wie die aller anderen Erleuchteten. Sie unterscheiden sich in den Worten, nicht aber in ihrer Bedeutung. Wenn Jesus vom »Inneren« spricht, benutzt Baha'u'llah das Wort »Einblick«. Damit meinen beide dasselbe. Wenn Baha'u'llah die mystischen Enthüllungen beschreibt, sagt er: »Wir sprechen mit Gott ohne Worte, wir kommunizieren, wir sprechen zu Ihm und hören die Antwort.«

Alle Mystiker sprechen so offen von ihren Gesprächen mit Gott, wie andere Menschen von einer Unterhaltung mit ihrem Nachbarn. Von Baha'u'llahs Auffassung der Gegenwart Gottes im Menschen zeugt besonders folgender Auszug aus seinen Lehren: *»Man sagt, dass Moses in der Wüste die Stimme Gottes gehört habe. Aber diese Wüste, dieses heilige Land war sein eigenes Herz. Wenn wir eine wahrhaft spirituelle Verfassung erlangen, dann können wir in dieser Wüste alle die Stimme Gottes zu uns sprechen hören.«

Baha'u'llah hat den dauerhaften Zustand der Glückseligkeit vom Geist Gottes in einem Ausmaß verinnerlicht, dass nichts seinen eigenen Zustand von Glück und der Versunkenheit in die Schönheit und Harmonie von Gottes gesamter Schöpfung beeinträchtigen konnte. Sogar als sein Körper im Gefängnis große Qualen erlitt, lehnte er es ab, von den Grundsätzen seiner Lehren abzuweichen, die unter anderem besagen, dass einem Menschen, der glücklich ist, kein Übel widerfahren kann. Man beachte, dass er das sagte, während er großes physisches Leid ertragen musste.

Er sagte: *»Kummer und Probleme sind darauf zurückzuführen, dass man mit dem, was Gott gefügt hat, nicht zufrieden ist. Wenn man sich Gott unterwirft, dann ist man glücklich.« Damit meint er, dass wir uns allem, was in der Zusammenarbeit mit Gott unsere Bestimmung sein mag, hingeben müssen, denn das ist unsere Glorie.

Als er gefragt wurde, woher Glück und Zufriedenheit kommen, antwortete er: »Da alles, was ist, nach meinem Wunsch geschieht, tue ich nichts, was meinem Verlangen widerspricht; so geschieht mir kein Leid.

Zweifellos geschieht alles nach Gottes Willen, und ich habe meinen eigenen Willen aufgegeben, da ich wünsche, dass Gottes Wille geschehe. So wird mein Wille zu Gottes Willen, denn von mir bleibt nichts. Alles geschieht nach Seinem Willen, und doch auch nach meinem. In diesem Fall bin ich sehr glücklich.«

Die Reinheit, Freundlichkeit und Glückseligkeit seiner Lehren können jeden, der ihre Tiefen zu ergründen versucht, nur erheben. Der von ihm gegründete Bahai-Glaube ist ohne Doktrin und toleriert alle Religionen und Glaubensrichtungen. Er drückt den Wunsch aus, dass eines Tages alle in einer Religion vereint sind. All seine Lehren zeichnen sich durch große Toleranz aus gegenüber allem, was Menschen tun und sagen. Baha' u' llah steht auf dem Standpunkt, dass Menschen, die Böses tun, nicht wissen, was sie da tun, denn sie sind auf ihrem Weg, Wissen zu erlangen. Dieselbe Einstellung drückt Jesus aus, wenn er sagt: »Vater, vergib ihnen, denn sie wissen nicht was sie tun.«

Baha' u' llah verurteilte niemanden, bedauerte aber, wenn andere in ihren Lehren und deren Umsetzung entgegen Gottes Gesetzen handelten. So tadelte er offen Paulus' Missbilligung der Ehe und seine Prophezeiung, dass zukünftige Religionsgemeinschaften im Zölibat leben würden. Bahạ' u' llạh führt diesen Fehler auf Aberglauben und Unkenntnis von Gottes Gesetzen zurück.

Seine Toleranz ging sogar so weit, dass er die Ankunft weiterer Boten prophezeite, die mit neuem Wissen kommen würden, das besser in ihre Zeit passen würde. Er sagte vor allem eine wissenschaftliche Offenbarung voraus.

Der Bahaismus ist weltweit verbreitet, und seine Anhänger legen durch ihr Leben und ihr Handeln Zeugnis ab für die inspirierende Art seiner Lehren.

Jeder Mensch im Zustand des kosmischen Bewusstseins hat volles Gottesgewahrsein erlangt. Er erkennt Gott nicht nur, sondern stellt ohne zu zögern seine Einheit mit Ihm fest. Jesus sagte nicht nur »Ich und mein Vater sind Eins«, sondern auch, dass jeder Mensch mit Ihm und mit Gott eins ist, wenn er sich dessen bewusst wird. Alle kosmischen Boten haben im Wesentlichen dasselbe gesagt, auch wenn sie nicht dieselben Worte benutzt haben. Der einzige Unterschied zwischen einem beliebigen Menschen und Jesus, Buddha, Shakespeare oder Paderewsky ist göttliches Bewusstsein. Nichts anderes. Jeder Bote mit kosmischem Bewusstsein sagt uns das sehr offen, aber nur wenige glauben es, weil nur wenige es verstehen. Die langen Zeitalter, in denen das Denken nur auf die äußere Welt gerichtet war, haben ihnen die Fähigkeit genommen, das zu verstehen. Nur wenige Jahre nach innen gerichteten meditativen Denkens verleihen größeres Gottesbewusstsein als Jahrhunderte nach außen gerichteten Denkens.

Ein gutes Beispiel für die Übereinstimmung kosmisch Denkender ist der Vergleich der Worte von Jakob Böhme »Geistiges Wissen kann nicht durch den Verstand vermittelt werden, sondern muss im Geist Gottes gesucht werden« mit denen von Walt Whitman, der sagt: »Weisheit gehört zur Seele; sie kann nicht von jemanden, der sie hat, an jemanden weitergegeben werden, der sie nicht hat.« *Böhme schrieb auch: »In solchem meinem gar ernstlichen Suchen und Begehren (...) ist mir die Pforte eröffnet worden, dass ich in einer Viertelstunde mehr gesehen und gewusst habe, als wenn ich wäre viel Jahr auf hohen Schulen gewesen ...«*[9]

Sie sind sich alle dahin gehend einig, dass all jenen, die zum kosmischen Bewusstsein erleuchtet werden, große Weisheit – oder Wissen – gegeben wird, oder die Essenz Gottes, die man nicht aus Büchern, in Schulen oder irgendeiner anderen Quelle der äußeren Welt finden kann. Ebenso einig sind sich alle kosmischen Mystiker in ihren Kernaussagen: »Gott ist Liebe – und ich bin Liebe«, in der geschwisterlichen Verbundenheit aller Menschen und auch darin: »Ich bin alle Menschen.« Walt Whitman, Francis Bacon (Shakespeare) und Mary Baker Eddy sind die drei größten Mystiker der letzten Jahrhunderte. Ihre Werke sind durchdrungen von der Idee der Liebe, Einheit, geschwisterlicher Verbundenheit aller Menschen und geistiger Identität.

Whitman sagt: *

»Und ich weiß, dass die Hand Gottes die ältere Ausgabe meiner eigenen Hand ist, Und ich weiß, dass der Geist Gottes der älteste Bruder meines eigenen Geistes ist, Und dass alle Männer, die je geboren, auch meine Brüder sind, und die Frauen meine Schwestern und Liebsten, Und dass der Richtkiel der Schöpfung Liebe ist.«[10]

In seinem Beschreibung des »übernatürlichen« Lichtblitzes, der die volle Erleuchtung immer begleitet, sagt Whitman:

>*»Einer Ohnmacht gleich, in einem Augenblick,*
>*blendet eine unsagbar and' re Sonne mich,*
>*und alle Himmelskörper, die ich je gekannt,*
>*und and' re, strahlendere unbekannte noch;*
>*Ein Lidschlag nur im Land der Zukunft und des Himmels.«*

Wie sehr doch diese Worte denen in der Bhagavad Gita ähneln, die vor mehreren tausend Jahren geschrieben wurden!

Keine Worte könnten die Leere der materiellen Werte, die das Hauptinteresse derer sind, die unsere Welt zu dem gemacht haben, was sie ist, besser ausdrücken, als diese Worte Whitmans:

»Hast nie du eine Stund' erlebt,
ein plötzlich göttlich Strahlen,
vor dem die Blasen eitler Mode
und leeren Tands vergehen?
Die eifrige Geschäftigkeit von Büchern, Politik,
und allen Künsten und den Rüstungen der Welt
zeigt ihre ganze Nichtigkeit.«

Mary Baker Eddy war die einzige Frau, von der bekannt ist, dass sie den spirituellen Zustand kosmischen Bewusstseins erlangt hat. Mit Walt Whitman gehört sie zu den bisher letzten. Dr. Bucke führt sie in seiner Liste der Unsterblichen, die den Zustand des kosmischen Bewusstseins erlangt haben, nicht auf, aber sie gehört dazu. Frau Eddy erlebte ihre erste kosmische Erleuchtung im Alter von zwölf Jahren. Zu dem Zeitpunkt wusste sie noch nicht, was ihr widerfahren war. Keiner mit dieser Erfahrung weiß das zum Zeitpunkt des Geschehens, denn es ereignet sich so selten, dass nur wenige davon wissen. Außerdem passiert es immer völlig unerwartet. Sie beschreibt es folgendermaßen: * »... und eine milde Glut unaussprechlicher Freude kam über mich.« [11]

Sie litt unter hohem Fieber, das nach diesem Erlebnis plötzlich verschwand. Das ist typisch für die Transformation, die während einer Erleuchtung stattfindet. Auch schreibt sie, dass zu der Zeit »eigenartige Umstände und Ereignisse« auftraten. Dieselbe Erfahrung kosmischer Erleuchtung machte sie erneut im Alter von fünfundvierzig Jahren. Wieder war sie schwer krank, und wieder wurde sie in der kurzen Zeit der Glückseligkeit, die immer zu einer Erleuchtung gehört, wieder gesund.

Wie in allen anderen Erfahrungen kosmischen Bewusstseins wurde ihr das Wissen gegeben, dass aller Geist eins ist. Sie nennt ihn den »Göttlichen Geist« und sagt, »dass der Körper nicht die Person ist – dass es in der Materie kein Leben, keine Wahrheit und keine Intelligenz gibt – und dass es in der Natur weder Böses noch den Tod gibt.« Solche Offenbarungen mit den dazugehörigen Umständen belegen ihre kosmische Erleuchtung. Weitere Beweise liegen in den Worten und der Art ihrer Lehren, die sie anderen vermittelte.

Mary Baker Eddy verneint klar und deutlich die Existenz von Sünde in der Natur und hält den Glauben daran für einen Auswuchs des sterblichen menschlichen Geistes – womit sie die Sinneswahrnehmungen meint. Auch lehrte sie, was alle kosmisch Erleuchteten wissen, nämlich dass Jesus in unsere Welt kam, um die Menschheit von ihrem *Glauben* an die Sünde zu befreien, nicht von der Sünde. Sie lenkte die Aufmerksamkeit der Welt auf die Tatsache, dass Jesus das Wort »Sünde« nie mit der Bedeutung des Bösen benutzt hat, erst die Menschen gaben dem Begriff diese Bedeutung. Jesus benutzte den Begriff Sünde im Sinn von Erfahrung, wie zum Beispiel in der Begegnung mit dem Gelähmten, dem er sagte: »Sei guten Mutes, mein Sohn, deine Sünden sind vergeben.« (Matth. 9,2).

Mary Baker Eddy erklärt auch immer wieder, dass Gott der Schöpfer nur Gutes erschuf – dass Wahrheit und Gutes dasselbe sind – und dass demzufolge in Wirklichkeit nichts existieren kann, was nicht gut ist und göttliche Wahrheit manifestiert. Es gibt keinen überzeugenderen Beweis dafür, dass sie zu Recht zu den wahren Unsterblichen gehört, die vom Licht des Geistes Gottes erleuchtet worden sind, als folgender Auszug aus ihren Lehren: »Der Mensch ist keine materielle Behausung für die SEELE; er selbst ist geistig ... Der Mensch ist Idee, das Bild der Liebe: Er ist kein Körper ...Der Mensch ist die Widerspiegelung von GOTT oder GEMÜT und somit ewig; das, was kein von Gott getrenntes Gemüt hat; das, was nicht eine einzige Eigenschaft hat, die nicht von der Gottheit stammt; das, was kein Leben, keine Intelligenz noch schöpferische Kraft aus sich selbst heraus besitzt, sondern alles geistig widerspiegelt, was zu seinem Schöpfer gehört ...Der Mensch ist unfähig zu sündigen, krank zu sein und zu sterben.«[12]

Solch ein kosmisches Wissen kommt nicht aus irdischen Lehren. Es steht weder in von Menschen geschriebenen Büchern, noch wurde es in der Kirche gelehrt, der sie angehörte. Kosmisches Wissen kommt nur durch göttliche Boten, welche die Einheit mit dem Einen Geist dieses Universums erfahren haben, zu uns auf die Erde. Solch ein Wissen erlangt nur einer von Milliarden von Menschen. Da es so selten ist, mag Mary Baker Eddy nie von kosmischem Bewusstsein gehört haben, aber sie erklärte offen: »...durch göttliche Offenbarung, durch Vernunft und Demonstration fand ich meinen Weg zu absoluten Schlüssen.«[13] Genau das ist kosmisches Bewusstsein.

Mein Mann erlangte sein gesamtes wissenschaftliches Wissen auf diese Weise. Bis zum Mai 1921 wusste er absolut nichts über Astronomie, Chemie, Mathematik, Elektrizität oder den Aufbau der Materie. Er strebte auch nicht nach solchem Wissen, denn sein Interesse galt den Schönen Künsten.

In einem zeitlosen Blitz wurde er Meister in allen Wissenschaften und erfuhr in diesem einen Blitz alles, was er heute weiß. Im Jahr 1926 schenkte er der wissenschaftlichen Welt »Das Periodensystem nach Russell«, mit dem er das unvollständige und fehlerhafte Periodensystem der Elemente von Dmitrij Iwanowitsch Mendelejew vervollständigte. In diesem ersten von vielen weiteren Beiträgen erfasste und verkündete er die Existenz von Urium und Uridium und der vier weiteren transuranischen Elementen, welche die Kernspaltung ermöglichten, sowie von Deuterium und Tritium und den anderen vier Wasserstoffisotopen, welche die H-Bombe und schweres Wasser ermöglichten. Die Welt kennt Urium und Uridium nicht unter diesen Namen, denn als die Wissenschaft ihre Existenz nachwies, nannte sie diese beiden Elemente Plutonium und Neptunium.

Walter Russell hat seitdem noch sehr viele weitere Beiträge geleistet, aber die Kosmogonie, die Gott ihm gegeben hat, unterscheidet sich so sehr von der derzeit etablierten Weltsicht, dass ihr Wert wohl erst in vielen Jahren erkannt wird.

Auch mir wurde all mein Wissen auf dieselbe kosmische Weise vermittelt. Auch ich habe keine normale Schulausbildung erhalten. Darum mag unser gemeinsames Wissen, das wir eindringlich anbieten, genügend Menschen erleuchten, die dafür bereit sind, um die Welt kurz vor zwölf noch zu retten. Weder das Wissen meines Mannes noch das meinige stammt aus Büchern oder von Schulen. Wir wurden kosmisch inspiriert. Wahres Wissen ist nie auf eine andere Weise in die Welt gekommen.

Meine Jugend verbrachte ich in großer Einsamkeit, doch das waren reiche, entscheidende Lebensjahre, die von meinen eigenen erleuchtenden zwei Lebensabschnitten gekrönt waren. Diese beiden Abschnitte haben mich so grundlegend transformiert, dass ich eine mir bis dahin unbekannte größere Kraft zum Selbst-Ausdruck erlangte. Ich erkannte, dass, *egal, was* ich zu tun wünschte, es auch tun *konnte*. Und das würden auch Sie erkennen, wenn Sie in Ihrem Selbst nach Wissen und Kraft suchen, so wie wir es getan haben.

Es ist wichtig, dass ich von einigen Tatsachen bezüglich der Umstände erzähle, unter denen wir unser Wissen empfangen haben, damit auch Sie kosmisches Wissen erlangen können, wenn Sie es denn wünschen. Alle Erleuchteten werden Ihnen dasselbe sagen. Zu allen Zeiten haben sie gesagt, dass alles Wissen nur von innen heraus erlangt werden kann, dass das Himmelreich in uns ist und dass alles andere dem gegeben wird, der es in sich sucht. Die einzige Absicht dieses Buches besteht darin, *Ihnen* den Weg zu allem Wissen und aller Kraft aufzuzeigen. Um es zu erlangen, müssen Sie die Kraft entwickeln, *nach innen zu denken*, statt die *Sinne nach außen zu richten*.

Fangen Sie früh in Ihrem Leben damit an. Warten Sie nicht, bis Traditionen und Materialismus eine Wand um Ihre Seele errichten und sie abschotten. Aus diesem Grund fühlte ich mich gezwungen, in meiner Kindheit aus der Tretmühle der Traditionen auszusteigen. Im Alter von drei Jahren war ich mir bezüglich meiner Bestimmung und meines Lebensziels genauso sicher, wie ich es heute bin. Meine Ausbildung erhielt ich aus der Natur und dadurch, dass ich überall auf der Welt in die Herzen der Menschen sah. Glücklicherweise konnte ich ausgedehnte Reisen nach Asien, Afrika und in andere Kontinente unternehmen, in denen Englisch gesprochen wurde. Dabei entdeckte ich etwas, was vielleicht auch Ihnen helfen kann. Ich fand heraus, dass ich aus dem Schweigen und dem, was die Menschen nicht sagen, sehr viel lernen kann. So ist es auch in der Natur. Die Stille erreicht mit ihrer tiefen Bedeutung die Seele, während Geräusche von den Sinneswahrnehmungen für den Verstand übersetzt werden müssen. Die ungesagten Worte aus den Herzen aller Menschen erzählten mir, dass die gesamte Menschheit im Grunde GUT ist. Alle Menschen sind auf der Suche nach Glück und Liebe. In der Suche danach gibt es nichts Böses, und darum kann es auch in einem ausgeglichenen Universum, in dem alles GUT ist, nichts Böses geben.

Unsere heutige Welt fördert die Suche nach Liebe nicht. Unsere zwischenmenschlichen Beziehungen gründen sich auf äußere Sinneswahrnehmungen. Wenn sie sich auf inneres Denken gründen, *müssen* unsere zwischenmenschlichen Beziehungen sich ändern, denn dann wird der Mensch gelernt haben, dass das, was er anderen antut, sich selbst antut.

Die Erleuchteten haben der Welt eine neue Sprache mit eigener Bedeutung gegeben. Das Genie kann die Rhythmen der Natur mit seinen inneren Ohren hören, das Ebenmaß ihres Spektrums mit seinen inneren Augen sehen; aber ein Mensch mit kosmischem Bewusstsein versteht den Aufbau der Materie und die Arbeitsweise der elektrischen Polarisierung, wie sie diese unterteilt, die Schwerkraft zur zusammengezogenen Materie von Sonnen vervielfacht und sie aufteilt, um den Raum zu erschaffen. Wer bisher noch keinerlei Wissen über das Universum hatte, versteht dies schneller, als das Schreiben dieses Satzes dauert. In diesem kurzen Blitz erhält er ein Wissen über die Chemie der Sterne und des Himmels, welches das Verständnis aller anderen Menschen übersteigt. Für diese Tatsache gibt es eine einfache Erklärung. Wenn der Geist des Menschen eins wird mit dem Geist Gottes, wird auch ihr Denken eins. Beide werden nicht nur synchronisiert, sondern sie sind wirklich eins. Was vorher getrennt voneinander in ihnen pulsiert hat, ist jetzt ein weltumfassendes Pulsieren. Der Erleuchtete ist plötzlich »im Einklang mit der Unendlichkeit«. Er wird augenblicklich zum Denkenden und Wissenden zugleich und ist nicht mehr nur die Erweiterung des Denkenden und Wissenden.

Gottes Geist denkt in Oktavgedankenwellen. Jeder kreative Gedanke wird elektrisch in Oktavgedankenwellen aufgeteilt, die in vier Schritten in lebenden Körpern Materie erzeugen und in vier weiteren diese Körper wieder leeren. Jede Aktion und Reaktion in der Natur wiederholt dieses einfache

Prinzip von Leben und Tod. Dies gilt ausnahmslos für das gesamte Universum. Jeder ein- und ausgeatmete Atemzug wiederholt es, jeder Klang wiederholt es, und das Pulsieren der Sterne wiederholt es. In diesem einfachen Prinzip liegt alles Wissen, denn in ihm ist alle URSACHE enthalten, die gewusst werden kann, und jede Wirkung, die wahrgenommen werden kann. Die Einfachheit dieses Prinzips wird vom geistig nach innen Denkenden erkannt, weil dieser in der Lage ist, es aus seiner Komplexität zu lösen, indem er es stillstehen lässt. Dann ist es nur Eins anstatt viele Milliarden pro Sekunde.

Für den kosmisch Denkenden, der das Universum still stehen lassen und die Zeit aufheben kann, entfaltet sich die Schöpfung aus der Seele der Idee, um Formen zu erschaffen. Alle Formen sind Gedankenformen, die auf ewig erscheinen, verschwinden und wieder erscheinen. Wenn wir sehen, wie sich aus Samen Formen entfalten, die sich in Samen wieder einfalten, dann sehen wir alles, was wir sehen und wissen müssen. Mehr brauchen wir nicht zu wissen, denn der Samen der Schöpfung ist Geist. Aus ihm entfalten sich alle Formen vom Nullpunkt der Unsichtbarkeit aus, um für eine Zeitspanne sichtbar zu werden und sich dann in den unsichtbaren Geist wieder einzufalten.

Nur darauf gründen sich Philosophie, Naturwissenschaften und die Mathematik. Erleuchtete, von denen nie jemand mehr erfahren hat, ließen Botschaften in Form großer Steinpyramiden zurück, damit nachfolgende Generationen diese entziffern konnten und um diesen von ihrer viele Zeitalter zurückliegenden Existenz zu erzählen. Diese Erleuchteten hatten Kenntnisse über Astronomie und Mathematik, die wir mit unserem heutigen Verstand nicht begreifen können. Sie konnten sich dieses Wissen nicht aus Büchern aneignen, denn zu ihrer Zeit gab es weder Bücher noch Universitäten. Die Maße dieser Pyramiden beweisen, dass ihre Erbauer nicht nur präzise den Durchmesser der Erde kannten, sondern ihnen auch Hunderte anderer astronomischer und mathematischer Maße bekannt waren. Sie beweisen auf vielen Gebieten breites Wissen, und vieles spricht dafür, dass diese Erleuchteten zu außersinnlichen Wahrnehmungen fähig waren, wie sie unsere Zivilisation noch nicht entwickelt hat.

In einer dieser Pyramiden werden Ereignisse für eine Zukunft in dreitausend Jahren korrekt vorausgesagt. Da sie die Ursache kannten, konnten die Mystiker dieser Zeit die daraus folgenden Wirkungen ableiten. Diese wenigen müssen eine Art Bruderschaft gegründet haben, in der sie ihr Wissen lebendig hielten, denn dieselben Prinzipien und Maße tauchen auch in Tibet auf, sowie in Zivilisationen, die in mehreren Schichten in den Anden und Zentralamerika begraben liegen.

Schlussfolgerung

Diese Menschen haben großes Wissen, das sie sich nicht in Universitäten und aus Büchern angeeignet haben können, denn beides gab es zu ihrer Zeit nicht.

Nach modernen Bildungsstandards würde ihnen ihr enormes Wissen abgesprochen. Es würde für wertlos erklärt, weil sie es sich nicht auf anerkannten Wegen, also nicht durch ihre *Sinne*, angeeignet haben.

Die heutige intellektuelle Welt weigert sich zuzugestehen, dass Wissen geistig erworben wird, also durch Offenbarungen und Inspirationen im Gespräch mit Gott. Die Menschheit sollte durch das Beispiel der bedeutendsten Menschen, die je auf diesem Planeten gelebt haben, lernen, dass Wissen *nur* durch den inneren Geist des Menschen und weder durch seinen Körper, noch durch Materie, noch durch Bewegung erworben werden kann. Wissen kommt von *innen*, nicht von außen. Die Menschen, die für diese Welt von unschätzbarem Wert gewesen sind, haben wahrscheinlich nie eine Schule besucht, oder wenn sie es doch taten, gehörten sie nicht zu den besten Schülern.

Wir wissen nicht, ob Männer wie Bacon, Buddha, Beethoven, Leonardo, Jesus, Tennyson oder Schumann je eine Schule besucht haben, aber das große Wissen, das diese göttlichen Boten der Welt gegeben haben, gehörte nie zum Lehrplan irgendeiner Schule. Ihr Wissen kam aus ihren eigenen geistigen Quellen. Sie hatten das Himmelreich in sich gefunden, und alles, was der Himmel zu geben hatte, »wurde ihnen hinzugegeben«.

Jeder Mensch kann aus dem Leben und den Werken dieser Unsterblichen lernen, durch nach innen gerichtetes Denken, tiefe Meditation und inniges, wortloses Gebet, das aus dem Herzen und nicht aus dem Mund kommt, seine eigene Unsterblichkeit zu finden. Die innere Stimme kann der Mensch nur mit seinen inneren Ohren hören. Gott kann nur mit den inneren Augen geschaut werden. Nur so kann der Mensch bewusst mit Gott und Gott mit dem Menschen arbeiten, um Beständiges hervorzubringen. Nur so kann der Schöpfer Gott sich durch den Schöpfer Mensch manifestieren.

Auch eine geistige Geburt in der Welt kann nur durch geistiges Denken stattfinden, das – nicht auf Mensch und Materie gegründete – Werte schafft. Das stärkste Motiv für Verbrechen in dieser Welt ist Habgier nach Geld. Dafür verkauft mancher seine Seele, opfert Liebe und menschliche Werte. Wenn der Mensch lernt, dass sein größter Gewinn der Mensch ist, wird er seinen Mitmenschen dienen, statt sie umzubringen, wie er es derzeit für materielle Werte tut. Das Verbrechen wird aus der Welt verschwinden, wenn das Motiv für Verbrechen verschwindet, und Frieden wird einkehren, wenn die *Liebe* einzieht.

KAPITEL VII

CHRISTUSBEWUSSTSEIN

Die fünfte und letzte Stufe spiritueller Entfaltung ist das Christusbewusstsein. Es ist die höchste Stufe, die der Mensch erreichen kann, und die eines Tages auch von der gesamten Menschheit erreicht werden wird.

Jesus von Nazareth ist der einzige Mensch in der gesamten bisher aufgezeichneten Geschichte, der diesen Zustand völliger Gotteserkenntnis erreicht hat. Er war so vollständig erleuchtet durch das Licht und die Liebe, welche Gott ist, und die Allgegenwart und Allmacht, welche Gott ist, dass Er wissend sagen konnte: »Ich und mein Vater sind EINS.«

Geburt und Leben Jesu sind das mit Abstand größte Ereignis der Geschichte. Das Leben dieses göttlichen Liebesboten war ein Licht, das die Welt ewiglich erleuchten wird, und Sein Tod durch Menschenhand tauchte die Welt des Menschen für zwölf lange und grausame Jahrhunderte in Dunkelheit.

Er, den schließlich das kosmische Licht in vollkommener Erkenntnis erfüllt, lässt Angst und Tod hinter sich, denn Er weiß, dass es im ewigen Leben keinen Tod gibt.

Er, der die Quelle des ewigen Gottes erreicht hat, weiß, dass es in Gottes ausgewogenem Universum nichts Böses gibt.

Er, dessen Denken zunächst das Denken einer Untereinheit der Schöpfung war, denkt nun universal mit der Einen Geistquelle von allem, was je war oder sein wird.

Er, der einst Objekt der Wirkungen in der Materie war, wird zur Ursache. Er hat gelernt, Materie zu beherrschen, indem Er lange Zeit gelernt hat, ihren Befehlen zu gehorchen. Er kann die Krankheiten der Menschen auflösen und aufheben, indem Er Sein Gleichgewicht in die unausgeglichenen Verhältnisse projiziert, die Krankheiten verursacht haben.

Indem Er in Seinem Denken universal wurde, ist Er sich aller Gedanken überall bewusst. Er kennt alle Gedanken der Menschen durch die Universalität des Einen Geistes, der Er ist.

Jesus war die größte Intelligenz, die es je auf der Welt gegeben hat. Er gab der Welt die größten Lehren, die sie je bekommen hat. Außersinnliche Wahrnehmung, die sich gerade als Telepathie und Hellsichtigkeit im Menschen zu manifestieren beginnt, war bei Jesus vollständig entwickelt.

Diese unvorstellbar wundervolle Erleuchtung ins Christusbewusstsein erhob Jesus in den Gott-Zustand der Universalen Einheit. Von da an war es Ihm unmöglich, einen Menschen von sich selbst oder von anderen Menschen getrennt zu sehen. Jesus wusste, dass im Universum alle Dinge elektrisch Eins sind. Er wusste dies nicht nur in Seinem Geist, sondern konnte es mit Seiner übernatürlichen Schau *sehen*. Die Aura, die jedes Objekt im Universum mit jedem anderen Objekt verbindet, war für Ihn sichtbar. Sein unbegrenztes Wissen und Seine unbegrenzte Kraft versetzten Ihn in die Lage, vieles zu tun, was so weit über das Verständnis der Menschen hinausging, dass diese es sich nur als Übernatürliches oder Wunder erklären konnten.

Die Zeit wird kommen, wo wir die Materie genauso beherrschen können und sie uns gehorchen wird, wie Jesus dies vermochte. Dann wird für die Welt ganz natürlich sein, was uns heute noch übernatürlich erscheint. Während der Mensch sich erst in sein mentales Wachstum entfaltet, übersteigt es noch seine Fähigkeiten, irgendeinen Geisteszustand, den er selbst noch nicht erlebt hat, zu erkennen oder gar zu verstehen.

Wenn wir sehen, dass die Menschen heute noch nicht einmal die viel niedrigere Stufe des Genies verstehen können, wie viel schwerer ist es dann und war es damals für sie, den göttlichen Zustand zu verstehen, wenn er ihnen in Fleisch und Blut gegenübersteht. Wie oft hören wir Menschen sagen, dass man zum Genie geboren wird und sie nie so werden können. Immerhin leugnen die Menschen nicht, dass es Genies gibt, denn ihre außergewöhnliche mentale Kraft ist anhand ihrer Werke offensichtlich.

Genauso wenig kann man Jesus leugnen, denn auch Er ist durch Seine Werke bekannt geworden. Nur wird Er nicht verstanden, weil das Christusbewusstsein zu weit über den heutigen Grad der Geistes-Entfaltung hinausgeht, als dass ein Verständnis möglich wäre. Es entspricht dem derzeitigen Denken des Menschen mehr, Jesus ins Reich des Übernatürlichen einzuordnen.

Es reicht jedoch für uns alle in dieser Welt zu wissen, dass das Christusbewusstsein das höchste Ziel eines jeden Menschen ist. Dies ist ein wundervoller Gedanke und der höchst mögliche Ansporn, in diesem Leben richtig zu denken und zu handeln, damit wir mit jeder Wiederholung unserer Entfaltung ein wenig weiter kommen.

Das einzige Ziel des Menschen auf Erden ist, Gott zu manifestieren. Äonen vergehen, in denen der Mensch statt seiner geistigen Göttlichkeit sein physisches Selbst manifestiert, aber Äonen verstreichen eben auch, und eines Tages hat der Mensch seine Lektion gelernt.

Unsere Reise hat das Ziel, aus der physischen Dunkelheit ins spirituelle Licht des erleuchteten Geistes hinüberzugehen. Das ist der Sinn der Schöpfung. Gott ist Liebe. Uns wurde das Leben von unserem Schöpfer gegeben, damit wir lernen, Liebe auszudrücken, bis wir Liebe geworden sind.

Die Welt des Menschen hat sich kaum ausreichend entfaltet, um zu wissen, was Liebe bedeutet. Die Äonen werden es ihm sagen. Seine eigenen Freuden und Qualen werden es ihm sagen, bis er es eines Tages wissen wird.

Dann wird Frieden über ihn kommen mit aller Glückseligkeit, Schönheit und Erfüllung, die zur Liebe gehören. Der Mensch wird eine erhebende Stufe nach der anderen durchlaufen, um zum Genie zu werden, zum kosmisch Wissenden und schließlich zum erhabensten Wesen mit Christusbewusstsein. Dann, in der endgültigen Einheit mit Gott, wird die Reise des Menschen enden.

TEIL II

»Vergebens erbauen wir die Stadt,
wenn wir nicht erst den Menschen bauen.«

EDWIN MARKHAM

KAPITEL VIII

Die Universale Einheit

Die für Sie und jeden anderen Menschen höchste spirituelle Emotion erfahren Sie in jenen Augenblicken tief empfundener Erhebung und Inspiration, in denen Sie dieses wunderbare Gefühl haben, mit dem gesamten Universum Eins zu sein. Wenn Sie dieses ekstatische Gefühl der Einheit mit Gott und aller Schöpfung erleben, haben Sie die Schwelle überschritten, welche die Welt der Sinneswahrnehmungen vom Himmel des Geist-Bewusstseins trennt.

Sie haben die Hülle Ihres äußeren Selbst abgelegt und sind sich des Lichtes, das Ihre Mitte bildet, bewusst geworden. In diesem spirituellen Zustand erlangen Sie das Bewusstsein göttlichen Geistes, das zu erreichen sich die gesamte Menschheit bewusst oder unbewusst sehnt. Die Menschen finden Einheit und Ruhe vom Austausch durch *ausgeglichenen* Austausch. Wenn Liebe eins ist mit dem Menschen, dann ist der Mensch genauso Liebe, wie Gott es ist.

Wenn ein Genius oder ein Mystiker mit kosmischem Bewusstsein in diesen erhabenen Zustand erhoben wird, dann kennt er jene Ekstase, welche die eine unveränderbare göttliche Emotion des Geistes ist. Dann wird er eins mit dem Schöpfer, und seine eigenen Schöpfungen habe Bestand, weil sie göttlich inspiriert sind und Gott in sich tragen. In dem Maße, in dem Sie sich in Ihren Augenblicken des Alleinseins mit Gott so erheben können, wird jener Zustand der Ekstase erfahrbar, in dem Gottes Geist der Ihre ist. Dann werden Ihre Schöpfungen Bestand haben, weil Ihr Denken eins ist mit Gottes Denken.

Alle Menschen haben diese bedeutungsvollen Momente, in denen sie ihre eigenen Seelen dem ständigen inneren Drang öffnen, die ihrem Bewusstsein innewohnende Einheit des göttlichen Geistes zu suchen. Wenn wir ein glückliches Kind hören, wie es seine Liebe zur ganzen Welt und allem, was in ihr ist, hinausjubelt, dann ist das ein bedeutungsvoller Moment, in dem die Seele auf den Drang antwortet, die Einheit mit Gott zu erlangen. Wenn Sie das Wispern des Waldes hören und die süße Musik des Vogelgezwitschers, das Summen und Brummen der Bienen und anderer Insekten und das majestätische Tosen der Brandung, die an Felsenklippen und sandige Strände schlägt – wenn Sie darauf lauschen und Ihre inneren Ohren auf das Unendliche gerichtet haben, antworten Sie auf den Drang Ihrer Seele, den göttlichen Zustand Ihrer Einheit mit dem Universum zu erlangen. Tiefe Liebe zur Natur ist ein Ausdruck universaler Einheit im Menschen, denn diese Liebe ist universal. Die Liebe zu anderen Menschen ist individuell und bemisst sich jeweils unterschiedlich, aber die Liebe zur Natur ist Liebe zum EINEN. Die Stimme der Natur ist Gottes Stimme, die auf Seine Art und in Seiner Sprache zu uns spricht. Wer seine inneren Ohren auf diese mächtigen Rhythmen einstimmt, erkennt in ihnen nur die Harmonien der Liebe Gottes.

Als Beethoven mit der Stimmung der Nacht eins wurde, erfuhr er die Einheit mit dem göttlichen Rhythmus.[14] Er wuchs in dieser Verklärung über sich hinaus und inspirierte wiederum Sie, sich transzendieren und erheben zu lassen. Wenn ein guter Freund stirbt, zeigt Ihre tiefe Trauer die liebevolle Einheit mit ihm und der Welt. Eine Freundin ist in großer Betrübnis, und aufgrund der Liebe schwingt dieser Kummer in Ihnen nach. Ein Flugzeugunglück mit vielen Todesopfern, die Sie gar nicht kennen, erfüllt Sie trotzdem mit der Qual Ihrer Trennung von diesen Menschen, und das liegt daran, dass Sie tatsächlich eins mit ihnen sind. Sie spüren, dass Sie etwas von sich selbst verloren haben. Diese Augenblicke von Trauer und Betrübnis sind große Momente der Erhebung, in denen die Liebe alles andere zum Verstummen bringt. In solch erhabenen Momenten sind Sie Gott sehr nahe – und Gott ist Ihnen nahe.

Viele unserer Schüler schreiben uns, dass sie zwar Blitze von kosmischer Verklärung erlebt haben, diesen ekstatischen Zustand jedoch nicht aufrechterhalten können und auch nicht in der Lage sind, ihn willentlich abzurufen. Dieser verklärte Zustand kann allerdings generell nicht nach Belieben abgerufen werden, denn wer zu solchen Höhen findet, kann sie auch schnell wieder verlieren. Nur wenige Menschen können ihren Körper verlassen, um für längere Zeitperioden ganz Geist zu werden, aber nur eine einzige Stunde in diesem Zustand ist alle Misslichkeiten eines ganzen Menschenlebens wert. Es ist egal, ob diese kosmische Abtrennung von Wahrnehmung und Körperbewusstsein nur einen Augenblick oder viele Tage andauert; Sie werden danach vollständig transformiert sein und eine Kraft in sich kennen gelernt haben, von der Sie vorher nichts ahnten.

Zahllose Tausende haben im Laufe der Jahrhunderte den Buddha und andere Weise gefragt: »Wie kann ich dahin gelangen? Zeige mir den Weg!«, in dem Glauben, schon Ihr Wunsch allein könne sie dorthin bringen, wenn nur einer ihnen den Weg weise. Zu diesen Fragenden sage ich: Ja, der Weg kann gezeigt werden, aber *das Leben muss so gelebt werden, dass zunächst das, was Sie zu erreichen wünschen, manifestiert wird.* In Ihrem Leben muss das, was Sie *sehen*, von dem unterschieden werden, was Sie *wissen*. In jedem Augenblick Ihres Lebens sehen Sie viele Dinge, aber in Ihren großen Momenten verschwindet dies alles. Sie wissen dann nur noch EINS. Wenn ich Ihnen dann den Weg zeige, kann dies nur geschehen, indem ich Ihnen die vielen Dinge zeige, die Sie *sehen* und Sie alle diese Wahrnehmungen in das Eine auflösen, das Sie *wissen*.

Wenn wir auf den unermesslich weiten Ozean hinausblicken, sehen wir zahllose Wellen. Mehr sehen wir nicht, nur Wellen, und mehr gibt es auch nicht zu sehen. Wir könnten sie milliardenfach zählen. Sie haben viele Dimensionen und drücken in ihrer Bewegung unterschiedliche Kräfte aus. Ihre Augen *sehen* viele getrennte Wellen, und doch *wissen* Sie, dass all diese Wellen nur Eins sind und jede Welle aus jeder anderen hervorgeht. Sie sehen die Kraft, die von diesen Wellen ausgedrückt wird, aber Sie wissen, dass die Kraft, die so zum Ausdruck kommt, die Kraft des Ozeans und nicht die der Wellen selbst ist. Nun kommt die Wellenbewegung zum Erliegen. Die zahllos vielen Wellen verschwinden, sie ziehen sich in ihre Quelle zurück. Sie können die Wellen nicht länger sehen oder zählen, denn sie sind der eine Ozean. Sie haben Einheit gefunden, indem sie ihre Getrenntheit verloren haben. Sie haben Identität gefunden, indem sie Individualität verloren haben, so wie der Mensch als Individuum seine Individualität verliert, um seine unsterbliche Identität zu finden.

Ihr Körper und meiner und der Körper eines jeden anderen Menschen auf der Erde sind nur jeweils eine Welle in Gottes mächtigem Ozean. Während wir uns umsehen, können wir viele Millionen scheinbar getrennter Wellen-Identitäten sehen. Wenn wir an die gesamte Erde denken, sind uns Milliarden anderer Identitäten bewusst, die wir sehen, zählen und messen können. Jeder einzelne dieser Körper geht aus Gottes einem Geist-Ozean hervor, um die Kraft, die der Geist ist, zu manifestieren. Wenn es für jedes Lebewesen, das aus Gottes einer Geistquelle hervorgegangen ist, möglich wäre, zur gleichen Zeit zu dieser Quelle zurückzukehren, würden die Millionen Identitäten der zahllosen Schöpfungen in der Natur ihre eigenen getrennten Identitäten verlieren und ihre Einheit in der einen einzigen Geist-Identität finden, die sie manifestieren.

Wenn Sie auf das Meereswasser blicken, sehen Sie nur die Bewegungswellen, die den Ozean manifestieren. Sie können die Kraft des Ozeans nicht sehen, aber Sie können diese Kraft als die einzige existierende Quelle seiner Wellen erkennen. Der Mensch hat so lange durch die Augen seines Körpers in das Universum geschaut, dass er sich daran gewöhnt hat, getrennte und trennbare individuelle Körper zu sehen. Körper können nur Körper sehen. Sie können sie nicht *erkennen*, denn Körper können nicht wissen. Sie können andere Körper nur elektrisch *wahrnehmen*. Das ist die erste große Schwierigkeit, die der sich entfaltende Mensch überwinden muss, während er sich allmählich der Tatsache bewusst wird, dass er nicht Körper, sondern Geist ist. Sein Körper hat so viele Dinge getan und so eine große Macht hervorgebracht und das so lange, dass der Mensch zu dem Glauben gelangt ist, sein Körper *sei* diese Macht. Wenn ein Körper mehr Kraft ausdrückt als ein anderer Körper, denkt er, sein Körper sei ein bedeutenderes Individuum als der andere.

Objektive und vergleichende Trennbarkeit ist die feste Gewohnheit der menschlichen Wahrnehmung, aber wahrnehmen bedeutet nicht wissen. Menschen nehmen Planeten und Sterne am Himmel wahr – Millionen und Abermillionen. Sie nehmen zahllose Bäume und Wälder wahr – Grashalme auf der Wiese, Vögel, Bienen und Schmetterlinge in der Luft sowie die Fische im Meer, und die zahllosen Insekten und Reptilien, die ihre getrennten Individualitäten den Sinneskörpern des Menschen einprägen. Diese objektive und vergleichende Unterscheidbarkeit ist aus dem sich entfaltenden Verstand des Menschen sehr schwer zu entfernen. *Um jedoch kosmisch zu denken, müssen wir in der Lage sein, das Gesehene in das aufzulösen, was wir wissen.* Wenn Sie den Versuch machen, dies von jetzt an zu tun, werden Sie überrascht sein, wie sehr sich Ihre eigene Geisteskraft innerhalb eines Jahres vergrößern wird.

Beginnen Sie damit, sich klarzumachen, dass unser objektives Universum nicht aus vielen verschiedenen Stoffen und Dingen erbaut ist. Es besteht ausschließlich aus elektrischen Bewegungswellen, die all die vielen Substanzen und Dinge, die Sie immer als real akzeptiert haben, vortäuschen. In dem Moment, wo Sie ganz erkennen, dass nicht ein einziges Ding in der Natur ist, was es zu sein *scheint*, beginnen Sie Ihre Sinne zu transzendieren durch Ihre wachsende Fähigkeit, das, was Sie *sehen,* aufzulösen in das, was Sie *wissen*. Dieses Prinzip bestimmt den Unterschied zwischen demjenigen, der durch äußeres Denken wahrnimmt, und demjenigen, der durch inneres kosmisches Denken weiß und erkennt. Es markiert die Linie zwischen dem physischen und dem geistigen Menschen. Wer diese Linie überschritten hat, denkt kosmisch. Er kennt die *Ursache*, während derjenige, der nur mit den Sinnen wahrnimmt, sich nur der *Wirkungen* bewusst ist, die er nie erkennen kann.

Der physische Mensch, der durch seine Sinne informiert wird, sieht und hört viele Dinge – zahllose Dinge, die er alle für bare Münze nimmt. Der kosmisch denkende Mensch erkennt nur eine einzige Sache, denn er denkt mit seinem Geist und ist in der Lage, alles, was er mit seinen Sinnen aufnimmt, als Wirkungen zu begreifen, die von der einen Ursache ausgehen, die er erkennt. Er befähigt sich selbst dazu, alle Gedankenwellen der Bewegung in die unbewegte Ruhe des einen Geist-Ozeans zurückzuziehen, den das Universum des Wissens darstellt.

Erinnern Sie sich nun mit mir gemeinsam an die vielen Dinge, die unser radio-elektrisches Universum Sie bereits gelehrt hat. Es mag sein, dass wir sie gemeinsam mit einem inneren Verständnis betrachten können, das Ihnen hilft, ganz anders darüber zu denken. Betrachten Sie diese Dinge als Trittstufen auf dem Weg, der Sie zu einem größeren Verständnis führt. Unsere Sinne sagen uns, dass es viele Wellen gibt. Wir glauben, dass es viele sind, weil wir sie zählen können. Unsere Sinne sagen uns das, aber wenn unser Geist in Ursache statt in Wirkungen denkt, weiß er, dass eine Welle niemals beginnt oder endet. Sie ist ein einziges Kontinuum. Wenn Sie das Ende einer beliebigen Welle suchen würden, könnten Sie es nie finden. Wenn Sie eine Million Jahre mit Lichtgeschwindigkeit reisen würden, wären Sie dem Ende dieser Welle nicht näher als zum Anbeginn. Die Welle kann nicht enden. Selbst die Wellen des Meeres könnten nicht enden, wenn sie sich am Strand brechen. Sie ändern nur ihre Dimensionen, um sich mit den Druckverhältnissen des Raumes in Harmonie zu bringen, und setzen sich als Wellen aus Lichtdrücken statt als Wellen aus Wasserdrücken fort.

Genauso wenig können Wellen einen Anfang haben. Klänge wie der Knall einer Explosion sind die Quelle von Wellen, die zu beginnen scheinen, wo der Klang auftritt, aber in Wirklichkeit ändert sich nur die Dimension von Wellen, die bereits vorhanden sind. Jeder Punkt in unserem Universum an jedem Ort ist die Quelle lebendiger Wellen aus Gottes Denken, die niemals aufhören, Gottes Denken auszudrücken. Die Klangwelle, die Sie erschaffen, hat eine vollkommen andere Frequenz als der *Gedanke*, der diese Klangwelle verursacht hat. Die Klangwelle kann sich im Raum nur mit dreihundert Metern pro Sekunde fortpflanzen, während die Wellenlänge Ihres Gedankens mit ungefähr dreihunderttausend Kilometern pro Sekunde in den Raum hineinrast. Um dies zu veranschaulichen, beobachten Sie einen Mann, der in tausend Metern Entfernung einen Revolverschuss abfeuert, um ein Rennen zu starten. Das Mündungsfeuer sehen Sie sofort, aber erst mehrere Sekunden später hören Sie den Knall. In demselben Moment, wo Sie den Knall aus tausend Metern Entfernung *hören*, könnte ein Mensch, der sich neunhunderttausend Kilometer entfernt im Weltraum befindet, ihn *sehen*.

Diese Dinge müssen Sie wissen, um Ihr Denken in Einklang mit dem zu bringen, was Sie von der Natur ERKENNEN – und nicht mit dem, was Sie von der Natur SEHEN. Das Wissen vergrößert Ihre Sinneswahrnehmungen.

Betrachten Sie Ihren Körper als Brennpunkt im Universum, wo Wellen durch Komprimierung in ihren Dimensionen verändert worden sind. Sie blicken sich um und sehen andere Körper als den Ihren. Sie sehen nichts zwischen Ihrem Körper und diesen anderen Körpern, aber der Raum zwischen jedem Körper sprüht vor Wellen, die sie alle zu einem Körper verbinden. Das gesamte Universum ist so zu einem pulsierenden, in sich kommunizierenden Körper verbunden. Wenn Sie in einer Menschenmenge unterwegs sind, gehen Sie in Wirklichkeit *durch die anderen hindurch*. Wenn es möglich wäre, den elektrischen Aufruhr zu sehen, den Sie dabei verursachen, wären Sie sehr überrascht und verwirrt. Dass Sie die leuchtend bunten, sich schnell ändernden elektrischen Wirkungen nicht sehen können, die von den Gedanken und Aktionen anderer Menschen verursacht werden, ist darin begründet, dass Ihr Wahrnehmungsbereich so begrenzt ist, dass Ihre Augen nur Wellenschwingungen im Bereich zwischen vierhundert Milliarden und siebenhundert Milliarden Schwingungen pro Sekunde wahrnehmen können. Außerhalb dieses Bereichs ist die gesamte Aktivität der Schöpfung für Sie unsichtbar. Es gibt nicht einen einzigen stecknadelkopfgroßen Fleck in der gesamten Schöpfung, der nicht durch Wellen-Aktivität belebt wird.

Gott lenkt ewig, und Seine Gedanken werden ewig überall aufgezeichnet. Jeder Gedanke von Gottes Denken wird durch das gesamte Universum gedankenschnell fortgepflanzt – Gedankengeschwindigkeit wird meist als Lichtgeschwindigkeit bezeichnet. Diese Geschwindigkeit ist jedoch keine Reisegeschwindigkeit, denn Wellen reisen nicht. Sie pflanzen sich nur mit dieser Geschwindigkeit fort.

Sie müssen sich auch klar machen, dass überall, wo Wellen sind, auch Klänge sind, selbst in der Leere des äußeren Raumes. Schwingungen produzieren jenseits der Wahrnehmbarkeit durch Lebewesen Klänge, aber es gibt kein Schweigen, nirgendwo, außer in den Wellenscheitelpunkten, wo die Bewegung ihren spiraligen Verlauf von zentripetal zu zentrifugal umkehrt – und umgekehrt. Unser menschlicher Wahrnehmungsbereich ist sehr begrenzt, aber er erweitert sich schnell in dem Maße, wie unsere geistige Natur sich entfaltet. Unser menschliches Hörspektrum ist auf den Bereich zwischen vierzig und vierzigtausend Schwingungen pro Sekunde begrenzt. Oberhalb dieses Bereiches sind alle anderen Klänge so unhörbar, als gäbe es sie nicht. Die Welt um uns ist voller Klänge, die kein Mensch hören kann, und voller Dinge, die kein Mensch sehen kann.

Jeder Planet und jeder Stern am Himmel hat seinen eigenen Klang. Diese »Sphärenmusik« ist keine poetische Vorstellung, sondern eine Tatsache. Und trotzdem hören Sie diese Musik aufgrund Ihres eingeschränkten Wahrnehmungsspektrums nicht. Sie betrachten einen geschäftigen Ameisenhügel und hören keinen Ton. Es gibt dort eine ungeheure Klangvielfalt, aber Ihre Ohren können sie nicht hören.

Diejenigen, die das Kosmische Bewusstsein erlangt haben, können die Farbdichten, die jedes Objekt im Universum mit jedem anderen Objekt verbinden, deutlich sehen. Sie können diese Schichten zunehmender Dichte sehen, die alle Körper, menschliche und andere, so auffällig mit einem Strahlenkranz aus Farben umgeben, die dem Regenbogen gleichen.

Während der großen Erleuchtungsphase meines Mannes im Jahr 1921, die ich bereits erwähnt habe, erhöhte sich der Wahrnehmungsbereich seiner Sinne während dreier dieser neununddreißig Tage so sehr, dass er die Auren von Menschen und Dingen sehen konnte, sogar wenn sie in einem anderen Raum waren, und er sie sogar wahrnahm, wenn sie sich seiner Tür von der anderen Seite näherten. Auch konnte er die Anpassungsbewegungen hören und fühlen, die der Planet beständig macht und bei denen riesige Felsenschichten in Bewegung geraten, was zu wechselnden Temperaturdrücken führt, und er hörte, wo der Meeresboden seine Tiefe an sich ändernde Schwerkraftdrücke anpasst. Diese Vorgänge erzeugen großen Spannungen, die große geologische Veränderungen in unserer westlichen Prärie und im mittleren Pazifik zur Folge haben könnten.

Diese Veranschaulichungen zeigen die Tatsache, dass Wissen nur über den Geist zu uns kommen kann. Die zunehmende außersinnliche Wahrnehmungsfähigkeit wird die Geheimnisse des Lebens schnell klären, weil vieles von dem, was bis dahin unsichtbar und unhörbar war, in den sicht- und hörbaren Bereich rückt. Je mehr Sie sich mental entfalten, umso mehr wird Ihr Wahrnehmungsbereich sich ausdehnen. Es wird eine Zeit geben, wo Sie Ihren Körper vollständig überwinden können und alle seine Rufe sublimieren, indem Sie diese für nichtig erklären. Alle Genies haben diese Befreiung vom Körper so gründlich erlangt, dass sie ihn komplett vergessen können und seine polaren Qualitäten in den Angelpunkt zurückziehen können, aus dem heraus sie erweitert wurden.

Geistige Wesen müssen nicht im Physischen sein, wenn sie ihrem physischen Dasein entfliehen wollen. Wenn Sie für die Bedürfnisse des Körpers Sorge tragen, damit der Körper überleben kann, können Sie ganz geistig werden und in einer Geistwelt leben, wenn Sie es so wünschen. Je mehr Sie in der Lage sind, die Natur als ein Ganzes zu sehen und sich selbst als das Ganze der gesamten Natur, umso mehr können Sie darüber verfügen, was Sie sind, um zu werden, was Sie sein möchten. Je besser Sie lernen, wissentlich mit Gott zu arbeiten, von Augenblick zu Augenblick, um mit Ihm in Seiner inspirierten Sprache des Lichtes zu sprechen, umso mehr können Sie Ihren eigenen Körper transzendieren und ihn zur Vollkommenheit anweisen.

Um die Versuchung und Gefahr zu großer Wissenschaftlichkeit zu vermeiden, wenn ich im Folgenden darlege, wie unser Universum beschaffen ist, benutze ich ein einfaches Bild, das Ihnen sehr vertraut ist, um Ihnen aufzuzeigen, in welcher Richtung Ihr zukünftiges Denken geht. Erinnern Sie sich an den vertrauten Effekt, den Sie als Echo kennen. Sie können »Hallo« in das Tal hineinrufen, und die Hügel auf der anderen Seite rufen »Hallo—hallo—hallo« zurück. Genauso funktioniert ein Radar. Ein Schiffsradar sendet einen Strahl aus, der ein Echo erzeugt, wenn er auf ein anderes Schiff trifft. Ist kein anderes Schiff in der Nähe, kehrt auch kein Echo zurück. Genauso können Sie Ihr »Hallo« über das weite Land rufen und werden kein Echo hören. Warum? Weil sich die Klangwellen, die Sie in den Raum projiziert haben, ohne Hindernis immer weiter ausdehnen. Die Hügel hingegen interferierten mit der Ausdehnung der Wellen und zwangen sie dazu, sich zu kontrahieren, anstatt sich weiter auszudehnen. Diese Kondensierung brachte sie zur Dimension der Wellen zurück, die Sie projiziert haben. Die Hügel projizierten die Wellen dann zu Ihnen und Sie konnten sie hören, denn sie kondensierten erneut, während sie von Ihnen ebenfalls wieder als Echo zurückgeworfen werden.

Denken Sie über diesen Effekt gründlich nach. War es nicht Ihre eigene Stimme, die von den Hügeln zu Ihnen zurückkam? Haben Sie daher nicht auch Ihren Körper zu den Hügeln ausgedehnt? Die Wellen, die von Ihrem Körper ausgingen, sind genauso gut Ihr Körper wie die Wellen, die in seinen Grenzen beschlossen sind. Können Sie daher sagen, dass Sie eine bestimmte Position im Universum einnehmen? Sie haben bereits Ihren Körper und Ihre Gedanken zu den Hügeln projiziert, welche dort nicht zum Erliegen kamen, sondern in etwa einer Sekunde unseren Mond erreicht haben, nach ungefähr zehn Minuten unsere Sonne, und wenn die Menschen auf irgendeinem der Siriusplaneten in der Lage wären, Ihre Stimme zu kondensieren, könnten sie Ihr »Hallo« in ungefähr neun Jahren hören. *Wenn Sie diese Tatsache voll und ganz realisieren, können Sie dann auch begreifen, dass Sie und alle schöpferischen Körper universal sind?*

Wenden wir dieses Prinzip auf das Radio an. Bedenken Sie, dass Sie einer Stimme lauschen, die zum Beispiel von Japan aus zu Ihnen projiziert wird. Sie ist von dort zu Ihnen ausgestrahlt worden. Andere Menschen in anderen Ländern hören sie ebenfalls. Sie und diese Anderen sind nun die Hügel, gegen die das »Hallo« aus Japan echot. Der Mann in Japan ist die Radarstation, die einen Strahl ausgesandt hat. Sie und jene Anderen sind die Schiffe, die sein Radar aufgespürt hat. Wenn Sie dieses Prinzip verstanden haben, können Sie es universal anwenden: Jeder im Universum ist ein Sender und ein Empfänger für jedes Geschehnis, das im gesamten Universum stattfindet. Genauso ist jeder eine Antenne, die jede Gedankenwelle des Universums aufnimmt. *Sie sind in allen Dingen, und die Dinge sind in Ihnen.*

Welche Macht erzeugt nun die Wellen für Sie, die ausgestrahlt werden können? Es ist die universale Energie des geistigen Wunsches. Die Wellen, die Sie ausstrahlen, sind Gedankenwellen. Es gibt im Universum gar keine anderen Wellen als Gedankenwellen. Gedankenwellen gehen vom Geist aus. Der Geist ist universal. Gedanken sind universal. Jeder Gedanke des Geistes ist in allem Geist, nicht nur in einem Teil von ihm. Alle Gedanken sind daher in allen Gedankenwellen.

Ihr begrenztes Wahrnehmungsspektrum hat Sie veranlasst zu glauben, Ihr Körper würde an Ihrer Haut enden. Ihr unbegrenztes kosmisches Wissensspektrum sagt Ihnen, dass Ihr Körper sich bis an die äußersten Enden des Raumes erstreckt. Ihr Körper ist nur eine Gedankenwellenaufzeichnung Ihres Denkens, daher sind Ihre Gedanken und alle Gedanken eins. Diese sind universal, so wie Sie universal sind.

»Es gibt keine zwei getrennten und trennbaren Einheiten in der gesamten Schöpfung. Alles was ist, besteht aus allem anderen, was ist.«

DIE BOTSCHAFT DER GÖTTLICHEN ILIADE.

KAPITEL IX

DIE ANWENDUNG DER UNIVERSALEN EINHEIT

Das Niveau einer Zivilisation ergibt sich aus dem durchschnittlichen Mittelwert ihres konstruktiven wie destruktiven Denkens. Eine Zivilisation wird, was sie denkt, so wie ein einzelner Mensch wird, was er denkt. Die Menschheit ist noch weit davon entfernt zu erkennen, dass jeder Gedanke und jede Handlung eines jeden Menschen die Gedanken aller anderen Menschen erreicht und beeinflusst. Jeder gute Gedanke ist wie ein Wassertropfen, der den Meeresspiegel erhöht, und jeder schlechte Gedanke senkt diesen Spiegel. Eine Krieg führende, in Klassen aufgespaltene, rassistische Zivilisation ist nicht das Produkt eines einzigen Menschen, sie ist das Produkt aller Menschen. Kein Mensch kann sagen: Ich bin gut, damit habe ich nichts zu tun. Wir leben in unserer Zivilisation, profitieren von ihren Errungenschaften und müssen ihre Schattenseiten in Kauf nehmen.

Diese Lektionen liegen vor uns und warten auf unsere Erkenntnis. Je mehr wir die Einheit unseres Universums begreifen können, umso schneller können wir die nötigen Lektionen lernen, um Schritt für Schritt das Gesamtniveau unserer Zivilisation über den gegenwärtig niedrigen Stand unseres mörderischen, Gott fürchtenden barbarischen Zeitalters zu erheben. Während dieses Niveau langsam steigt, wird der Mensch im Ausmaß seines geistigen Erwachens Frieden und Glück erleben.

Es ist oft gesagt worden: »Wie ein Mensch denkt, so wird er.« *Genauso gilt: Die Welt wird, was alle Menschen denken.* Darin liegt die Erklärung für das gegenwärtige, niedrige Niveau der Welt; das menschliche Denken hat die Welt von heute erschaffen, in der jeder gegen jeden kämpft. Um eine bessere Welt zu erschaffen, muss jeder Mensch sein Denken ändern, indem er den Anteil konstruktiver Gedanken erhöht. Dies ist nur in dem Maße möglich, wie die Menschen über die *Einheit* der ganzen Menschheit und über die *Einheit* des ganzen Universums Bescheid wissen. Wir müssen lernen, universal zu denken – nicht getrennt. Wenn der Mensch weiß, dass er keine abgetrennte Untereinheit der Menschheit ist, sondern über Geist und Körper mit allen anderen Menschen elektrisch verbunden, wird er andere Menschen anders behandeln. Wenn er weiß, dass er nicht getrennt von anderen Menschen geht, sondern *durch* die Menschen hindurch, die in Wirklichkeit Erweiterungen seiner selbst sind, während er eine Erweiterung der anderen ist, wird er zwangsläufig anders von ihnen denken. Und seine Gedanken können nur von universaler, geschwisterlicher Verbundenheit handeln.

Kinder sollten schon sehr früh lernen, dass sie alles, was sie einander antun, sich selbst antun. Das ist das allererste Prinzip, auf dem sie ihre Moral und ihren Charakter begründen sollten. Können wir ihnen klarmachen, dass sie *sich selbst* verletzen, wenn sie jemand anderen physisch oder mit unfreundlichen Worten verletzen – und sie erkennen das als Naturgesetz –, so wird dieses Wissen für sie selbstverständlich werden, und sie sind weniger manipulierbar. Denn Hitler sagte: »Gebt mir eine Generation Kinder, und ich werde euch eine andere Welt geben von Erwachsenen, die so sind wie ich.« Gewohnheitsmäßige Gedankenmuster werden zunächst Tradition und laufen dann automatisch ab. Die Menschheit ist derzeit mehr oder weniger eine Masse von Automaten. Sie denkt auf der ganzen Welt in den überkommenen Bahnen.

Sie sollten das unsichtbare Universum sogar noch besser kennen als das sichtbare, und Sie sollten dafür sorgen, dass es auch bei Ihren Kindern so ist. Erklären Sie Ihren Kindern, wie das unsichtbare Universum jede ihrer Bewegungen steuert, jede ihrer Handlungen lenkt, sie für jeden Ausdruck der Liebe segnet, der von ihnen ausgeht und wie alles Verletzende, was sie tun, sie wiederum ebenfalls verletzt. Wenn die nächste Generation diese Art dynamischen Wissens erhält, wird das gesamte Niveau der Zivilisation sich schnell anheben, denn die Art, wie die Menschen miteinander umgehen, wird sich wandeln, wenn die Denkmuster sich wandeln.

Viele Mütter erzählen ihren Kindern heute, dass Gott alles weiß, was sie tun, in der Hoffnung, sie auf diese Weise von falschen Handlungen abzuhalten. Das ist zu abstrakt und zu unklar für die meisten Kinder und erreicht sie daher nicht. Wir können ein Kind nicht nachhaltiger verletzen als durch die Aussage, Gott werde es bestrafen, wenn es etwas falsch macht. Wir sollten unseren Kindern vermitteln, dass Fehler automatisch unangenehme Folgen haben. Eltern sollten mit ihren Kindern dynamischer und realitätsbezogener über Gott sprechen. Wenn wir ihnen nur beibringen, abends im Bett zu beten, kann dies genauso schaden wie nützen, denn viele Kinder glauben, das Abendgebet sei eine Gelegenheit, Gott um das zu *bitten,* was sie sich wünschen, ohne dass sie irgendetwas im Austausch dafür *geben* müssen. Es ist kein guter Weg, sich Gott wie einen Weihnachtsmann vorzustellen.

Eine Frau erzählte mir einst von der langen Liste von Dingen, um die ihr Kind Gott bat, und die sie dann selbst für das Kind kaufte. »Finden Sie das nicht süß?«, fragte sie mich. »Ich denke, es ist tragisch und nicht süß«, erklärte ich, »denn so lernt das Kind, dass es Dinge bekommt, ohne sich dafür einzusetzen. Ihm wird nicht das Gefühl vermittelt, dass es irgendetwas für seine Geschenke zurückgeben muss. Es sollte lernen, sich jedes Geschenkes, das es empfängt, würdig zu erweisen.«[15]

Die Kinder unserer Studenten [der University of Science and Philosophy] wachsen in einem Gefühl der Vertrautheit mit der Gottesgegenwart auf. Sie lernen nicht, zu vorgeschriebenen Zeiten zu beten, sondern jederzeit mit Gott zu sprechen, wann immer Seine Hilfe gebraucht wird, um sie zu leiten. Mit Gott zu sprechen hat den Beiklang einer Konferenz oder Zusammenkunft, zu Gott zu beten hat den Beiklang, Ihn um einen Gefallen zu bitten. Das Kind einer unserer Studentinnen rannte laut weinend zu ihr und suchte den üblichen Beistand, den Mütter bei solch einer Gelegenheit fälschlicherweise geben. Das kleine Mädchen hatte mit seiner Schwester gespielt, und es war zum Streit gekommen. »Warum kommst du zu mir?«, fragte die Mutter. »Gott war dabei. Er weiß davon, ich nicht. Warum redest du nicht mit Gott darüber?« Das Kind rollte sich in einem Sessel zusammen und schwieg einige Zeit. Dann lief es zur Mutter und sah ganz glücklich aus. »Nun – was hat Gott dazu gesagt?«, fragte die Mutter. »Er sagte mir, ich soll gehen und Susi einen Kuss geben«, erwiderte das Kind.

Wenn Kinder wissen, dass sie ständig mit Gott sprechen können, gibt ihnen dies ein warmes Gefühl der vertrauensvollen Anlehnung an Gott, anstelle der Vorstellung von einem weit entfernten Gott, der nur dafür da ist, die Wünsche zu erfüllen, um die es Ihn bittet. Kinder sollten lernen, dass sie entweder mit oder gegen Gott arbeiten. Sie sollten durch beständige Demonstration gezeigt bekommen, wie Gott *mit* ihnen arbeitet, um aus der Erde Nahrung hervorzubringen, die sie essen können. Wie all die Dinge, die sie mögen – Orangen, Nüsse, Möhren, Reis sowie alle Dinge, die sie sonst brauchen und mögen –, ihnen nur gegeben werden, weil Gott mit den Menschen arbeitet und der Mensch mit Gott, um sie zu produzieren.

Sie sollten darüber informiert werden, wie Gott mit all Seinen Insekten, Fischen, Reptilien, Vögeln und Säugetieren arbeitet und sie darin unterrichtet, wie sie mit ihrem Instinkt überleben können. Sie sollten lernen, wie

Gott Tiere durch die Tarnung ihrer Körper schützt, sie schwerer erkennbar macht. Sie sollten erfahren, wie wunderbar Gott die Tiere in der Wahl der Materialien, die sie zur Ruhe brauchen, lenkt, und von ihren Ingenieurskünsten, mit denen sie Nester, Spinnennetze, Dämme, Ameisenhügel, Honigwaben und Hunderte andere Formen erbauen, die von jeder nachfolgenden Generation ohne Unterrichtung durch die Eltern erneut ausgeführt werden. Es sollte in gleicher Weise demonstriert werden, dass diese Geschöpfe alle so mit Gott arbeiten, wie Er mit ihnen arbeitet. Sie arbeiten, um ihre Nester und andere Dinge zu bauen, und Gott leitet sie an, denn sonst könnten sie nicht überleben. Sie bitten Gott nicht, es *für* sie zu tun, wie dies viele Menschen tun. Sie arbeiten *mit* Ihm, beständig, wie alles in der Natur dies tut.

Das ist das großartige Prinzip, das wir unseren Kindern klarmachen müssen, denn zu viele Leben werden mit Wunschdenken anstatt ernsthafter Arbeit verschwendet. Jene, die Gott im Gebet bitten, Dinge für sie ohne ihre Kooperation zu erledigen, arbeiten nicht *mit* Gott.

Viele Menschen sagen, Gottes Geschenke gäbe es umsonst. Das ist nicht wahr. Gottes Gaben gibt es nicht gratis. Alles, was Gott gibt, muss durch ein gleichwertiges Zurückgeben bezahlt werden. Wenn Sie Menschen sagen hören, die Gaben Gottes seien genauso gratis wie die Luft zum Atmen, sollten sie daran erinnert werden, dass es einer Anstrengung bedarf, die Luft einzuatmen und dass diese in derselben Menge zurückgegeben werden muss. Nicht einmal das Leben, das Er Ihnen gibt, ist eine Dauergabe. Sie müssen es Ihm zurückgeben. Die Menschen sagen oft, dass diejenigen, die für Gott arbeiten, für ihre Dienste keine Bezahlung bekommen sollten. Jeder Mensch auf der Erde arbeitet – bewusst oder nicht – beständig für Gott. Jeder einem anderen Menschen erwiesene Dienst sollte von diesem zurückgegeben werden. Das ist Gottes Gesetz. Wer nicht zurückgibt, nimmt, und es wird ihm nichts nützen.

Gott erfüllt jeden Wunsch, ob von Mensch, Insekt, Vogel, Säugetier oder anderen Lebewesen, wenn der Fragende sofort beginnt, auf die Erfüllung seines Wunsches durch seine eigene Handlung hinzuarbeiten, in dem vollen Wissen und der Überzeugung, dass Gott gleichfalls angefangen hat, mit ihm zu arbeiten, um diesen Wunsch in der Planmäßigkeit zu erfüllen, die durch den Schöpfungsprozess bedingt ist und *mit dem Zeit-Element,* das ebenfalls vorgegeben ist.

Gott wird nicht »diese grausigen Kriege beenden«, auch wenn zehn Millionen Menschen Ihn im Gebet bitten, sie zu stoppen, bevor nicht die

Menschen, die für die Kriege verantwortlich sind, diese gemeinsam mit Gott beenden. Gott wird niemals für den Menschen tun, was der Mensch für sich selbst tun muss – und er wird auch nie *für* den Menschen arbeiten, während der Mensch *gegen* Sein Eines Gesetz arbeitet. Wenn der Mensch gegen Gott arbeitet, verletzt er sich selbst. Der Mensch stürzt seine Welt kraft seines freien Willens in den Krieg. Wenn er sich selbst furchtbare Verletzungen zugefügt hat, betet er zu Gott, dieser möge die vom Menschen geführten Kriege beenden. Das ist der große Irrtum, wenn wir Gottes Wege nicht erkennen und sie nicht zu unseren machen. Obwohl zehn mal zehn Millionen Menschen zu Gott beten, Er möge für sie tun, was sie für sich selbst tun sollten, wird Er in keiner Weise für sie arbeiten. Gott erfüllt die Wünsche aller Wesen in Seiner Schöpfung, ob Tier oder Planet, Mensch oder Stern. Nichts wird jemals erschaffen, ohne dass es den Wunsch in sich trägt, erschaffen zu werden. Alle Dinge der Natur, die keinen freien Willen haben, arbeiten mit Gott, während Er mit ihnen arbeitet. Nur der Mensch, der den freien Willen besitzt, weil er Bewusstsein hat, bittet Gott, Dinge *für* ihn zu tun, ohne dass er selbst *mit* Ihm arbeitet.

Kinder sollten wissen, dass sie den freien Willen haben, alles zu tun, was sie tun möchten, indem sie *mit* Gott oder *gegen* Ihn arbeiten; aber wenn sie mit Ihm arbeiten, finden sie Glück, wenn sie gegen Ihn arbeiten, fügen sie sich selbst Leid zu. Geben Sie ihnen bei jeder Gelegenheit einfache Veranschaulichungen dieser Tatsache. Zeigen Sie Kindern, dass Gott, wenn sie eine junge Pflanze gießen und für gute Erde sorgen, die Pflanze wachsen lässt, und dass dies die Art ist, wie sie mit Gott arbeiten, indem sie mit Ihm zusammen eine Pflanze am Leben erhalten. Dann machen Sie deutlich, dass die Pflanze sterben wird, wenn Sie mit Gießen aufhören oder sich nicht mehr um die gute Erde im Topf kümmern. Das bedeutet, gegen Gott zu arbeiten. Solche Veranschaulichungen und Unterweisungen für die Kinder sollten ständig und in allen Lebenslagen erfolgen. Wenn es eine große Fabrik in Ihrer Nachbarschaft gibt, sollten sie gezeigt bekommen, dass diese Fabrik ihre enorme Größe erhielt, weil jemand es so gewünscht und angefangen hat, mit Gott zu arbeiten, um sie zu erschaffen. Sie wurde von einem einzigen Mann gegründet, der an einem kleinen Ort hart gearbeitet hatte, bevor er Tausende an einem nun bedeutenden Ort einstellen konnte. Dann zeigen Sie Ihren Kindern die kleine Eichel, die zur mächtigen Eiche wird, indem sie mit Gott arbeitet.

Der gegenwärtigen Generation fehlt sehr viel schöpferisches Wissen und der Wunsch nach schöpferischem Ausdruck. Ihr fehlt es an Verdeutlichungen, wie sie im vorigen Absatz angedeutet wurden. Der Trend der modernen Zivilisation und der mit ihr verbundenen Erfahrungen ist die Ursache dafür, dass viel zu viele Menschen sich auf ihren Anspruch auf staatliche Unterstützung verlassen, anstatt selbst zum Gedeihen des Ganzen beizutragen. Auch die Glorie und die Liebe, die Arbeit besonders gut zu machen, ist bei viel zu vielen verloren gegangen. Sie starren auf ihre Uhr und warten darauf, dass endlich Feierabend ist, anstatt zu bedauern, dass sie nicht weiter arbeiten können, um noch viel mehr zu geben, als von ihnen erwartet wird, einfach aus Liebe zum Geben.

Wenn dies verstanden wurde, wird eine bessere Zivilisation entstehen, weil die Menschen besser denken und handeln werden. Dies sind die Lektionen der Natur, unserer einzigen Lehrerin, und sie sind so wichtig, dass sie in den Schulen unbedingt vermittelt werden sollten. Stattdessen bestehen die meisten Unterrichtsinhalte aus Daten irgendwelcher Schlachten, den Namen von Personen zu Ereignissen wie »Wer tötete Julius Cäsar?«, oder es wird die geografische Lage von Ländern, Städten oder Flüssen abgefragt. Jeder Mensch kann – auch ohne diese Fakten zu kennen – ein großer Erfinder, Maler oder Autor werden, aber Millionen von Kindern sind bis zum Bersten vollgestopft mit derlei Informationen, die keinerlei schöpferische Kräfte freisetzen; und wenn diese Kräfte vorhanden waren, wurde sie den Kindern ausgetrieben. Es wurde nur das Gehirn aufgebaut, anstatt die Entfaltung des kindlichen Geistes zu fördern.

Eine einzige Generation von Kindern, die lernen, welches Verhältnis der Mensch zur Natur hat, würde größere Fortschritte für die Menschheit bringen, als Tausende von Jahren, in denen wir die Gehirne mit enzyklopädischem Wissen abfüllen. Außerdem sollte kein Kind länger als bis zum vierzehnten Lebensjahr zur Schule gehen, vorzugsweise nur bis zum zehnten.[16] Nach dem Alter von zehn sollten Kinder nur noch anhand von Vorbildern lernen. Gedächtnistests sollten vollständig abgeschafft werden. Bildung über das vierzehnte Lebensjahr hinaus sollte professionelle Unterweisung in Jura, Medizin, Staatskunde und die Fertigkeiten verschiedener Künste und Wissenschaften umfassen. Jeder Tag jenseits des Alters von zwanzig Jahren, der in einem solchen Training verbracht wird, trägt vielleicht noch zur Information bei, aber auf Kosten der kreativen Kraft. Kreativität kann, wenn sie früh im Leben ausgedrückt werden konnte, das ganze Leben hindurch vervielfacht werden; aber wenn sie durch formale, auf Auswendiglernen beruhende Erziehungsprozesse in der Jugend gestört wird, kann sie unrettbar beeinträchtigt werden.

Ich sage dieses nicht, ohne dass mir zahlreiche Beweise vorliegen. Praktisch jedes Genie hat die Schule verlassen, bevor es vierzehn wurde. Viele Pianisten und Geiger waren berühmt, bevor sie zwanzig waren, und als Genies schon lange vorher wohl bekannt. Auch mein Mann und ich haben dieses Prinzip demonstriert. Walter Russell war mit zehn Jahren ein guter Maler, Musiker und Komponist, und in diesem Alter verließ er die Schule. Mit dreizehn war er Kirchenorganist. Mit dreißig hatte er Weltruhm erlangt und war von verschiedenen europäischen Ländern geehrt worden. Während der letzten fünfzig Jahre hat er diese Erfolge durch eine lange Liste von Leistungen in Kunst und Wissenschaft vervielfacht. Ich habe ebenfalls praktisch keine formale Schulausbildung gehabt, was mich für individuelles Denken und meinen schöpferischen Ausdruck als Malerin und Philosophin, die sich nicht mit abgehobenen, lebensfremden Philosophien zufrieden gab, befreit hat. Das Wissen, das die Natur und die Vereinigung mit Gott mich gelehrt haben, lesen Sie jetzt in diesem Buch. Hätte ich meine kreativen Jahre in Schulen verschwendet, wäre dieses Buch mit Sicherheit nicht möglich gewesen, denn die Jahre des Auswendiglernens hätten es mir unmöglich gemacht, mein eigenes inneres Licht der geistigen Erleuchtung zu erwecken.

Wenn wir jemals eine kultivierte Zivilisation haben wollen, in der das Unsterbliche im Menschen erweckt ist, muss unsere Bildungspolitik, die bisher nur die Sinne der Kinder »bildet«, durch ein System ersetzt werden, das schon in sehr frühem Alter das Bewusstsein ihrer Unsterblichkeit erweckt, indem man ihnen beibringt, wie sie denken und die Schätze des Geistes erkennen können, *die in allen Menschen ruhen.*

Kapitel X

Gottes Ausgewogenes Universum

Gott erschuf unser majestätisch ausgewogenes, wunderschönes Universum, in dem sich die Menschheit in dem Maße langsam in den Himmel des ewigen Friedens und Glücks entfaltet, in dem sie das eine große Prinzip der Balance in der Natur begreift. Frieden und Glück werden nur durch dieses Wissen und seine Anwendung möglich. Balance ist der Schlüssel zum Glück, Ausgewogenheit ist der Schlüssel zur Erreichung aller anderen Ziele. Ausgewogenheit ist der Schlüssel zu dem, was wir für *richtig* halten. Das, was wir für *gestört* halten, ist eine Transaktion in der Natur, die nicht in ausgewogener Weise abgeschlossen wurde. Unglück, Elend, die Leiden des Krieges, die Enttäuschungen im Leben, Lahme und Blinde, Kranke und Gebrechliche – all dies ist nicht ideal, weil es das Ergebnis unvollständiger Transaktionen im Leben ist, bei denen ein Rest an Unausgewogenheit übrig bleibt.

Die Natur lässt niemals zu, dass Anormalitäten auftreten, die in irgendeiner Weise die Balance des Universums durcheinanderbringen. Um das Gleichgewicht wiederherzustellen, gleicht sie mit Wirbelstürmen entgegengesetzte Temperatur- und Druckzustände aus. Sie sorgt dafür, dass ein Kontinent sich aus dem Meer erhebt oder tiefer sinkt, um Unausgewogenheiten bei der Dichtigkeit der Erde auszugleichen. Der Meeresboden selbst schwankt beständig, um die Drücke der Erde auszugleichen. Jede Transaktion zwischen den beiden elektrischen Kräften der Natur ist immer vollständig. Sie beginnt bei Null und endet bei Null. Es bleibt kein Rest.

Die Natur ist so vollständig ausgewogen, dass schon die schwache Anstrengung eines Kindes, das einen Ball in die Luft wirft, dazu führt, dass jeder Stern am Himmel sich im Einklang mit den Druckänderungen, die durch diese unbedeutende Handlung verursacht wurden, kontrahiert und ausdehnt. Planeten drehen sich mit einer so vollständig ausgewogenen Präzision um die Sonne, dass ihre Positionen für Jahrtausende im Voraus mathematisch errechnet werden können. Sie könnten ein Teleskop auf eine leere

Stelle am Himmel richten und prophezeien, dass Jupiter in tausend Jahren an diesem Punkt sichtbar sein muss, und er wird pünktlich dort erscheinen – nicht eine Sekunde zu spät und nicht ein hundertstel Grad von seiner Umlaufbahn abweichend. Wenn unser Leben so im Gleichgewicht wäre, könnte es niemals einen Augenblick des Unglücks oder des Leides, der Qualen, der Krankheit oder irgendeiner anderen Trennung vom ausgewogenen Zustand geben.

Unsere Erde hat ihre eigene, perfekt ausgewogene Position im Raum, von der sie in einer Trillion Jahre niemals auch nur um eine Sekunde abweicht. Sie bewegt sich beständig, um diese ausgewogene Position aufrechtzuerhalten, aber sie bewegt sich im Gleichgewicht mit jedem anderen Planeten im Sonnensystem, der sich ebenfalls im Einklang bewegen muss. Wenn diese Erde einen freien Willen hätte, um – wie der Mensch – nach Gutdünken zu handeln, und sich nur eine Stunde von ihrer Umlaufbahn entfernen würde, würde kein Mensch überleben. Die Weltmeere würden nach einem solch scheinbar trivialen Ereignis in unserer Sonnenfamilie in einem katastrophalen Endzeitszenario alles von der Erdoberfläche schwemmen. Wenn die Erde nach einer solchen Eskapade wieder auf ihre richtige Position zurückkäme, würde wieder die normale Ruhe einkehren, aber Leben und Wachstum müssten ganz von vorne beginnen, so wie wir Menschen nach unausgewogenen Eskapaden in unseren Angelegenheiten ganz von vorne beginnen müssen. In der Zwischenzeit haben der Mann oder die Frau, die ihren ausbalancierten Pfad verlassen haben für eine kleine Eskapade, die zu unbedeutend schien, um sie zu beeinträchtigen, sich selbst viel Unglück erschaffen. Das meine ich, wenn ich sage, dass Glück und Frieden nicht zu erreichen sind, wenn die Menschen nicht in ihrer ausgewogenen, normalen Umlaufbahn sind.

Nehmen wir für einen Augenblick an, dass alle Planeten im Sonnensystem von ihren Pfaden nur um ein Weniges abweichen würden. Sofort würde ihre disharmonische Koexistenz eine solare Katastrophe auslösen, die in unserem Sonnensystem wie ein kosmischer Wirbelsturm wirken würde. Die Menschen weichen jedoch ständig von ihrem Pfad ab und wundern sich dann, warum sie unglücklich sind und warum es auf der Welt so viel Leid und Elend gibt. Wenn tausende Geschäftsleute durch spekulatives Verhalten oder von Gier getrieben ihren Pfad verlassen, beschwören sie eine weltweite Depression oder Panik herauf. Wenn Länder versuchen, einander zu berauben, um sich auf Kosten des anderen zu bereichern, werden zwei höchst unausgewogene Zustände erschaffen, die zu Kriegen führen. Kriege sind die

Auswirkungen von Unausgewogenheit, die ihre *Ursache* im Menschen haben. Und doch beten Millionen Menschen zu Gott, damit Er sie vor Kriegen bewahre, die doch der Mensch selbst erschaffen hat.

Wenn Glück, Frieden, Erfolg und alles Gute nur erreichbar sind, indem wir dem Gesetz der Balance gehorchen, dann werden wir, je mehr wir dieses Prinzip verstehen, umso eher in der Lage sein, die Menschheitsfamilie in ausgewogenen Umlaufbahnen zu halten, so wie Gott seine solare Familie im Gleichgewicht hält. Aus diesem Grund lassen Sie uns zum Grundprinzip der ungeteilten, nicht durch Bedingungen eingeschränkten Einheit zurückkehren, in der das Gleichgewicht selbst ungeteilt ist. Bewegung ist unter solchen Bedingungen unmöglich. Auch Wirkung ist ohne Bewegung unmöglich. Es muss zwei erweiterte Zustände geben, die voneinander getrennt sind, damit Bewegung und Wirkung möglich werden. Schauen Sie zwei Kindern zu, die sich gemeinsam in einer vereinten ausgewogenen Haltung auf dem Angelpunkt einer Wippe befinden. Bewegung ist unmöglich, also sind auch Ursache und Wirkung unmöglich. Wenn die Kinder sich aufteilen und jedes sich an ein Ende der Wippe setzt, können sie sich immer noch nicht bewegen, denn sie sind miteinander und mit ihrer Quelle im Angelpunkt im Gleichgewicht. Sie müssen sich miteinander austauschen, indem sie einander geben und zurückgeben, um Bewegung und Wirkung zu erschaffen. Dadurch werden sofort zwei unausgewogene Zustände hervorgerufen und bleiben unverändert, solange die Gleichwertigkeit des Austausches sich nicht ändert. In dem Moment, wo dieser ausgewogene Austausch nicht gleichwertig ist, nimmt das Verhängnis seinen Lauf.

Jetzt verstehen Sie, dass Gott Seine Eine Idee der Liebe nicht in Szene setzen konnte, ohne sie zu unterteilen, sie auszuweiten und durch den Austausch ihrer unterteilten Liebe Bewegung zwischen den beiden zu verursachen, so wie die beiden Kinder auf der Wippe sich aufteilen und trennen müssen, damit sie sich austauschen können. Gott erschuf Mann und Frau, damit sie die Liebe kennen lernen und um die Liebe zu manifestieren. Dies geschieht, indem Mann und Frau einander und allen anderen Geschöpfen Liebe geben und zurückgeben. Gott unterteilte Mann und Frau *gleichwertig,* damit beide die Einheit ineinander finden und sich gleichwertig miteinander austauschen können. Hätte Er Mann und Frau *ungleich* aufgeteilt, so hätte Er gleichsam einen Mann auf das eine Ende der Wippe gesetzt und ein kleines Mädchen auf das andere Ende.

Er unterteilte die gesamte Schöpfung in gleichwertige Paare, damit alle aufgeteilten Paare ineinander wieder Einheit finden können, und zwar durch gegensei-

tigen Austausch. Denn Gott, das geschlechtslose Vater-Mutter-Wesen der Schöpfung, unterteilte alle schöpferischen Dinge in entgegengesetzt geschlechtliche Paare von Vätern und Müttern, damit sie sich vereinen, um Gottes Schöpfung fortzusetzen, indem sie auf ewig weitere Väter und Mütter hervorbringen.

Dies tat Gott mit allen Dingen in Seiner Schöpfung – mit allen Geschöpfen auf der Erde und im Meer – mit allen Elementen der Materie, aus denen alle Körper zusammengesetzt sind – mit allen Sonnen und allen Sternen aller Himmel und mit den majestätischen Galaxien, die Seine Sonnensterne gebären. Er unterteilte die Einheit aller Dinge, damit sie als zahllos viele Dinge und viele Ideen in Erscheinung treten und nicht nur als das EINE. Er unterteilte sie in zahllose Zweierpaare und durchtränkte sie mit dem Drang nach Sexualität, damit sie durch rhythmisch ausgewogenen Austausch innerhalb ihrer Partnerschaft die vorübergehende Ungeschlechtlichkeit erreichen können.

Er unterteilte Sein Licht in Tage und Nächte und sorgte dafür, dass in Ewigkeit das Eine immer das Andere gebiert. Er schuf die Dunkelheit, damit sie das Licht gebären kann und das Licht, damit sie die Dunkelheit gebären kann.

Er unterteilte Sein Leben in das Leben, das mit jedem Einatmen zu uns kommt, und das andere Leben, das der Mensch Tod nennt und das mit jedem Ausatmen aus uns herausgeht. Er schuf das Leben, damit es den Tod gebäre, und den Tod, damit er das Leben gebäre.

Er trennte Materie und Raum und befahl, dass beide sich das, was jeden zum Anderen macht, auf ewig geben und zurückgeben. Genauso schuf Er den Raum, damit dieser durch gegenseitigen Austausch die Materie gebiert und umgekehrt.

Er unterteilte Sonnen und Erden in gleichwertig sich austauschende Partner und platzierte einen Äquator zwischen ihre Hemisphären, um ihren Austausch ausgewogen zu machen.

Er unterteilte Sein reines, weißes, unsichtbares Licht in gleichwertige rote und blaue Hälften und platzierte einen Äquator aus reinem weißem Licht zwischen die beiden.

Er unterteilte die Stille Seines Universums der Ruhe in vibrierende Paare aus entgegengesetzt gleichwertigen Partnern, um Bewegung im Austausch zu erschaffen, wo nichts ist als universale Ruhe.

Er unterteilte Sein Wissen in das gegenläufige Denken, um ein ausgewogenes, gegenläufig geschlechtliches elektrisches Universum von sich austauschenden Wellen zu erschaffen und so die Idee Seiner Vorstellung durch bewegliche Formen, die nach Seinem Bild erschaffen sind, zu simulieren.

Vor allem jedoch unterteilte Er Sein bedingungsloses Gleichgewicht in zwei unausgewogene Zustände, um Bewegungseffekte zwischen sich austauschenden Paaren hervorzubringen. Genauso schuf Er ein unverbrüchliches Gesetz, um jeden Austausch zwischen allen Paaren zu regeln und zu steuern. Ich werde Ihnen nun dieses Eine Gesetz nennen, das alle Bewegungen im Universum steuert und lenkt und auch alles umfasst, was Sie in jedem Augenblick Ihres Lebens tun. Vergessen Sie nicht, dass Sie und ich und alles im Universum von diesem Einen Gesetz beherrscht und gelenkt werden.

Folgendes ist wichtig: Immer, wenn mit Ihrer Gesundheit oder Ihrer beruflichen Tätigkeit oder mit irgendetwas anderem, was Ihr Glück oder das Glück der Welt beeinträchtigt, etwas nicht in Ordnung ist, wurde dies entweder durch Ihre Unwissenheit in Bezug auf dieses Gesetz oder durch dessen bewusste Missachtung verursacht. Vergessen Sie auch nicht: Jede Unwissenheit in Bezug auf die Kräfte, die Ihr Schicksal und Ihr augenblickliches Glück lenken, geht auf die Tatsache zurück, dass Sie diese Kräfte nicht *sehen* können. Sie können das unsichtbare Universum nicht sehen. Darum ignoriert es der Mensch, aber das sichtbare Universum wird vollkommen vom unsichtbaren Universum gelenkt.

Sie können Schwerkraft, Elektrizität, Gleichgewicht oder Wahrheit nicht sehen, und doch werden Sie von all diesen Dingen gelenkt. *Diese Dinge beherrschen Sie, und Sie gehorchen entweder und finden Harmonie, oder Sie sind ungehorsam und erschaffen Disharmonie.* Wenn Sie die Wahrheit leugnen, indem Sie eine Lüge erzählen, verletzen Sie sich selbst. Wenn Sie die Schwerkraft leugnen, zerstören Sie sich. Wenn Sie das Gebot der Balance in irgendeiner Hinsicht missachten, bestrafen Sie sich selbst im Ausmaß Ihrer Missachtung. Was immer Sie im Gehorsam gegenüber diesem Gesetz oder in dessen Missachtung tun, fügen Sie sich selbst zu.

Und hier folgt Gottes einziges unverbrüchliches Gesetz, dem alle Schöpfung gehorchen muss, wenn sie nicht die Konsequenzen des Ungehorsams erleiden will:

»*Mein einer Befehl an alle geschlechtlich unterteilten Gegensatzpaare in Meinem gesamten Universum lautet, dass in all ihrem Geben und Zurückgeben ausgewogener rhythmischer Austausch sein soll.*«

Die Botschaft der Göttlichen Iliade

Die unausgewogene und entzweite, menschengemachte Welt, in der wir heute leben, geht ausschließlich auf die unwissentliche Missachtung dieses einen Gesetzes zurück, dem ausgewogenen Austausch im Geben und Zurückgeben entgegengesetzt unterteilter Paare schöpferischer Menschen und Dinge. Jedes Übel, was die Menschheit überfällt und Unglück, Frustration oder Qual verursacht, geht auf Unausgewogenheit in ihren Handlungen zurück. Ist Ihnen dieser Gedanke jemals gekommen?

Wenn Sie an Herzkrankheit oder Krebs leiden: Haben Sie je darüber nachgedacht, dass Sie selbst sich dies erschaffen haben, genauso, wie Sie sich heute Mittag einen Pfannkuchen gebacken haben? Sie taten es, indem Sie Gottes Gesetz der Ausgewogenheit in irgendeiner Weise missachteten. Die Natur ist ideal, weil sie ausgewogen ist. Und sogenannte Störungen in der Natur gehen immer auf Unausgewogenheit zurück. Ihre Herzkrankheit ist ein gestörter Zustand. Wo immer die Natur die Chance erhält, macht sie aus allen Störungen wieder normale Gleichgewichtszustände.

Das Geheimnis der Geistheilung liegt in der Kraft, die im Geist liegt und mit der unausgewogene Zustände beim Menschen wieder ausgeglichen werden können. Jesus hatte die Macht dazu, denn Er kannte das Gesetz. Er konnte Sein Gleichgewicht auf andere ausdehnen, denn das Gleichgewicht war in Ihm. Er konnte befehlen, denn Sein Wissen gab Ihm die Macht, zu gehorchen. Niemand kann Gesetzen gehorchen, die er nicht kennt. Und niemand kann befehlen, wer nicht zuerst gelernt hat zu gehorchen. Niemand hat mehr Macht zu heilen, als er Macht zu gehorchen besitzt. Ich wundere mich, warum die Welt diese Tatsache noch nicht entdeckt hat! Überall gibt es deswegen schreckliches Leiden. Jeder Mensch hat ein Dutzend kleinere Leiden und quält sich deshalb, und deswegen erduldet die Welt das tragische Leid der Kriege und den Hass menschlicher Feindseligkeit.

Für Gleichgewicht ist das Wissen nötig, wie es zu erreichen und zu bewahren ist. Die Menschheit erwirbt dieses Wissen ganz allmählich in den Äonen ihrer Entfaltung. Ihr wachsendes geistiges Bewusstsein transformiert die Menschheit Schritt für Schritt in einem Leben nach dem anderen. Man sagt, dass das Alter Weisheit bringt, und meint damit, dass Weisheit das Ergebnis eines Lebens mit seinen zahllosen Erfahrungen ist. Wenn die Ursache all dieser Segnungen der Welt in einem Wort genannt werden müssten, würde dieses Wort *Gleichgewicht* heißen. Umgekehrt lautet das eine Wort, um die Ursache für alle Übel der Welt zu bezeichnen, *Unausgewogenheit*. Erkennen Sie, dass die Menschheit sich von den verschiedenen Missständen, den Kriegen, den degenerativen Erkrankungen, Frustrationen, Misserfolgen, von Hass und all den kleinen Unglücken und Misshelligkeiten nur durch lange Zeitalter zahlloser Erfahrungen, die Weisheit lehren, befreien kann?

Von nun an bis zum Ende des Buches werde ich detailliert erläutern, warum all diese Beeinträchtigungen, die zu Ihnen kommen, zu mir und zu allen menschlichen Wesen, auf die Tatsache zurückgehen, dass uns Gottes eines Gesetz noch nicht genügend bewusst ist, so dass wir nicht wissen, wie wir es befolgen sollen. Wir haben noch nicht genügend Erfahrungen gemacht, um weise zu sein, oder wir haben von den Erfahrungen, die wir hatten, nicht profitiert.

Die Lernaufgabe des Lebens und von Zeitaltern aus vielen Leben besteht darin, zu erkunden, wie sich die Paare in entgegengesetzten natürlichen Zuständen durch den gleichwertigen Austausch zwischen diesen Zuständen, der allein zu einem ausgewogenen Zustand führt, gleichwertig vereinen können. Bis Sie wissen, wie Sie gehorchen können, können Sie mit ziemlicher Sicherheit nicht befehlen. Sie brauchen Wissen, um gehorchen zu können. Wenn Sie dieses Wissen endlich erworben haben, erkennen Sie die Ursache und Quelle für Ihre Herzbeschwerden in sich selbst. Wenn diese Zeit in Ihrem Wissen kommt, dann können Sie befehlen, dass Ihre Herzerkrankung verschwindet. Sie wird Ihrem Befehl zu verschwinden so sicher gehorchen, wie sie Ihrer Einladung zu erscheinen gehorchte. Sie kann gar nicht anders.

Dieses neue Zeitalter, das den Beginn eines neuen elektronischen Wissens markiert, bringt auch ein erstes Begreifen des Prinzips, nach dem die Geisteskraft über die Materie gebietet, was früher Jesus allein wusste und mit der daraus resultierenden Sicherheit praktizierte. Das Wissen um die Prinzipien, die hier beschrieben sind, wird diese zunehmende neue Heilungsmacht des Menschen stark fördern und gleichzeitig die Notwendigkeit, überhaupt heilen zu müssen, verringern.

Ihr Körper braucht vielleicht viele Reinkarnationen, um genug Erfahrungen zu sammeln, die Ihnen die Weisheit und das Wissen geben, welches Sie in wenigen Wochen erlangen können, indem Sie eingehend über diese Prinzipien meditieren. Wenn Sie nur diese Prinzipien in Ihre Seele denken, werden Sie zügig diese Macht erlangen. Bedenken Sie allerdings, dass Sie Wissen nicht durch Ihre Sinne erwerben können. Wenn Sie dieses Buch einfach nur lesen, um es sich zu merken, haben Sie nur die aufgezeichneten Bilder der Worte in Ihrem Gehirn, die Sie erinnern und wiederholen können. Sie *wissen* es aber erst, wenn Sie es durch tiefe Meditation allein mit Gott wirklich innerlich denken. Bis die Wellenschwingungen, die elektrisch die Information Ihrem Gehirn eingeprägt haben, Ruhe in Ihrer zentralen Intelligenz gefunden haben, *wissen* Sie es nicht. Sie haben keine Macht erlangt, indem Sie irgendeine Wirkung wahrnehmen, denn die Macht kommt nur mit dem Wissen. Damit Sie verstehen, was ich meine, kann das Folgende als Schlüssel dienen.

Sie können um Wirkungen nicht *wissen*. Sie können sie nur wahrnehmen, indem Sie diese sehen, hören, fühlen, riechen oder ertasten. Sie können nur die *Ursache* von Wirkungen wissen. Sie können Ursachen nicht *sehen*. Alle URSACHEN liegen im unsichtbaren Universum und alle WIRKUNGEN liegen im sichtbaren. Sie können Schwerkraft, Gleichgewicht, Energie, Wahrheit oder Gott nicht sehen, aber Sie können darum wissen. Sie können einen Sonnenuntergang sehen und Sie können ihn verstehen, aber Sie können ihn nicht wissen. Das, was vorübergehend ist oder in Bewegung, kann nicht gewusst werden. Die Ursache irgendeiner Sache kann nicht in der Materie gefunden werden, denn Materie ist Wirkung, die wahrgenommen, aber nicht gewusst werden kann. Alle Ursachen stammen aus dem Geist, nicht aus dem Produkt des Geistes. Genauso werden Sie viel leichter das Gesetz des rhythmisch ausgewogenen Austausches zwischen gleichwertig unterteilten Gegensatzpaaren verstehen, indem Sie sich einige Beispiele veranschaulichen, wie die Natur dem Gesetz gehorcht.

Denken Sie an die eine Tatsache, dass die Natur niemals *nimmt*. Die Natur gibt und gibt gleichwertig zurück. Das Wichtige daran ist, dass die elektrische Aufteilung des universalen Gleichgewichts in Paare entgegengesetzter Zustände in der gesamten Natur *gleichwertig* erfolgt. Genauso erfolgt das Geben und Zurückgeben in der Natur *gleichwertig* und gegenseitig. Ein ausgewogenes Universum wäre sonst unmöglich. Denken Sie an Ihre Atmung. Was der Raum Ihnen zum Einatmen gibt, geben Sie mit Ihrer Ausatmung gleichwertig zurück. Nur wenn Ein- und Ausatmung ausgewogen sind, können Sie überleben. Die Erde gibt Ihnen einen Körper, und Sie müssen ihn gleichwertig der Erde zurückgeben. Dieses Gleichgewicht muss bis aufs Milligramm genau stimmen.

Wenn Sie einen Ball in die Luft werfen, entladen Sie das Potenzial der Erde und fügen der Ladung des Raumes etwas hinzu. Der zurückkehrende Ball wiederum entlädt den Raum und lädt die Erde auf. Der hochfliegende Ball verliert an Tempo, während er sich auf den höchsten Punkt seiner Flugbahn zu bewegt. Beim Zurückfallen auf die Erde gewinnt er umgekehrt im gleichen Umfang an Tempo. Wie ein Kreditnehmer bei der Bank erhält der aufsteigende Ball einen Kredit auf dem Konto der Natur gutgeschrieben, der auf der Gegenseite als Schuld auftaucht. Wenn der Ball zur Ruhe kommt, wird die Transaktion vollständig aufgehoben, indem die beiden unausgewogenen Zustände in einem einzigen Gleichgewicht aufgehen.

Darin liegt das ganze Geheimnis der Kontinuität in der Natur. Der rhythmische Austausch zwischen den beiden Zuständen von Schuld und Darlehen ist in ihrer Gleichwertigkeit zu allen Zeiten so ausgewogen, dass daraus weder während der Transaktion noch danach eine Spannung resultiert. Jede Wirkung hat ihre Gegenwirkung aufgehoben. Beide Zustände sind unausgewogen, wenn man sie getrennt betrachtet, aber jede Hälfte findet zu allen Zeiten ihren Ausgleich in der anderen. Wenn eine solche Transaktion abgeschlossen ist, *heben sich beide unausgewogenen Zustände auf.* Die Natur schließt ihre Transaktionen immer vollständig ab. Ihre Bücher gehen immer auf. Es gibt keine sich anhäufenden Reste von Unausgewogenheit irgendwo in ihren Transaktionen.

Der Mensch führt seine Transaktionen in all den vielen Bereichen seines Lebens nur selten *vollständig* durch. Er tauscht sich beständig mit vielen Paaren in entgegengesetzten Zuständen aus, und kaum eines von ihnen ist mit dem anderen im Gleichgewicht oder wird jemals in Ausgleich gebracht. Das ist in jedem einzelnen Leben so, und auf diese Weise hat das gesamte Leben aller Menschen eine solch unausgewogene Welt wie die unsere hervorgebracht. Darum stirbt der Durchschnittsmensch viel früher, als es sein müsste. In manchen unausgewogenen Transaktionen – die vielleicht niemandem bewusst sind – liegt die Antwort darauf, warum Hänschen Müller bucklig ist und das Kind Ihres Nachbarn »behindert«. Unausgewogene Transaktionen werden im Samen genauso exakt aufgezeichnet wie ausgewogene. Jede unausgewogene Transaktion, die das Samenmuster beeinflusst, braucht mehrere Generationen, um wieder zur Normalität zu finden. Sehr oft wird Gott die Schuld daran gegeben, dass ein Kind blind geboren wurde, während die Ursache in Wirklichkeit zu einer Geschlechtskrankheit bei der Eltern- oder Großelterngeneration zurückverfolgt werden könnte. Vielleicht steht in unserem Garten ein wunderschöner Baum mit starken Ästen zur einen Seite und verkümmerten zur anderen. Die unausgewogene Verteilung von Sonnenlicht hat diesen Defekt hervorgebracht. Alle solchen »Defekte« in Ihrem Leben und in der Natur haben ihre Ursache im unausgewogenen Austausch zwischen den beiden Zuständen, die Sie geschaffen haben.

Unausgewogenheit ist auch der Grund, warum Ihr Mann Sie verlassen hat. Jede Transaktion in der Natur hat die Nebenbedeutung einer Paarbildung, und Partner müssen gleichwertig sein, damit die Produkte »normal« sein können. Alle Probleme und unglücklichen Zustände des Menschen gehen auf einen Bruch irgendwo im Gesetz der Balance zurück. Das ist auch die Ursache für unglückliche Ehen. Eine glückliche Ehe vereint zwei unausgewogene Zustände zu einem und hebt die beiden auf. Wenn sich zwei Partner zu einem vereinen, bedeutet dies gleichzeitig, dass die beiden aufgehoben werden. Wenn der Pfarrer spricht: »Was Gott vereint hat, soll der Mensch nicht scheiden«, nimmt er damit an, dass die beiden, die versucht haben sich zu einem zu vereinen, gleichwertige Partner sind. Wenn sie wirklich gleichwertige Partner sind, hat Gott sie wirklich miteinander vereint, und kein Mensch kann sie trennen oder entzweien, selbst wenn er es versuchte. Sehr wenige Ehen finden allerdings zwischen gleichwertigen Partnern statt. Es gibt sehr große Reste von Unausgewogenheit bei einem sehr hohen Prozentsatz von Ehen. In solchen Fällen hat nicht Gott die Partner zusammengebracht. Sie sind immer noch zwei, denn ungleichwertige Partner können genauso wenig eins werden, wie zwei Hälften von zwei unterschiedlich großen Äpfeln zu einem symmetrisch und gleichwertig ausgewogenen Apfel werden können. Eine Ehe bedeutet nicht, dass nur die Sexualität zwischen Mann und Frau ausgewogen sein muss. Zwischen Menschen bestehen viele Paare polar aufgeteilter Zustände, die durch Einheit aufgehoben werden müssen, nicht nur die Sexualität.

Menschen im polaren, aufgeteilten Zustand sind einsam. Einsamkeit erschafft eine tägliche Spannung, die durch Gemeinschaft vollständig aufgehoben wird. Unterteilte Menschen haben unzählbare Paare unterteilter Interessen, die zu EINEM werden, wenn sie vereint werden – und ich meine *vereint,* nicht geteilt. Wenn in den sehr seltenen Ehen zwischen zwei gleichwertig unausgewogenen Partnern die Getrenntheit vollständig aufgehoben wird, werden beide in jeder Hinsicht, nicht nur in Bezug auf Sexualität, zu EINEM vereint.

Lassen Sie uns weitere vollkommene Ehen betrachten, an denen die Natur so reich und die Menschheit so arm ist. In einer Wasserwelle ist die Wassermenge über der Null-Linie des Meeresspiegels genauso groß wie die Wassermenge darunter. Das ermöglicht eine vollkommene Einheit, wenn die aufgeteilten Partner sich als Wellental und Wellenberg begegnen und heiraten. Solange diese vollkommene Gleichwertigkeit der Aufteilung zwischen entgegengesetzten Partnerpaaren fortbesteht, werden diese rhythmisch wiederholt. In dem Augenblick, wo sich die kleinste Ungleichheit zwischen den beiden unausgewogenen Zuständen einschleicht, beginnt allerdings die Gefahr eines Zusammenstoßes. Im tiefen Wasser geschieht dies nicht, aber wenn der Sand zum Strand hin ansteigt, ist es irgendwann nicht mehr möglich, dass unter dem Nullniveau des Meeresspiegels genauso viel Wasser ist wie darüber. Die Kontinuität wird dann aufgehoben, und die Wellen brechen am Strand. Genau so unausweichlich zerbirst das familiäre Glück, wenn die Partner nicht mehr in gleichwertiger Ausgewogenheit sind.

Wenn Ihr Auto ruhig und problemlos fährt, verschwenden Sie keinen Gedanken an den Motor, aber Sie würden sofort an ihn denken, wenn Sie durch seine Vibrationen plötzlich durchgerüttelt würden. Wenn dies geschehen würde, läge es an einem unausgewogenen Verhältnis zwischen den Kolbenstößen, die sich in ihren Zuständen beständig vereinen und umkehren müssen, um den Ablauf entgegengesetzt zu wiederholen. Sie wissen definitiv, dass Sie ein solches Auto nicht weiterfahren können. Es wäre gefährlich für Sie – und wenn Sie weiterführen, würde der Motor Ihres Autos bersten.

Das königlichste Beispiel einer erfolgreichen und harmonischen Ehe in der gesamten Natur ist das vom Austausch zwischen den beiden entgegengesetzten Zuständen, die wir Materie und Raum nennen. Dort finden wir eine Vollkommenheit der Balance, die sich ohne die leichteste Abweichung vom Gleichgewicht zwischen den riesigen Sonnen und Sternen im Universum in die Unendlichkeit fortpflanzt. Eine Ehe, die sich dem Zustand des »Einklangs mit dem Unendlichen« auch nur annähert, wäre die einigste Ehe der Welt.

Betrachten Sie, wie ordentlich sich die Planeten mit einer solchen Präzision in jedem Augenblick um die Sonne drehen, dass ein Mathematiker und Astronom Ihnen auf den Bruchteil der Sekunde genau sagen kann, wo jeder Planet sich befindet und wo sie in tausend Jahren sein werden. So hält *Gott* Sein Zuhause und Seine Millionen von solaren und stellaren Familien glücklicherweise im Gleichgewicht. Die solaren Familien müssen ihre eigenen Wünsche beständig anpassen, damit die Harmonie mit jeder ihrer Untereinheiten gewahrt bleibt, genauso wie Menschenfamilien dies tun *sollten*, was aber selten geschieht.

Jeder Planet und jeder Mond im gesamten Sonnensystem bewegt sich mit ungeheurer Geschwindigkeit um die Sonne, aber jeder einzelne von ihnen muss seine Geschwindigkeit beständig ändern, um einen harmonischen Rhythmus im Gesamtsystem aufrechtzuerhalten. Die Geschwindigkeit, mit der sich die Erde um die Sonne dreht, ist niemals auch nur einen Augenblick dieselbe. Die Erde erhöht ihre Geschwindigkeit sechs Monate und reduziert sie dann die anderen sechs Monate. Jede andere Untereinheit im Sonnensystem tut dasselbe. Es gibt so viele sich austauschende Beziehungen in diesen großen Sonnenfamilien, die keinen freien Willen haben, um Gottes Gesetz brechen zu können, dass ich damit den Rest dieses Buches füllen könnte, aber eine genaue Untersuchung dieser Familien würde Ihnen sagen, warum Gottes Universum auf ewig im Gleichgewicht ist und warum die menschlichen Familien sich so häufig selbst zerstören. Es ist problematisch, Beispiele aus dem Sonnensystem mit dem menschlichen Leben gleichzusetzen, denn die Menschen haben den freien Willen und können Entscheidungen treffen, während die Sterne am Himmel von Gott gelenkt werden. Sie haben keinen freien Willen.

Die Chance des Menschen, sich selbst auszudrücken, begann, als er zum ersten Mal entdeckte, dass er seine eigenen Entscheidungen treffen konnte, ohne der göttlichen Führung durch den Instinkt gehorchen zu müssen. Damals begann er, seinen »freien Willen« als Eigeninteresse zur Geltung zu bringen und das Gemeinschaftsinteresse zurückzustellen. Er entschied sich dafür, an sich selbst zu denken, und daran, was er für sich selbst wollte, ohne die Wünsche anderer zu berücksichtigen. Er nahm sich kraft seiner körperlichen Stärke, was er haben wollte. Der Mensch ist noch nicht in dem Stadium seiner Entfaltung angelangt, wo ihm klar geworden ist, dass er keine separate Untereinheit der Schöpfung ist, sondern ein integraler Bestandteil des Ganzen. Er besteht immer noch darauf, zu nehmen, ohne zu wissen, dass sein Nehmen ihn verarmen lässt. Er hat noch nicht gelernt, dass er nur durch Geben bereichert werden kann. Er hat noch nicht gelernt, dass er mit der gesamten Menschheit eins ist. Er hat immer noch nicht gelernt, dass jeder seiner Gedanken und jede seiner Handlungen der Menschheit dienen muss und nicht ihm selbst.

Wichtiger als alles andere ist die Tatsache, dass der Mensch noch nicht gelernt hat, dass sein freier Wille, zu tun was ihm beliebt, sich genau darauf begrenzt und nicht mehr bedeutet. *Er hat das Recht, seine Aktionen frei zu wählen, aber Gott behält sich das Recht der Reaktion vor – und beides muss in der Balance sein, egal welche Qual auf ihn wartet, damit er eine unrechtmäßige Aktion wieder ins Gleichgewicht bringen kann.* Es braucht lange Zeit und zahllose Erfahrungen, damit die Menschheit lernt, dass Gott auf ewig *mit* jeder Untereinheit Seiner Schöpfung wirkt, die mit Ihm zusammenarbeitet, aber dass Er nicht *für* irgendeine Einheit arbeitet, die in ihrem Tun die göttlichen Gesetzmäßigkeiten missachtet.

Die Menschen denken immer noch, sie seien unabhängige, getrennte Individuen, die ihr Schicksal vollständig unter Kontrolle haben und tun, was sie wählen, und andere verletzen können, ohne sich selbst zu verletzen. Wer die Lektion gelernt hat, dass Gott ewig mit ihm arbeitet, ist erleuchtet und gehört zu den Wenigen, die hier die Menschheit vor einem weiteren Sündenfall retten können, wenn es dafür nicht schon zu spät ist. Das sind diejenigen, die gelernt haben, dass ihre eigene persönliche Identität in der Identität der universalen Menschheit aufgeht, die jeder Einzelne ist. Diese Menschen wissen, dass sie nicht nur sie selbst alleine sind, sondern dass alle Menschen und alle geschaffenen Dinge EINS sind.

Das ist die Lektion, die alle Menschen lernen müssen, egal wie viele Leben sie dafür brauchen. Das ist die Lektion, die Sie über Ihre Beziehung zu anderen Menschen lernen müssen – aber es wartet eine noch größere Lektion auf Sie. *Diese Lektion besteht darin, dass Sie Ihr eigenes inneres Kontrollzentrum finden, während Sie lernen, wie Sie mit anderen Menschen umgehen.* Das ist die Lektion, die der Mensch langsam lernt und die ihn immer weiter aus der Tretmühle der nackten Existenz fortbringt und näher zur spirituellen Macht des geistigen Wissens, die ihm Ruhe und Freiheit von der Tretmühle des Lebens verleiht.

Und dies sind Gottes eigene Worte an den Menschen im Hinblick auf Gleichgewicht:

»Ich habe nur ein einziges Gesetz für alle Meine entgegengesetzten Paare schöpferischer Dinge; und dieses Gesetz braucht nur ein Wort, um deutlich zu werden, also höre Mich, wenn Ich sage, dieses Eine Wort Meines Einen Gesetzes lautet:

AUSGEWOGENHEIT.

Und wenn der Mensch zwei Worte braucht, die ihm zu erkennen helfen, wie dieses Gesetz funktioniert, so lauten diese Worte:

AUSGEWOGENER AUSTAUSCH.

Und wenn der Mensch noch mehr Worte braucht, um seinem Wissen über Mein Eines Gesetz weiterzuhelfen, so gib ihm noch ein Wort, und die drei Worte zusammen lauten:

RHYTHMISCH AUSGEWOGENER AUSTAUSCH.«[17]

DIE BOTSCHAFT DER GÖTTLICHEN ILIADE

KAPITEL XI

DIE UNAUSGEWOGENE WELT DES MENSCHEN

Einmal mehr muss die Menschheit die qualvolle Ernte ihrer Saat aus Hass, Furcht, Gier und Selbstsucht einbringen, die sie in ihrem Herzen gesät hat. Einmal mehr muss sie mit Tränen dafür bezahlen, nicht gelernt zu haben, dass sie alles, was sie ihrem Nächsten tut, sich selbst antut.

Gott gab den Menschen eine wunderschöne Welt, in der sie in Glück und Frieden leben könnten, indem sie ihren Mitmenschen einfach nur Glück und Frieden geben. Das ist alles, was vom Menschen verlangt wird, damit er für immer im wunderbaren Garten ewiger Seeligkeit leben kann, den der Gott der Liebe für ihn erschaffen hat.

Wie traurig ist es, dass diese Lektion, nach der Frieden, Glück, Liebe und Gedeihen nur dadurch erlangt werden können, indem wir sie einander geben – statt sie einander wegzunehmen –, so langsam gelernt wird. Wie tragisch ist es, dass der Mensch sich selbst aus seinem Garten der Liebe vertrieben hat, indem er ihn in eine öde Wüste verwandelte!

Überall auf der Welt, wo der Mensch nach Wohlstand, Macht, Liebe, Frieden und Glück gestrebt hat, indem er all dies seinen Mitmenschen wegnahm, hat er sich selbst verarmt und mit Feinden umgeben, die ihn hassen. Immer wieder haben göttliche Boten die Menschheit gelehrt, dass ein Haus, das in sich uneinig ist, keine Standfestigkeit besitzt. Trotzdem hat der Mensch eine Welt von so hoffnungsloser Zwistigkeit erschaffen, dass sie Stein um Stein auseinanderfällt, trotz der Milliarden, die darin investiert werden, die zusammenbrechenden Mauern zu stabilisieren. Uneinigkeit hat sich in fünfzig Jahren so schnell vervielfacht, dass die eine Hälfte der Welt in Feindschaft gegen die andere Hälfte steht und jede Hälfte sich bis an die Zähne gegen die jeweils andere Hälfte bewaffnet hat. Eine Hälfte der Welt ist frei, die andere Hälfte hat ihre eigene Bevölkerung versklavt.

Wo immer man sich heute in der Welt auf der Suche nach Liebe, Frieden, Glück und Wohlergehen umschaut, findet man sie verhüllt mit einem

Leichentuch der Angst, Furcht, Ungewissheit, Spannung und des Misstrauens. Legionen von Männern beobachten den Himmel mit Radar und elektronischen Strahlen, damit nicht Millionen von Männern, Frauen und Kindern in fünfzig Städten innerhalb einer Stunde heimtückisch abgeschlachtet werden. Dies ist ein Bild der hässlichen Welt, die der Mensch innerhalb der schönen Welt, die Gott ihm gegeben hat, errichtet hat. Besteht irgendeine Hoffnung, sie zu retten? Ist es möglich, ihre Hässlichkeit in Schönheit zu transformieren, ihren Hass in Liebe und ihre Furcht in friedvolles Glück?

Ja, vielleicht ist es möglich. Aber der einzige Weg zur Verwandlung dieser hässlichen, entzweiten Welt, die der Mensch geschaffen hat, besteht darin, die Menschen und ihre gottferne Lebensweise zu verändern zu einer Lebensweise, die gottgleich und wahrhaft christlich ist. Um dies zu tun, brauchen wir ein Wissen darum, was denn gottgleich ist. Das bedeutet, dass wir wissen müssen, was Liebe ist und wie man Liebe manifestiert. Gott hat den Menschen nur zu diesem Zweck erschaffen. Der Mensch hat dieses Wissen noch nie wirklich erfasst. Er ist noch nicht lange genug seinem Dschungel entkommen, um die Tage seiner Primatenzeit zu vergessen. Er weiß noch nicht, was er tut, so wie jene, die den Nazarener kreuzigten, nicht wussten, was sie taten.

Lassen Sie uns daher betrachten, wie der Mensch lebt, und deutlich machen, was daran nicht gottgleich ist, so dass er Gottes Wege klar erkennt und versucht, sie wieder im Einklang mit Ihm zu gehen, bevor es zu spät ist. In solchem Wissen und der Anwendung dieses Wissens in einer gesetzmäßigen Lebensweise liegt Hoffnung – die einzige mögliche Hoffnung –, um die Menschheit vor einem weiteren Sturz von dem Höhepunkt, den er unrechtmäßig[18] gegen Ende des 19. Jahrhunderts erreicht hatte und für den er nun bezahlen muss, zu bewahren. Wir können die Leiden, die er sich selbst erschaffen hat, indem er Gottes Gesetz der ausgewogenen Aktion leugnete, nicht wiedergutmachen, indem wir innerhalb der Leiden nach dem Heilmittel suchen. Das einzige Heilmittel liegt im Wissen um die *Ursache* seiner Leiden, und in der Umsetzung dieses Wissens in ein Handeln dem universalen Gesetz gemäß. Die Ursache aller Übel, die den Menschen befallen, liegt in ihm selbst. Er muss noch lernen, wie die Natur funktioniert und in welcher Beziehung der Mensch zu ihr steht. Die Natur hält ihre Türen dem Menschen immer weit offen, so dass er ihre Wege und Abläufe kennen kann. Es ist tragisch, dass der Mensch an den Türen zur URSACHE, die Gottes Wege und Abläufe so ewig dauerhaft machen, vorbeigegangen ist und mit begehrlichen Augen nur auf die sichtbaren Wirkungen geblickt hat. Es ist daher notwendig, zur URSACHE zu blicken, um herauszufinden, warum die gegenwärtige, schnell zerfallende Welt des Menschen nur dann als stabile Zivilisation zusammenhalten kann, wenn der Mensch sein Verhalten ändert.

Die grundlegende Antwort auf alle menschlichen Schwierigkeiten liegt in der einen Tatsache, dass die Lebensweise des Menschen eine beständige Verletzung des einen universalen Gesetzes ist, nach dem alle Transaktionen in der Natur in ihrem Austausch ausgewogen und gleichwertig sein müssen. Die Natur verlangt, dass jede Transaktion zwischen den Partnern von gegensätzlichen Paaren im elektrischen Universum so vollständig erfolgt, dass jede die andere aufhebt, ohne dass irgendein Rest an Unausgewogenheit übrig bleibt. Jede unvollständige Transaktion in den Handlungen der Menschen untereinander, die nicht in vollständiger Harmonie und gleichwertigem Glück für beide endet, lässt einen Rest an Unausgewogenheit zurück, der am besten mit dem Wort Spannung beschrieben wird. Jedes Ungemach, an dem die Welt heute individuell und kollektiv leidet, geht auf eine riesige Anhäufung von Spannungen zurück, die mit derselben Sicherheit den individuellen und kollektiven Körper des Menschen in Stücke reißt, wie ein nicht zentriertes Rad bei schneller Bewegung zerbricht. Kein bewegliches Ding auf Erden kann dieser umfassenden Verletzung von Gottes Gesetz lange standhalten. Früher oder später lassen die immer weiter zunehmenden Spannungen unausgewogener Transaktionen, die aus dem ungleichwertigen Austausch zwischen Partnerpaaren resultieren, jede Struktur zerfallen.

Jeder ist mit diesem Prinzip vertraut, so wie es in einfachen Strukturen – wie einer Maschine oder einer Freundschaft – funktioniert. Wenn sich im Motor Ihres Autos eine sehr starke Vibration entwickelt, wissen Sie, dass sie das Auto – und auch Sie – zerstören wird, wenn Sie es zulassen, dass sich die Spannungen weiter aufbauen. Genauso wird die innigste Freundschaft sich selbst zerstören, wenn sich so viele unvollständige und ungleichwertige Transaktionen anhäufen, bis die Spannungen nicht mehr gutzumachen sind. Jeder weiß, wie auf diese Weise Familien zerbrechen und Firmen bankrott gehen.

Eine kollektive Spannung hat sich bereits in einem so gefährlichen Maße angehäuft, dass nach offiziellen Statistiken ein Sechzehntel unserer gesamten Nation entweder nicht voll zurechnungsfähig oder in psychiatrischen Anstalten ist. Dies ist ein Weg der Natur, um den Spannungen unserer hektischen Welt zu begegnen: Sie eliminiert auf diese Weise jene, die ihr einziges Gesetz missachten. Die Natur hat bei jenen, die sie missachten, immer das letzte Wort. Ihre Antwort auf unausgewogene weltweite Spannungen, wie der

Mensch sie in den letzten fünfzig Jahren erschaffen hat, ist sexuelle Degeneration und weltweite Neurose. Diese beiden gehören zu den vielen Faktoren, die unausweichlich die Menschheit zerstören. Und das sind nur zwei der Früchte einer unausgewogenen menschengemachten Welt.

Eine weitere Auswirkung des weltweiten Zerfalls wird in der aggressiven männlich-diktatorischen Macht deutlich, welche die Menschheit nach und nach ihrer kostbaren Initiativkraft beraubt. Die Initiativkraft stirbt in dem Ausmaß, wie die Freiheit im Menschen stirbt. Die Unterdrückung des freien Willens in einem Land wird mit derselben Sicherheit das Land zerstören, wie Kriege es tun.

Wie sinnlos ist es, wenn der Mensch in einer Welt über Wohlstand und Wirtschaftswachstum redet, wenn sich zu dessen Gunsten und auf Kosten der weltweiten seelischen Qualität die Spannungen vervielfachen.

Die Welt scheint nicht zu erkennen, dass sie sich durch ihre schnelle Bewegung um ein nicht zentriertes Schwungrad selbst in Stücke reißt. Viele Millionen Menschen versuchen dieses bereits gefährlich vibrierende Gebäude mit grimmiger Anstrengung aufrechtzuerhalten. Die Spannungen und vielen Ängste vervielfachen die degenerativen Krankheiten des menschlichen Körpers mit zunehmender Geschwindigkeit. Um dieses Prinzip des menschlichen Zerfalls noch deutlicher zu erläutern, ist es notwendig, es vom wissenschaftlichen Standpunkt des Naturgesetzes zu betrachten. Ich werde dies auf dem naturwissenschaftlichen Niveau eines Grundschulkindes tun. Ohne wenigstens ein Minimum in Bezug auf Gottes schöpferische Prozesse zu wissen, ist es unmöglich, diesen zu gehorchen oder sie zu befehligen.

Wenn Sie die Ursache Ihrer Herzkrankheit oder der Herzkrankheit der Welt und die damit einhergehende Bedrohung verstehen wollen, müssen Sie zunächst erkennen, dass Sie in einem schwingenden elektrischen Universum leben, wo sich durch schnelle Bewegungen ungeheure Spannungen entwickeln. Der nächste Schritt ist die Erkenntnis, dass wir deshalb in einem Schwingungsuniversum leben, weil Gott Sein Universum der Ruhe in Paare entgegengesetzt geschlechtlicher Partner unterteilt hat, die sich auf ewig miteinander austauschen müssen. Wenn der Austausch zwischen allen Partnerpaaren von Gegensätzen gleichwertig ausgewogen ist, können sie eine harmonische Beziehung fortsetzen und sehr große Spannungen entwickeln, ohne dass die Partner dies auch nur fühlen. In dem Moment allerdings, wo der Austausch auch nur im Mindesten ungleichwertig ist, beginnt die unausgewogene Schwingung fühlbar zu werden, und ihre zerstörerischen Kräfte wirken.

Ihr Herz schwingt sehr vergnügt, wenn Sie im Frieden mit sich und der Welt sind. Wenn alle Ihre Transaktionen tagsüber freundlich, kooperativ und ausgewogen waren, werden Sie keine Spannungen aufbauen. Ohne Spannungen werden Sie tief und traumlos die ganze Nacht schlafen. Wenn Ihr Leben so ist, sind Sie hinreichend »im Einklang mit dem Unendlichen«, um ungeheure Spannungen zu ertragen, ohne sie zu fühlen. Sie können nie ein Herzversagen oder eine Herzkrankheit erleiden, während Sie ein normales, ausgewogenes Leben führen. Wenn allerdings viele Ihrer Transaktionen unausgewogen sind, dann häufen Sie eine Gruppe von Spannungen an, die sich schließlich in körperlichen Krankheiten zeigen wird. Sie häufen solche Spannungen mit jedem Vorgang an, der keine vollständig ausgewogene Transaktion ist. Sie schlafen nicht länger tief. Ihr Herz erhält niemals einen Moment vollständiger Ruhe. Hundert Dinge widerfahren Ihrem Körper, die Sie nicht einmal vermuten.

Damit Sie besser verstehen, was ich meine, betrachten Sie das gleichmäßige Schwingen des Pendels einer Standuhr. Dieses gleichmäßige Schwingen baut Spannung auf, während das Pendel immer weiter und weiter von seiner Ruheposition ausschwingt, und es verliert diese Spannung jedes Mal vollständig, wenn es diesen Ruhepunkt passiert. Sie hören ein gleichmäßiges Ticktack, Ticktack. Nehmen wir nun an, wir würden eine Seite der Uhr anheben und einen kleinen Holzklotz darunter legen. Die Spannungen werden nun ungleich. Das Ticken ist unausgewogen und unregelmäßig. Die Uhr geht nicht länger richtig. Ihre Schwingungen heben einander nicht mehr so auf, wie gleichwertige Guthaben und Schulden bei der Bank einander ausgleichen. Dasselbe tun Sie mit Ihren unausgewogenen Spannungen Ihrem Herzen an. Es gibt bei jeder Schwingung Ihres Herzens einen Rest gestörter Balance, der unausgewogen bleibt. Sie haben diesen Zustand selbst hervorgerufen, indem Sie das Pendel Ihres Herzens gezwungen haben, ungleichmäßig zu ticken. Ihr Arzt sagt Ihnen, dass Sie kein Jahr mehr leben, wenn Sie diesen Zustand nicht durch vollständige Ruhe normalisieren – was bedeutet, Ihr Gleichgewicht durch Aufhebung der Spannungen wiederherzustellen. Die ganze Welt leidet unter derselben Erkrankung. Sie hat ein riesiges Potenzial der Balancestörung aufgebaut, das nur beseitigt werden kann, indem die weltweiten Spannungen vollständig normalisiert werden und wir dem Gesetz Gottes gehorchen, anstatt es zu missachten.

Nun stellt sich die Frage, wie die Welt Ungehorsam in Gehorsam verwandeln kann? Wie kann die Menschheit von neuem beginnen *mit* Gott zu arbeiten, anstatt *gegen* Ihn?

Um diese Frage zu beantworten, werden wir die unausgewogenen Transaktionen des Menschen betrachten, die von all seinen selbstzerstörerischen Praktiken am schädlichsten waren. Wenn wir diese untersuchen, wird sich zeigen, wie vollkommen unmöglich es ist, eine friedliche Zivilisation zu errichten, ohne in jedem Augenblick eines jeden Lebenstages wissentlich mit Gott zusammenzuarbeiten.

Die größte dieser Abweichungen von Gottes Gesetz ist die Eroberung der Macht durch den *Mann*, um eine Männerwelt für Männer zu schaffen, während die Frauen unterdrückt werden. Wir wollen diese Tatsache nun näher betrachten.

Kapitel XII

Die Gleichwertigkeit von Mann und Frau

Dieses Kapitel richtet sich an die vielen hochentwickelt denkenden Menschen, die sich der großen weltweiten Gefahr, der unsere Zivilisation heute gegenübersteht, voll bewusst sind.

All diese mystisch Denkenden wissen auch, dass die Zivilisation nicht fallen muss, wenn wir nur wissen, wie wir die Menschheit zu einem einzigen Wesen vereinen mit dem einzigen Zweck, das Liebesprinzip der Natur zu manifestieren – anstelle von Furcht und Hass, wie der Mensch sie nun manifestiert.

Gottes Universum ist *ausgewogen*. Darum ist es einig und beständig. Darum wird es auf ewig bestehen und kann nicht fallen.

Das menschliche Universum ist höchst *unausgewogen*. Darum ist es zerstritten und vergänglich. Darum muss es beständig fallen.

Wenn wir oder die Welt einer großen Gefahr gegenüberstehen, möchten wir wissen, was wir dagegen tun können. Wenn wir es nicht wissen, haben wir keine Möglichkeit, der Gefahr zu begegnen.

Die denkenden Menschen können die Zivilisation retten, wenn sie mehr über die Wege und Verfahrensweisen Gottes wissen, die allein den Menschen retten können, wenn sie rechtzeitig angewandt werden. Die große Ursache der Unausgewogenheit auf der Welt ist die Uneinigkeit, die durch die Praxis der Ungleichwertigkeit unter den von Gott aufgeteilten Paaren verursacht wird, die Er gleichwertig geschaffen hat. Die Aspekte dieser Unausgewogenheit sind zahlreich. Sie könnten in Jahrhunderten nicht in Balance gebracht werden – und selbst das wäre zu spät.

Die prinzipielle Ungleichwertigkeit, die wieder einmal die Zivilisation zerstört, ist die Unausgewogenheit von Mann und Frau. Das ist die Hauptursache des Scheiterns in der Welt, die allen anderen Ursachen *zugrunde liegt*. Diese Ursache könnte rechtzeitig behoben werden, um die ganze Welt zu vereinen, wenn die denkenden Menschen auf der Welt – Männer wie Frauen – heute etwas dagegen tun würden, und zwar jetzt, bevor die nächste Wahl stattfindet, und nicht in zwanzig Jahren.

Die Welt widersteht dem Wandel. Sie besteht darauf, dieselben alten Fehler weiter fortzusetzen, bis das sich daraus ergebende Leid zu groß wird. Sie muss sich im Hinblick auf die Gleichwertigkeit von Mann und Frau ändern oder verdammt sich selbst zu einem weiteren Sturz ins Chaos.

Die Welt kann sich nicht ändern, wenn die Individuen sich nicht ändern. Jeder Mann muss die Frau in seinem eigenen Leben geistig in die Gleichwertigkeit erheben, in seinem Zuhause, im Berufsleben und in der Regierung. Bis die Frauen in dieser Weise erhoben sind, werden die Spannungen der Ungleichwertigkeit jede Zivilisation zerstören, die der Mann allein zu bauen versucht.

Jede Frau sollte in allen Belangen von Regierung und Management auf ihrer geistigen Gleichwertigkeit mit den Männern bestehen; und wenn kompetente Frauen für hohe Ämter nominiert werden, vertraue ich darauf, dass Männer es als ihre Pflicht und als eine Bereicherung empfinden würden, sie zu wählen, um die Gleichwertigkeit auf internationaler Ebene zu initiieren. Ich sage dies, weil bisher jeder bedeutende Mann, dem ich diese Mann-Frau-Idee unterbreitet habe, diesem Prinzip von ganzem Herzen und begeistert zugestimmt hat.

Es wird den Menschen erst möglich sein, eine dauerhafte Zivilisation zu errichten, wenn sie ihre männlichen und weiblichen Geisteskräfte gleichermaßen wertschätzen. Wenn den denkenden Menschen dies nur klar wäre, dann würden sie den Anfang machen, um diese Gleichwertigkeit herzustellen. Gott hat diese Welt für Männer und Frauen erschaffen, nicht nur für ein Geschlecht allein. Er hat beide als gleichwertige Partner erschaffen, so wie Er alle Paare und alle Kräfte gleichwertig erschaffen hat. Unser Universum ist elektrisch in Geschlechter unterteilt. Die beiden elektrischen Arbeiter, die das Universum erschaffen, sind männlich und weiblich. Sie sind gleichwertig. Einer tut so viel wie der andere bei der Erschaffung aller Materiepartikel im Universum. Ohne diese elektrische Gleichwertigkeit im Ausdruck von Kraft hätten wir ein sehr instabiles und gefährlich unausgewogenes Universum aus sehr verzerrten Formen.

Wir werden weiterhin eine schrecklich verzerrte, uneinige und instabile Zivilisation haben, bis die denkenden Männer und Frauen der Welt damit beginnen, die beiden Geschlechter in Gleichwertigkeit zu bringen, so dass es ein Bündnis der Einigkeit auf der Welt geben kann, die weltweit Balance anstatt Verzerrungen zur Folge hat.

Mutterlose Kinder brauchen notwendig eine Mutter. Wie ernsthaft und eifrig ein Vater auch versucht, Mutter und Vater für sie zu sein, er ist niemals in der Lage, beidem gerecht zu werden.

Unsere mutterlose Welt braucht ebenfalls eine Mutter. Der Vater versucht beide Ämter zu erfüllen, aber je mehr er versucht, beiden Funktionen gerecht zu werden, umso größer ist das Unglück für die Weltfamilie.

* * *

In den Primatentagen war das physische Überleben der wichtigste Punkt, den der Mann zu berücksichtigen hatte. Die Notwendigkeit des Überlebenskampfes und der Nahrungsbeschaffung fiel in den Zuständigkeitsbereich des Mannes. Er war der Stärkere und hatte mehr Bewegungsfreiheit, um zu jagen, denn die Kinder mussten nicht von ihm versorgt werden. Die Nahrungszubereitung und Herstellung von Kleidung fiel naturgemäß an die Frau.[19]

Im Laufe der Jahrhunderte wurde der Mann, der Nahrungsjäger, ganz natürlich zum Eroberer anderer Männer um derer Besitztümer willen, und die Frau wurde der Haushaltssklave, der Ackergaul und der Sklave des Mannes, ihres Herren und Meisters. Nur der Mann war frei. Die Frau tat, was ihr Herr und Meister ihr sagte. Für lange Zeit hatte die Frau nicht den Status einer Ehegattin. Sie war die Konkubine des Mannes – und sehr lange eine von vielen Konkubinen – die Männer schlossen sie in Harem-Gefängnissen ein und ließen sie von Eunuchen bewachen. Sie blieb weiterhin Sklavin unter Sklavinnen und keine Ehefrau, die frei über die Erde wandern konnte wie ihr Meister. Und selbst wenn es ihr erlaubt wurde auszugehen, folgte sie ihrem Meister oder stand unter Bewachung. Ihr Wert für den Mann und ihr Status bezogen sich nur auf ihr physisches Sein.

Schließlich entdeckte der Mann, dass die Frau eine geistige Partnerin ist. Er nahm sie zur Frau und beriet sich mit ihr, aber immer noch von oben herab. Seit diesem ersten Schritt in der Anerkennung der Frau durch den Mann als Partnerin hob sich allmählich das Niveau der gesamten Zivilisation. Länder, die der partnerschaftlichen Vorstellung von Mann und Frau eine größere Anerkennung zuerkannten, entwickelten sich schneller als jene, die den Mann verherrlichten und die Frau unterdrückten. Auch die einzelnen Männer, die lernten, mit ihrer Frau in geistiger Partnerschaft genauso liebevoll verbunden zu sein wie in der körperlichen, machten größere Fortschritte als jene Männer, die in ihr nur eine Partnerin für ihre körperlichen Bedürfnisse sahen.

Ungeachtet dieser ersten Entdeckungen des Mannes, dass auch die Frau geistigen Wert hatte, wodurch sie mehr und mehr zu seiner Gefährtin und von der Vormundschaft des Mannes befreit wurde, war der Mann immer noch der Herr und Meister, dem gehorcht werden musste – und was die Frauen in einer männlichen Welt erlangten, waren Zugeständnisse, keine Rechte. Als die Frauen ein gleichwertiges Wahlrecht verlangten, erreichten sie nur ein halbherziges Zugeständnis, damit sie Ruhe gaben. Sie gewannen noch kein Recht in den Augen des Mannes und erlangten keine Gleichwertigkeit. Sie erlangten nur das Recht, *Männer* zu wählen.[20]

Der heidnische Mann machte sich zum Gebieter der Frauen und zum Herrscher der Welt. Auch das heidnische Gotteskonzept war männlich und ist es noch immer. Gott der Vater war niemals die Vater-Mutter-Gestalt Seiner gleichwertig aufgeteilten Väter und Mütter der Schöpfung. Der Mann war Eroberer, tötete andere Männer um der Besitztümer von Männern willen, er war Pirat und Sklavenhändler, Ausbeuter und Imperator, er baute die Welt nach seinem eigenen fleischlichen Bild. Er baute es für den Mann und glorifizierte sich selbst als Mörder von Menschensöhnen, während die Frauen weinten.

Der Mann hat durch das Töten anderer Männer immer die Liebe am Kreuz seiner eigenen Selbst-Erhöhung gekreuzigt; und die Frauen haben immer am Fuß des Kreuzes geweint, wie sie weinten, als die Männer den Nazarener kreuzigten, während alle seine Schüler außer einem, der seine Liebe zu ihm bekannte, ihn verließen.

All dies ist ganz natürlich. Es kann kaum anders sein, denn der Mann in seiner Entfaltung (oder Entwicklung) erinnerte sich an den Kämpfergeist seiner Primatenzeit, wo er nur genommen hatte, und er erkannte nicht, dass der weibliche Geist des Gebens in ihm nach und nach einen stärkeren Wunsch nach mentaler Partnerschaft und der spirituellen Einheit der gleichwertigen Vater-Mutterschaft ausgewogener Partnerschaft erweckte. Zur härtesten Lektion des Mannes auf seiner langen Reise gehört, dass Gott Mann und Frau einander gleichwertig gemacht hat, damit sie durch gleichwertigen Austausch in ihrem Geben und Zurückgeben die polar aufgeteilte Liebe manifestieren können.

Gott hat Sein geistiges Selbst in Paare von Vätern und Müttern unterteilt, um Seine Liebesnatur durch die Liebesbeziehung des gleichwertigen und entgegengesetzten Austausches von Liebe in Szene zu setzen. Der Gefühlsanteil ist bei neu erwachender Liebe viel größer als der geistige oder physische Austausch. Jeder Ausdruck der Partnerschaft ist ohne die Essenz der Liebe selbst leer. Die sogenannte romantische Liebe ist das Liebesbewusstsein, ohne das es bei keiner Partnerschaft vollständiges Glück geben kann.

Das kosmische Drama der Schöpfung ist eine Liebesgeschichte, die von aller Menschheit beständig in eine Komödie und eine Tragödie verwandelt wird, während die Menschen auf ewig die Liebe suchen, ohne den Pfad zu finden, der zu ihr führt. Durch die Liebesgeschichte des ausgewogenen Austausches von Liebe zwischen Vätern und Müttern finden sie Einheit, die allein ihnen die Ekstase ihrer göttlichen Natur verleiht.

Der Austausch körperlicher Sexualität stand an erster Stelle in den Sehnsüchten der meisten Männer. Mentaler geschlechtlicher Austausch ist selten, und die romantische Liebe hungert in einer Welt, die alles geben würde, um nur eine Stunde der Erfüllung zu erleben. Das ist die Lektion des Lebens, die alle lernen müssen, die nach Frieden und Glück suchen, die allein der Welt Ruhe von ihren Spannungen bringen können. Die Welt hat das nie gelernt, weil die Sinne des Mannes es ihm nie ermöglicht haben, die wahre Bedeutung von Liebe oder Romantik zu begreifen.

Die Welt der in Geschlechter unterteilten Menschen muss eines Tages erkennen, dass Gottes unterteiltes Universum eine elektrisch nach Geschlechtern aufgeteilte Dramatisierung von URSACHE und WIRKUNG ist. Die URSACHE ist der Geisteswunsch danach, eine statische Idee durch den Austausch von Bewegung auszudrücken. Die WIRKUNG ist das, was aufgrund dieser Unterteilung und der Notwendigkeit des Austausches geschieht. Die URSACHE ist daher *eins* und die WIRKUNG immer *zweifach*. Die Lektion des Lebens besteht darin, zu lernen, den Austausch zwischen den beiden Hälften jeder Wirkung so ins Gleichgewicht zu bringen, dass jede WIRKUNG in der vollständigen Geschlechtslosigkeit ihrer ausgewogenen Einheit komplett aufgehoben wird.

Gottes Motiv als Meisterdramaturg Seines Kosmischen Dramas ist der Liebesdrang der Partnerschaftsidee, der körperlich ausgedrückt wird durch die Vereinigung von Körpern, um die körperlichen Spannungen des sexuellen Dranges ins Gleichgewicht zu bringen und damit aufzuheben und um so andere Körper zu reproduzieren. Das Drama dient auch dem Zweck, den Liebesdrang in seinem mentalen und geistigen Ausdruck zu manifestieren, indem die geistigen Spannungen der Getrenntheit eliminiert werden. Dies wird erreicht, indem geistige Partner sich vereinen, um geistige Ideen zu erschaffen.

Eine geistig-sexuelle Beziehung dient dem Zweck, Ideen zu erzeugen, während die körperlich-sexuelle Beziehung dem Zweck dient, die körperlichen Formen mental empfangener Ideen zu erzeugen.

Darum können eine Frau und ein Mann, die harmonisch-geistige Beziehungen zueinander haben – seien sie Mutter und Sohn, gute Freunde oder Geschäftspartner –, ihre beiderseitige Kraft sehr viel stärker vervielfachen, als zwei Männer gemeinsam oder zwei Frauen gemeinsam dies tun könnten.

Darum erschafft eine Organisation – ob Firma, Verein oder das Kabinett des Präsidenten der Vereinigten Staaten –, die allein aus Männern besteht, oder eine Organisation, die nur aus Frauen besteht, zwangsläufig unausgewogene Strukturen, in denen es niemals vollständige Einheit geben kann.

Darum ist unsere vom Mann erschaffene Welt so grässlich unausgewogen und zerfallen. Ihre männlichen Qualitäten sind so vorherrschend, dass eine Zivilisation entstanden ist, die wie ein Schwungrad funktioniert, dessen Achse völlig dezentriert ist. Eine allein von Frauen erschaffene Welt wäre genauso unausgewogen. Das Übergewicht der weiblichen Qualitäten würde sie genauso uneinig machen.

Es gibt kein anderes Motiv für die Liebesgeschichte der Schöpfung als die geistige und körperliche Manifestation des Liebesdranges durch die Einheit von Geist und Körper, die nur durch ausgewogenen Gedankenaustausch erlangt werden kann – dieser ist von äußerster Wichtigkeit – und durch körperlichen Austausch, der die Vereinigung vervollständigt, aber von sekundärer Bedeutung ist.

Wenn Sie die Lebensgeschichte eines bedeutenden Mannes betrachten, werden Sie immer darauf stoßen, dass eine Frau sehr großen Einfluss auf die schöpferischen Kräfte hatte, die für seine Größe verantwortlich waren. Vielleicht waren es auch mehrere Frauen, zum Beispiel seine Mutter und seine Frau oder seine Geliebte oder eine innig geliebte Freundin. Egal, wer diese Frauen waren, die Basis ihres Austausches mit ihm muss vor allem *geistig* ausgedrückte Liebe sein. Eine geistige Vereinigung zwischen Mann und Frau ist von zehntausendfach höherem Wert als die *körperlich* ausgedrückte Liebe ohne das Geistige.

Liebe ist keine Sache, und niemand kann sie besitzen. Die Frau weckt Liebe im Mann, und der Mann weckt Liebe in der Frau. Die Romantik liegt im Erwecken, nicht in der Vollziehung. Es ist die erwachte Fähigkeit zu lieben, die zählt, und nicht die Erlangung des Objektes, das diese Liebe erweckt hat, und auch nicht der körperliche Kontakt. Eine Frau mag nicht einmal wissen, dass sie tief geliebt wird, und der Mann, der sie liebt, wechselt vielleicht nie ein Wort mit ihr. Wo Liebe geistig ist, erhebt sie, erhöht, bereichert und veredelt.

Wo Sex rein körperlich ist, erniedrigt und beschmutzt er. Millionen haben sich durch körperlichen Sex, der nicht durch das Geistige ausgewogen wurde, ruiniert. Der Lüstling wird verabscheut, wo der Vater geehrt wird. Ganze Zivilisationen sind in grässlicher Weise durch die Ausschweifungen von Inzest und Promiskuität zerstört worden. Immer dort, wo geistig-sexuelle Partnerschaft die körperliche überwiegt, gibt es die Schönheit und Glorie der Kraft, die Männer und Frauen nur erfahren können, wenn sie diese Einheit haben, »die Gott zusammengefügt hat«.

Jeder Mann und jede Frau, die in dieser Weise geistig und körperlich ausgewogen sind, verdoppeln durch ihre Vereinigung ihre Kraft nicht, sondern verachtfachen sie. Zwei getrennte uneinige Potenziale sind nur zwei, aber wenn zwei Potenziale als eins handeln, multipliziert sich ihre Kraft in der dritten Potenz. Mit anderen Worten, wenn zwei Partner vollständig vereint und ausgewogen sind und als einer handeln, *addieren* sie nicht ihre Kräfte, sondern sie *vervielfachen* sie im Verhältnis der Schwerkraftmathematik, die dreidimensional ist.

Keine Lektion ist schwerer zu lernen oder wichtiger als die langwierige Lektion, wie man alle geistigen und körperlichen Aspekte von Wirkungen gleichwertig austauscht, um sie zu vereinen, so dass zwei unausgewogene Zustände zu einem werden. Ausgewogenheit im Leben, in der Familie, in der Firma, in einer Gemeinde, einem Volk oder einer Welt aus vielen Nationen ist nur möglich, wenn wir diese große Lektion lernen, und zwar durch die mühsame Erfahrung, bis wir das Gelernte praktisch umsetzen.

Eine Annäherung an das Gleichgewicht reicht nicht für vollständiges Glück. Ein Mann, der immer noch darauf besteht, »Herr im eigenen Haus« zu sein, kann kein glückliches Zuhause haben, auch wenn er großzügig für seine Familie sorgt und in jeder anderen Hinsicht ein vorbildlicher Ehemann ist. Unter solchen Bedingungen ist Zufriedenheit möglich, aber die romantische Liebe erstarrt. Ein Rest von Unausgewogenheit bleibt immer noch, der es unmöglich macht, alle Aktionen und Reaktionen auszulöschen, indem sie ins Gleichgewicht gebracht werden, so wie ein Geschäftsmann ständig seine Bilanz ins Gleichgewicht bringt. Ein Geschäftsmann könnte nicht erfolgreich sein, wenn das Defizit eines Tages es ihm unmöglich macht, seine Bücher auszugleichen; und auch eine Familie kann nicht darin erfolgreich sein, alles zu sein, was eine Familie sein sollte, solange eine beständige Spannung existiert, die nicht vollständig aufgehoben werden kann.

Die Ehefrau würde sich einreden, sie sei glücklich, indem sie die guten Eigenschaften bei ihrem Mann sieht. Und doch würde beständig etwas geschehen, was nicht geschehen würde, wenn ihr Zuhause wirklich ausgewogen wäre. Vielleicht heiratet eine Tochter wider besseren Rat aufgrund der Spannung, die nicht beseitigt werden konnte, oder ein Sohn verlässt die Familie, was er sonst nicht getan hätte. Einigkeit kann nicht existieren, wo Spannungen eine Unterteilung aufrechterhalten. Es wird immer eine Zwietracht geben, bis die restlichen Spannungen ins Gleichgewicht gebracht wurden. Erst dann werden die beiden Pole EINS sein.

In Ländern, wo die Frauen gezwungen werden, Untreue als selbstverständlich hinzunehmen, kann es nie ein so glückliches Familienleben geben, wie es bei jenen Völkern herrscht, wo Untreue die Ausnahme und nicht die Regel ist. Unter solchen Zuständen ist Einheit vollkommen unmöglich, denn romantische Liebe ist unmöglich.

Keine große Errungenschaft von weltweiter Bedeutung kommt jemals aus Ländern, wo den Frauen öffentlich jeder Zugang zur Gleichwertigkeit mit Männern verweigert wird; dort herrscht über Jahrhunderte hinweg Stillstand. Körperlicher Austausch mit Frauen, ohne dass der geistige Austausch hinzukommt, hält ein Volk auf einer körperlichen Ebene, genauso wie es beim Individuum der Fall ist. Weder Individuen noch Völker machen jemals Fortschritte durch körperlichen Austausch allein.

In den letzten fünfzig Jahren haben Länder wie die Türkei, Libanon, Ägypten, Iran und Japan, die allmählich den Status der Frauen aufgewertet und ihnen größere Würde verliehen haben, sich aus ihrer Erstarrung gelöst und sich rasch voranbewegt.

Die Länder, die sich zu den höchsten Ebenen an Kultur, Erfindungsgeist, Naturwissenschaft, Industrie und Ingenieurskunst erhoben haben, sind diejenigen, in denen der Austausch von Männern und Frauen nicht nur körperlich, sondern auch geistig erfolgt.

Die höhere geistige Wertschätzung der Frau ist ermutigend, aber in wirtschaftlichen und politischen Führungspositionen hat es zu wenig Gleichwertigkeit von Mann und Frau gegeben. In diesen wichtigen Bereichen ist die Welt immer noch eine Männerwelt, vom Mann für den Mann und nach dem Bild des Mannes erschaffen. Es ist keine friedliche und auch keine einige Welt, in keiner ihrer vielen Bereiche, und sie wird es nie sein, solange es eine von Männern geschaffene Männerwelt ist. Eine dauerhafte Zivilisation aus glücklichen, friedlichen und erfolgreichen Menschen wird erst möglich sein, wenn die geistige Gleichwertigkeit der Frauen anerkannt wird und diese das

Management der industriellen und nationalen Verantwortlichkeiten mit dem Mann teilen.

Weder kann eine unausgewogene Zivilisation auf Dauer Bestand haben, noch kann ein Mensch für längere Zeit gehen oder arbeiten, wenn er mit seiner Haltung nicht im Lot ist, selbst wenn die Abweichung nur drei Grad beträgt. Wo über die Welt und ihre Angelegenheiten diskutiert und um Entscheidungen gerungen wird, die alle Menschen – Männer wie Frauen – beeinflussen, sehen wir überall lange Reihen von Männern, die alle Sitze einnehmen und über die Zukunft befinden. Uns allen sind die Bilder der Männergesellschaften an solchen Orten vertraut, im Parlament oder Kabinett, bei der Vollversammlung der Vereinten Nationen, anderen internationalen Versammlungen und Weltkonferenzen. Mit nur sehr wenigen Ausnahmen sind alle diese Manager der Weltangelegenheiten Männer. Alle sind dabei, eine unausgewogene Männerwelt zu erschaffen, die in sich uneins ist, wie Mann und Frau uneins sind in einem Zuhause, wo der Mann »Herr im eigenen Haus« ist.

Ich bin ganz sicher, dass der Mann von heute noch nicht ernsthaft über diese *Gleichwertigkeit* von Mann und Frau in Führungspositionen nachgedacht hat – speziell hier in den Vereinigten Staaten, wo die Männer ihre Frauen so sehr wertschätzen. Ich fühle, dass die denkenden Männer, die dieses Buch hier lesen und sich an die große Bedeutung ihrer Frauen für ihre Arbeit erinnern, alles in ihrer Macht Stehende tun werden, um für etwas zu sorgen, was die größte Bewegung in der Welt werden könnte. Wenn hier umgedacht und anders gehandelt wird, wäre dies die geistige Wiedergeburt, nach der die Welt strebt und die sich alle denkenden Menschen zur Rettung der Welt wünschen.

Unser gegenwärtiger Weltzustand ist nicht im Einklang mit Gottes Einem Gesetz. Die gesamte Menschheit erbaut eine Zivilisation, die gegen Gott arbeitet, anstatt mit Ihm. Das ist eine Missachtung von Gottes Gebot, welche die Natur nicht zulassen wird. Der Mann *allein* kann niemals Seinen Schöpfer manifestieren. Jede Schöpfung Gottes oder des Menschen kann nur aus der Einheit entspringen – nicht aus der Getrenntheit. Die Schöpfung stammt nur von vereinigter Vater-Mutterschaft. *Der Mann kann ohne die Frau genauso wenig eine dauerhafte Zivilisation hervorbringen, wie er ohne Frau ein Baby hervorbringen kann.*

Alle Ideen des Geistes sowie alle erschaffenen Körper, die den Geist manifestieren, müssen eine Mutter *und* einen Vater haben. Der große Irrtum des Mannes in dieser Hinsicht liegt nicht so sehr in Selbstsucht und Egoismus, wie früher beim Nachhall der heidnischen Erinnerung an die aufs Körperliche beschränkte Wertschätzung der Frauen. Eine ausgewogene Zivilisation wird erst möglich, wenn Mann und Frau ihre geistigen Beziehungen in die Gleichwertigkeit erheben und gemeinsam für geistige Einheit arbeiten.

Wir haben die abgedroschene Phrase, dass der Platz der Frau ausschließlich zu Hause sei, viel zu lange gehört. Um Ordnung, Schönheit und Funktionalität innerhalb der Familie zu gewährleisten, braucht es eine große Organisationskraft, und Frauen bewältigen diese Aufgabe sehr verdienstvoll, wenn sie es allein tun müssen, aber es ist noch viel besser, wenn die Partner zusammenarbeiten. In Kriegszeiten mussten Frauen in der Industrie arbeiten und wurden aufgefordert, Arbeitsplätze einzunehmen, die vorher noch nie eine Frau innegehabt hatte. Sie erledigten die Arbeit nicht nur genauso gut, sondern oft noch effizienter als Männer.

Als Frauen für gleiches Wahlrecht kämpften, wurde versucht, die Idee von Frauen als Wählerinnen lächerlich zu machen, indem behauptet wurde, sie würden den Mann wählen, der schön gelockte Haare hätte, anstatt denjenigen mit der größten Kompetenz. Dann wurde die Vorstellung lächerlich gemacht, dass eine Frau selbst in der Regierung oder im höheren Management arbeiten könnte. »Was weiß eine Frau über Politik? Was täte sie in einer Konferenz mit versierten Diplomaten?«

Wenn wir die Ergebnisse aller Konferenzen in unserer Männerwelt seit dem Ende des Ersten Weltkrieges betrachten, ist dann nicht die Frage berechtigt, ob die gegenwärtige schreckliche Zwangssituation, in der die Welt sich befindet, eventuell hätte vermieden werden können, wenn der ausgleichende geistige Einfluss der Frauen präsent gewesen wäre? Männer wie Frauen müssen realisieren, dass es nicht in der weiblichen Natur liegt zu töten, denn ihr Zweck auf der Erde liegt darin, Leben zu *geben,* nicht, es zu *nehmen.*[21]

Unsere gegenwärtige unausgewogene Zivilisation kann schon aus naturwissenschaftlicher Gesetzmäßigkeit heraus unmöglich überdauern. Sie zerfällt schon jetzt mit hohem Tempo, und ihr Zerfall hat sich seit 1900 gefährlich beschleunigt. Unsere Zivilisation ist in vielen Bereichen und Einrichtungen dermaßen unausgewogen, dass jeder Versuch, sie alle gleichzeitig in Balance zu bringen, vergeblich ist, abgesehen davon, dass nicht die Zeit da ist, es so zu tun. Die dringendste und hoffnungsträchtigste Maßnahme, um der Unausgewogenheit zu begegnen, ist die Gleichwertigkeit von Mann und Frau.

Diese ist unabdingbar für das Glück der Welt und könnte eine lebendige Flamme werden, die die ganze Welt mit einem neuen Licht erleuchten würde, wenn jede Frau sofort begänne, etwas »dafür zu tun«, unterstützt von jedem

Mann, der daran glaubt. Eine solche Bewegung kann nur ein Erfolg sein, wenn sie viele Mitglieder hat. Einer allein kann nur wenig daran tun, aber wenn jeder *Einzelne* sich in einer vielfachen EINHEIT von zwanzig Millionen oder mehr Menschen noch vor der nächsten Wahl zusammentun würde, könnte es ganz gut möglich sein, den ersten großen Schritt in dieser Richtung zu tun, indem viele Senatorinnen und Kongressfrauen und sogar die Vizepräsidentin bei der nächsten Präsidentschaftswahl eben Frauen wären. Eine solche Innovation würde die ganze Welt der Frauen in anderen Ländern erheben, wo eine solche Innovation heute noch unmöglich wäre. Unser Land sollte der Welt in dieser Hinsicht Vorbild sein, wie es dies in so vielen anderen Bereichen gewesen ist.

Es ist wissenschaftlich unmöglich, dass Frieden und Glück in eine solch unausgewogene Welt wie unsere kommen können, solange die körperlichen Werte so viel höher geachtet werden als die geistigen. *Wir müssen entweder das Verhältnis von Vater und Mutter als Grundlage der Schöpfung ins Gleichgewicht bringen oder immer wieder scheitern, bis wir sie doch ins Gleichgewicht bringen.* [22]

KAPITEL XIII

GRUNDLEGENDE URSACHE DES BÖSEN UND ALLER KRANKHEITEN

Eine lebendige Philosophie sollte eine Lebensweise aufzeigen, die durch Wissen um die zugrunde liegenden Gesetzmäßigkeiten der Natur zu Gesundheit führt.

Ein normaler Mensch drückt seine Lebensfreude in einem gesunden, ausgewogenen Körper aus. Er erschafft seinen Körper nach dem Bilde seines Denkens. Durch dieses Denken bringt der Mensch entweder Gesundheit, Wohlstand und Glück ins Sein – oder das Gegenteil. Er macht sich selbst zu dem, was er ist, durch sein eigenes Denken und Handeln.

Finanzielle, häusliche, gesellschaftliche und andere Schwierigkeiten kommen nicht von außen zum Menschen, sondern er bringt sich selbst in diese Schwierigkeiten. Genauso kommen auch Gesundheitsprobleme nicht von außen, um dem Menschen Schaden zuzufügen. Er fügt sie sich durch Unwissenheit selbst zu.

Wir hören viel über den großen Zuwachs an degenerativen Erkrankungen wie Herzversagen, Krebs und ähnliche Krankheiten. Es ist an der Zeit, die Idee, die der Mensch Krankheit nennt, in einem anderen Licht zu betrachten. Verschleiß ist in der Natur normal, aber es gibt keine Krankheiten in der Natur. Alles, was in der Natur existiert, ist ein Teil ihrer normalen Abläufe, und sie sind alle normal und gut.

Alle Natur ist immer normal. Mit normal meine ich, dass alles, was zu einem gegebenen Zeitpunkt oder Ort passiert, das normale Ergebnis von Gesetzen in Anwendung ist. Es gibt in der Natur keine Abnormität. Eine Abnormität wäre eine *Wirkung*, die nicht das getreue Abbild ihrer *Ursache* ist. Das ist unmöglich. Eine Krankheit wäre ein illegitimer Körper oder Keim, den die Natur nicht erschaffen hat oder dem sie das gleichwertige Recht der Normalität verweigert. Alle Lebensformen sind normale Formen.

Kranke Körper wären daher unmöglich, denn alle erschaffenen Körper stehen im Einklang mit dem Naturgesetz. Es gibt in der Natur keine Krankheiten in dem Sinne, wie wir sie verstehen, und es gibt auch keine Ansteckungen, bösartigen Tumore oder Infektionen in dem Sinne, wie wir sie verstehen. Jeder schöpferische Körper in diesem Universum ist elektrisch. Elektrizität kann nicht erkranken. Elektrische Körper können daher auch nicht erkranken.

Wir betrachten eine schlechte Stelle in einem Apfel und sagen, dass er dort zerfällt. Wir sagen nicht, dass er erkrankt ist. Wir betrachten die schlechte Stelle in einem menschlichen Körper – einen Krebs oder Tumor. Wir sagen, er sei krank. Wir sagen nicht, er würde zerfallen – doch die schlechte Stelle beim Apfel und beim Menschen sind dasselbe. In beiden Stellen leben andere Körper, die sich von dem lebenden Körper Apfel oder Mensch unterscheiden, aber normale Körper sind. Sie sind nicht abnormal oder krank.

Mensch und Apfel in ihrer Gesamtheit sterben nicht, aber ein Teil von ihnen stirbt. Die schlechte Stelle am Apfel ist das *zerfallende* Fruchtfleisch des Apfels, aber der Krebs ist ein *lebender* Körper, der sich vom *zerfallenden* Fleisch des Menschen ernährt. Der Krebs selbst ist kein *zerfallender* Körper. Er ist ein wachsender Körper.

Genauso wie zerfallende Körper – wie der Planet Erde – lebendige Nahrung für Körper wie Ihren und meinen werden, die sich aus ihm erheben, *so ist Krebs oder ein Tumor ein lebendiger Körper – ein normaler lebender Körper, der genauso legitim entstanden ist wie Ihr Körper und meiner. Und so wie unsere Körper keine Krankheiten sind, so sind auch Krebskörper keine Krankheiten.*

Eine Fruchtfliege, die aus der zerfallenden Stelle auf dem Apfel geboren wird, ist ein lebender Körper, der aus dem Tod des Apfels entstanden ist, genauso wie ein lebendiger Krebs auf einem toten Fleck auf dem menschlichen Körper wächst. *Zahllose lebendige Körper ernähren sich von einem toten Körper, wenn er insgesamt tot ist. Es ist eine der Arten, wie die Natur ihre Gaben an ihre Quelle zurückgibt, damit ihre Quelle sie wiederum geben kann.*

Als Sie aus der Saat des Lebens geboren wurden, wurde gleichzeitig die Saat des Todes in Ihnen geboren. Ihr ganzes Leben lang warten diese Todessaaten darauf, dass Sie ihnen eine Chance geben, zum Leben zu gelangen und von Ihrem Tod zu leben. Selbst Ihr Mund ist gefüllt mit todbringenden Mikroben, die Ihnen jedoch keinen Schaden zufügen können, bis ein hinreichend depolarisierter Zustand Ihres Körpers es ihnen ermöglicht, Nahrung zu finden und sich zu vermehren.

Ihre Polarität, Ihre Vitalität und Ihre freudige Geisteseinstellung, die das Lebensprinzip in Ihnen vervielfachen, halten Ihren Körper aufgeladen mit den richtig ausgewogenen Schwingungen. Diese immunisieren Ihren Körper vollständig gegen die Chemie der Todesprozesse, *die abwarten, bis Sie gegen die Ordnung der Lebensvorgänge verstoßen.* In dem Augenblick, wo Sie die Gesetzmäßigkeiten des Lebens verletzen, laden Sie die Todesprozesse ein, je nach dem Umfang Ihrer Verletzung das Zepter zu übernehmen. Eine große Verletzung wie das Trinken von Gift lädt alle Todesprozesse ein, die Herrschaft vollständig zu übernehmen. Kleine Verletzungen laden nur einen Bruchteil der Todesprozesse zur Übernahme ein. Ihre Lunge, Ihr Herz, Ihre Leber und andere Organe oder auch nur kleine Teile eines solchen Organs beginnen dann zu sterben.

Jegliche »Krankheiten«, die Ihren Körper dazu bringen, teilweise oder insgesamt abzusterben, gehen auf die Belastungen und Spannungen des Versuchs zurück, zu leben. Es ist nicht leicht, ein ausgeglichenes Leben frei von Spannungen zu leben. Unsere derzeitige Lebensweise mit Fertiggerichten und anderen unnatürlichen Umständen, die sich unserer Kontrolle entziehen, machen es extrem schwierig, alle Bedingungen unseres täglichen Lebens ins Gleichgewicht zu bringen. Das ist ein weiterer Grund, warum das Wissen um Gott und Seine Gesetzmäßigkeiten für die gesamte Menschheit so entscheidend wichtig sind. Zu leben bedeutet, die elektrischen Spannungen, mit denen die Leben spendende Energie vervielfacht wird, beständig zu vervielfachen – und das ist sehr schwierig. Sterben ist demgegenüber ganz leicht, denn diese Rückkehr in die Ruhe ist eine vollständige Entspannung von jeder Anstrengung – aber wenn Ihr Körper stirbt, muss die Natur ihn wieder zurück zur Erde nehmen, woher er kam.

Die Natur nimmt Ihren toten Körper zurück in ihre schöpferische Quelle, indem sie in ihm zehn Millionen lebendige Körper erschafft, die sein Gewebe abbauen. Keine dieser Mikroben oder Wurm-Saaten können zur Reife gelangen, bevor Sie Ihnen die Chance dazu geben, indem Sie gegen Gottes Gesetz des ausgewogenen rhythmischen Austausches in all Ihren Transaktionen – sowohl innerhalb als auch außerhalb Ihres Körpers – verstoßen. Das bedeutet, dass Sie hundert Jahre alt werden können, wenn Sie entsprechend zu leben wissen und bereit sind, wissentlich zu allen Zeiten mit Gott zusammenzuarbeiten, indem Sie IHR Gleichgewicht mit SEINEM in Einklang bringen. Sie können jedoch auch Ihren eigenen Tod beschleunigen und sich Ihr gesamtes Leben lang zahlreiche Leiden und Schmerzen schaffen, indem Sie unwissentlich gegen Gott arbeiten. Sie erschaffen Ihre eigenen

»Krankheiten« genauso, wie Sie die Produkte in Ihrem Betrieb erschaffen. Ihr Körper ist das Ergebnis Ihrer Entscheidungen. Sie können sich dafür entscheiden, hundert glückliche Jahre zu leben, indem Sie richtige Entscheidungen treffen und ihnen richtige Handlungen folgen lassen, oder Sie können sich – schnell oder langsam, wie Sie eben wünschen – töten, indem Sie falsche Entscheidungen treffen, auf die falsche Handlungen folgen.

Jeder Mensch ist das, was er sein möchte. Er ist Meister seines Schicksals. Er kann seine eigene Herzkrankheit und seinen eigenen Krebs erschaffen. Er kann keines von beiden anders erschaffen als durch seine eigene Anstrengung. Gott hat dies nicht über ihn verhängt. Es ist ihm nicht von einem Krankheitserreger zugefügt worden. Er hat es selbst getan. Sorgen, Frustration, heftiger Ärger oder Hass initiierten Absterbevorgänge in einem Organ seines Körpers. Alkohol hat allmählich sein Gehirngewebe beeinträchtigt. Nikotin hat einen sterbenden Fleck in seiner Lunge ausgelöst, aus dem ein lebendiger Körper gewachsen ist, der sich von seinem Körper ernährt.

Wie viele Lebewesen werden von Ihrem zerfallenden Körper ernährt? Wie viele Millionen Körper werden genährt, damit sie von den roten Teilchen Ihres sterbenden Körpers leben können? Warum sollten Sie anämisch sein? Warum sollten Sie unnormalen Blutdruck oder Herzschlag haben? Warum sollten Sie Arthritis oder Kolitis haben? Diese »Abnormitäten« waren nicht in Ihrem Samenmuster angelegt, als Sie zum Leben heranwuchsen. Sie haben sie in Ihren Stoffwechsel eingeladen, um Ihren Tod zu beschleunigen. Alles, was Sie so aus Unwissenheit Ihrem Körper zugefügt haben, können Sie auch wieder rückgängig machen. In dem Augenblick, wo Sie Ihr Denken von den todbringenden Schwingungen der Freudlosigkeit abwenden, kehren Sie Ihre gesamte Körperchemie um von Übersäuerung zur chemischen Neutralität, in der das Säure-Basen-Gleichgewicht ausgewogen ist.

Chemie funktioniert gegenläufig. Diese beiden Wege sind ständig umkehrbar. Der eine chemische Ablauf ist positiv. Er erzeugt Leben. Der andere ist negativ, es handelt sich um die radioaktive Chemie des Todes. Ein schöner, harmonischer Gedanke sorgt dafür, dass lebensspendende Energie Ihren Körper vitalisiert, ein ärgerlicher Gedanke verkehrt die chemischen Abläufe Ihres Körpers sofort in die Chemie von Zerfall und Tod. Ihre eigenen Entscheidungen sind es, die zählen – aber Sie müssen das Wissen haben, um Ihre Entscheidungen durch richtige Handlungen zu unterstützen. Ohne dieses Wissen können Sie in guter Absicht das Falsche tun – aber die gute Absicht schützt Sie nicht vor den Auswirkungen falscher Handlungen.

Wenn Sie ein schwaches Herz haben, liegt das nicht an diesem Organ; dieses ist ein genauso normaler Teil Ihres Körpers wie Ihr Arm. *Sie haben beides erschaffen.* Dasselbe gilt für den Krebs. Sie haben ihn erschaffen, aber das hätten Sie nicht tun müssen. Sie haben ihn erschaffen, weil Sie nicht wussten, wie Sie Ihren Körper so befeligen, dass er in all seinen Teilen vollständig lebendig ist, ohne sein »normales« Muster zu ändern. Sie haben niemals gelernt, den normalen Lebens- und Todeskräften hinreichend zu gehorchen, um sie im Gleichgewicht zu halten. Es erfordert viel Wissen, zu lernen, wie man dem Gesetz gehorcht. Das Gesetz erfordert, dass Sie alle Ihre Handlungen ausgleichen. Sie können dies nicht befeligen, bevor Sie nicht gelernt haben, zu gehorchen. Sie müssen lernen, Ihr eigenes normales Muster aufrechtzuerhalten, anstatt es zu einer anderen Normalität abzuändern, die Sie umbringen wird. Wenn Ihre Unkenntnis des Gesetzes Sie veranlasst hat, die Muster Ihres Körpers zu ändern, so dass ein anderer Körper aus ihm wuchs, ist dieses neue Wachstum als lebender Körper genauso normal wie das Wachstum Ihres eigenen Körpers.

Das und die folgenden Ausführungen sind vermutlich neue Gedanken für Sie, über die Sie gründlich nachsinnen sollten. Die Unwissenheit, die Sie veranlasst hat, einen Krebs oder ein schwaches Herz in Ihrem Körper oder einen Bankrott in Ihrem Betrieb zu erschaffen, wäre nicht erforderlich gewesen, wenn Sie genügend über Gottes Wege gewusst hätten, um zu erkennen, dass Er mit Ihnen arbeitet, um zu verhindern, was Sie irrtümlich für eine Krankheit halten. Wenn Sie nun den Krebs haben und das Wissen brauchen, das Sie nicht hatten, während Sie ihn erbauten, können Sie den Krebs eliminieren, indem Sie seinen Wachstumsprozess in einen Todesprozess verkehren. Diese Geisteskraft, um die Materie zu befeligen, kommt aus dem Verständnis, nicht aus dem Wunschdenken und nicht daher, dass Sie Gott bitten, es *für* Sie zu tun, ohne dass Sie *mit* Ihm zusammenarbeiten. Berücksichtigen Sie allerdings die grundlegende Tatsache, dass die Umkehr selbst Sache eines einzigen Augenblicks ist, dass jedoch das Zeitelement der Eliminierung von Körperwachstum mit zum natürlichen Ablauf gehört. Es hat lange gebraucht, den Krebskörper zu erschaffen; und obwohl seine giftige Wirkung durch die Umkehrung vollständig entfernt worden ist, muss das Zeitelement berücksichtigt werden. Darum muss in Fällen, wo nicht die Zeit da ist, um das Wachstum mental zu stoppen, eine Notoperation stattfinden.

Je mehr Sie wissen über die Abläufe in der Natur und die Vorgänge, die beim Aufbau von Materie wirken, umso besser können Sie den Körper, in dem Sie hier als Reisender unterwegs sind, befeligen. Der Chauffeur, der wenig über sein Auto weiß, kann im Falle einer Panne nur sehr wenig tun. Aber wer genau Bescheid weiß, wird es gar nicht zu einer Panne kommen lassen; und wenn sie doch passiert, kann er mit den richtigen Maßnahmen den Störungen befehlen zu verschwinden – und sie werden gehorchen.

Dies ist das Wissen, das heute gebraucht wird, damit die schon mehr erleuchteten Menschen die Geisteskraft erlangen, die es ihnen ermöglicht, die Materie zu beherrschen. Die mechanischen Abläufe der Natur gelten genauso für den Menschen. Alles Mechanische, das der Mensch tut, hat seine exakte Entsprechung in der Natur. Die Wachstumsmethode der Natur funktioniert wie ein Kinofilm. Wir alle sind mit Projektionsapparaten wie im Kino vertraut, die Abfolgen von Bildern so schnell projizieren, dass die Illusion von Bewegung erschaffen wird. Jeder weiß, dass diese Bilder nur deshalb als Kontinuum erscheinen, weil sie so schnell gewechselt werden. Wenn man den Film ganz langsam laufen lässt, können Sie nach jedem Bild schwarze Zwischenräume wahrnehmen. In der Natur sind dies die Ruhephasen, bis sich das nächste Bild einer sich entfaltenden Idee manifestiert.

Das von Menschen produzierte Kinobild hat nur wenige veränderte Bilder pro Sekunde, aber die Gedankenwellenbilder der Natur verändern sich über siebenhundert Milliarden Mal pro Sekunde, nämlich mit Gedankengeschwindigkeit. Dieses Prinzip ist von äußerster Bedeutung, und jeder sollte es wissen, denn so wachsen ein Baum, eine Rose oder ein Mensch. Das bedeutet, dass die Kinobilder, die aus Ihrer Saat projiziert werden, Ihre Muster über siebenhundert Milliarden Mal pro Sekunde verändern. Das bedeutet auch, dass Sie nicht so alt sind, wie Sie vielleicht denken, denn kein Teilchen Ihres Körpers ist älter als eine siebenhundertmilliardstel Sekunde. Weder Sie noch die Erde noch die Sonnen am Himmel sind älter als das. Diese sich ändernden Kinoprojektionen von Ihnen sind das, was es aussehen lässt, als würden Sie wachsen.

Betrachten Sie die kleinen Arme, Beine, Finger und Fingernägel eines Babys. Denken Sie an die kleinen Knochen in diesem Körper. Dann betrachten Sie Ihre eigenen und Ihr schnell wachsendes Haar und Ihren Blutkreislauf. Sie denken so darüber, dass derselbe Körper gewachsen sei. Aber wie? Wie wachsen Körper? Sie tun es, indem sie Milliarden Male pro Sekunde sterben und wieder neu geboren werden, und jedes Mal findet sich ein wenig mehr von dem Muster, das im Samen angelegt war. Sie tun es, indem sie neue Muster projizieren, die zu den alten hinzugefügt werden, und diese auch wieder zurückziehen und aufheben, um sofort wieder weiteren wechselnden Gedankenmustern ins Leben zu verhelfen. Darum werden Ihre kleinen Knochen groß, und Sie messen einen Meter achtzig in der Höhe. Das ist der Weg, wie ein kleiner grüner Schössling zur mächtigen Eiche heranwächst. Sie verdanken Ihre Ernährung und Ihr Leben dem Tod. Sie könnten sonst nicht leben.

Die Eiche hat sich aus einem unsichtbaren, ultramikroskopisch kleinen Samen entfaltet. Dieser Samen ist der geistige Wunsch. Während das Muster des Baumes sich aus der Saat zum Leben entfaltet und das Leben einer Eiche lebt, faltet es sich gleichzeitig wieder in Tausende von Samen ein, die in sich den Wunsch tragen, wieder zu leben. Die traditionelle Vorstellung dieses Ablaufes ist, dass eine Eiche keimt, hundert Jahre lebt, Tausende von Eicheln abwirft, dann stirbt und ihr zerfallender Körper wieder in die Erde zurückkehrt.

So denken wir auch von Menschen und allen anderen schöpferischen Dingen. Wir stellen sie uns nie als schnell überlagerte positive Bilder vor, die durch Samen-Negative aus dem Licht des Wunsches im Schöpfergeist projiziert werden. Das ist die Art, wie der erleuchtete Geist jedoch von ihnen denken sollte; und wenn Sie in dieser Weise von ihnen denken, werden Sie besser verstehen, auf welche Weise das Krebsmuster genauso ein normaler und legitimer Teil Ihres Körpers wurde wie Ihre Augen.

Um Ihnen ein Beispiel zu geben, werde ich einen Fall beschreiben, mit dem ich vertraut bin und der demonstriert, wie ein Körper, der normalerweise nicht zum menschlichen Muster gehört, trotzdem im menschlichen Körper wächst.

Vor sechs Jahren ermahnte ich einen Freund, mit Rauchen aufzuhören. Drei Jahre später ging dieser Mann zum Arzt, und dieser sagte ihm, er würde kein Jahr mehr leben, wenn er sich nicht operieren ließe, um einen Lungenkrebs zu entfernen. In der Zwischenzeit wurde ihm verboten zu rauchen. Ich war darüber nicht überrascht, denn er war Kettenraucher. Innerhalb eines Jahres starb er während der Operation, die er selbst notwendig gemacht hatte.

Die Ursache dieses Krebses lässt sich auf das Prinzip des Gleichgewichtes zurückverfolgen, das er so krass verletzt hat. Ich muss noch einmal zum Ausdruck bringen, dass die Menschen das Gesetz wissentlich oder unwissentlich verletzen. In diesem Fall missachtete es dieser Freund bewusst. Er war schon vor Jahren vor der Gefahr gewarnt worden, aber das Nikotin hatte ihn zu diesem Zeitpunkt schon versklavt, und er konnte nicht mit dem Rauchen aufhören.

Es ist interessant, sich klar zu machen, wie der Krebskörper in seinen Körper hineinwuchs. Wir wollen es Schritt für Schritt analysieren:

1. Jeder schöpferische Körper wiederholt ewig das Muster seiner Anfänge, fügt jedoch beständig etwas in dem Maße hinzu, wie der Wunsch nach Hinzufügung zunimmt. Nach Millionen von Jahren wiederholter Entfaltung der verschiedenen Muster, die so aus dem Wünschen auf der Erde – oder in der Luft, in den Meeren oder Seen – zu Leben entwickelt wurden, hat also diese wiederholte Entfaltung der Schöpfung die Spezies ergeben, mit denen wir vertraut sind. Jede Spezies zeichnet beständig jeden zusätzlichen Wunsch, jeden Gedanken und jede Tat in ihrer unsichtbaren Quelle auf. Diese Aufzeichnungen finden Milliarden Male pro Sekunde statt. Das Saatmuster ändert sich beständig, denn ihm wird beständig etwas hinzugefügt.

2. Alle Körper müssen sich in Harmonie mit ihren Mustern entfalten. Sie können gar nicht anders. Jedes Muster hat eine chemische Formel, die notwendig geworden ist, um diesen bestimmten Teil des Körpers zu produzieren. Beim Menschen gehören zu dieser Formel viele Elemente wie Eisen, Kalzium, Jod, Stickstoff und Sauerstoff. Andere Elemente als diejenigen, die zur Menschenformel gehören und in den Verhältnissen, die nötig sind, damit das Leben weitergehen kann, kehren in kleinem oder großem Maßstab sofort den Lebensprozess in einen Todesprozess um, wenn diese hinzugefügten Elemente nicht in Harmonie mit jenen stehen, die vom Menschen benötigt werden.

Wenn irgendein Element in den Körper aufgenommen wird, das nicht in Harmonie mit dieser Formel ist, schädigt dies den Körper. Wir nennen ein solches Element ein Gift. Etwas Gift kann vom Körper verarbeitet werden, aber eine große Menge – oder eine kleine Menge über einen langen Zeitraum – wird ihn langsam oder schnell, je nach Dosis, töten. Wir nennen diese Stoffe Gifte, weil sie uns töten, aber es gibt in der Natur keine Gifte in dem Sinne, wie wir das Wort benutzen. Jedes Element ist für manche andere Elemente Nahrung, für andere Gift. Unsere Sprengstoffe bestehen aus Elementen, die »giftig« füreinander sind, das bedeutet, sie sind sehr aus dem Gleichgewicht miteinander. Alle Elemente sind in ihrer eigenen Harmonie normal und gut, aber es gibt viele Harmonien in der Natur, und es können nicht alle miteinander kombiniert werden, ohne dass es chemische Missklänge gibt. *Was wir für ein Gift halten, ist nur ein Element, das nicht in Harmonie mit der Formel steht, die einen Menschenkörper erschafft.*

3. Nikotin ist ein chemisches Element, das nicht zu der chemischen Formel gehört, die in der Saat des Menschen in den letzten Jahrmillionen aufgezeichnet wurde. Ein Teelöffel reines Nikotin würde einen Menschen augenblicklich töten, wenn er es auf einmal zu sich nehmen würde. Eine

winzige Dosis von Nikotin tötet ihn nicht sofort, sondern beginnt nur, ihn über einen langen Zeitraum zu töten. Schon eine einzige Zigarette setzt den Todesprozess in Gang. Schon eine einzige Zigarette oder Zigarre beginnt, die chemische Formel des Menschenkörpers in eine andere Formel zu verändern. Ich sage nicht »in eine abnorme Formel«, denn eine neue Formel ist eine neue Normalität – aber eben nicht die normale Formel für den Menschen.

4. Die neue Formel bringt die normale in einem solchen Ausmaß ins Ungleichgewicht, dass sich Spannungen entwickeln, und diese nehmen zu, bis sie im Leben eines jeden Rauchers chronisch werden. Das bedeutet, dass ein Raucher niemals, nachdem Nikotin zu einer Notwendigkeit geworden ist, das erste Gesetz der Natur erfüllen kann, das darin besteht, jede Transaktion seines Lebens so vollständig auszugleichen, dass am Ende jeder Schwingung alle Spannungen aufgehoben sind. Das Fremdelement Nikotin, das nicht zur Formel des menschlichen Körpers gehört, verhindert diese Aufhebung. Seine Spannungen können nicht aufgehoben werden. Vollständige Ruhe und Entspannung werden für jemanden, der so süchtig geworden ist, dass dieser Stoff ihn versklavt hat, unmöglich. Ein Mann, der in tiefen Sorgen ist, kann sich nicht entspannen und fest schlafen, denn er ist nicht in der Lage, seine Spannungen aufzuheben. Der Nikotinsüchtige trägt diese Spannungen in den Schlaf, in seine Arbeit und selbst in seine Ernährung. Die Spannungen seiner Sucht wecken ihn nachts auf. Er muss nun mehr Nikotin hinzufügen, um seine neue, selbst gemachte Formel ins Gleichgewicht zu bringen. Er greift nach einer Zigarette, vielleicht noch einer, bevor er schlafen kann. Er ist Nikotin-hungrig! Genauso greift er während der Arbeit im Büro nach mehr Zigaretten, weil er nicht in der Lage ist, klar zu denken, bevor er die Anforderungen des neuen Körpers befriedigt hat und die neue Art von Hunger, den er sich selbst erschaffen hat, gestillt ist.

5. Jeder lebendige Körper ist gleichzeitig im Sterben begriffen. Er kann nur weiterleben, weil und solange er die beiden aufbauenden Kräfte, die ihn lebendig erhalten, hinreichend im Gleichgewicht halten kann, um das abbauende Paar davon abzuhalten, ihn sterben zu lassen. Ein einfaches Beispiel ist das Gleichgewicht, das jeder lebendige Körper zwischen Säure und Base aufrechterhalten muss. Wenn man diese beiden hinreichend im Gleichgewicht hält, erzeugen sie Lebendigkeit für einen Körper. Wenn dieses Gleichgewicht stark gestört ist, werden dieselben beiden ihn schnell zerfallen lassen.

Leben und Tod sind gleichwertig. Solange wir sie gleichwertig halten, werden wir unseren normalen Lebenszyklus normal vollenden. Wir sind dann in der Lage, die Spannungen aufzuheben, und dies gibt uns die notwendigen Ruheperioden zwischen unseren Aktivitäten. Wenn wir etwas tun, wodurch sie ins Ungleichgewicht geraten, verkürzt sich unsere normale Lebensspanne in dem Maße des Ungleichgewichts, und in der Zwischenzeit bekommen wir verschiedene Krankheiten. Mit anderen Worten: *Sie lösen in dem Moment selbst den Sterbeprozess aus, wo Sie dem Tod eine größere Gelegenheit geben, Ihren Körper zu zerstören, als dem Leben, Ihren Körper aufzubauen.*

6. Wenn Sie beginnen, langsam zu sterben, indem Sie durch Ignoranz der Lebensgesetze den Tod dazu einladen, Ihren Körper zurück zur Erde zu nehmen, ändern Sie die Chemie Ihres Körpers. Sie entwickeln Toxine. Die Toxine nehmen in dem Maße zu, wie die Spannungen zunehmen. Toxine und Spannungen bringen Sie um. Vielleicht ganz langsam oder sehr schnell, aber Toxine und Spannungen bringen Sie so sicher um, wie auf den Tag die Nacht folgt.

Toxine und Spannungen beginnen sich in einem Menschenkörper von dem Augenblick an zu vervielfachen, wo er die normale chemische Formel, die seinen Stoffwechsel in einem ausgewogenen Zustand hielt, zu ändern beginnt. Von diesem Augenblick an, beginnt er zu sterben, indem er *neues Leben in seinem Körper erschafft, das nur von sterbenden Teilen seines eigentlichen Körpers leben kann.* Normalerweise wäre er in der Lage gewesen, diese sterbenden Anteile naturgemäß auszuscheiden.

7. Was sind Toxine? Toxine sind die Umkehrung der Chemie, die Sie leben und wachsen lässt, und die Sie nun sterben lassen will.

Toxine sind die saure Milch, die süß war – der faulige Fleck auf dem lebendigen Pfirsich – die Gärung von frischem Obstsaft – die Grimasse, die ein Lächeln war – der Hass, der Liebe war – das Kohlendioxid Ihres Atems, das Sauerstoff war.

Toxine sind die radioaktive Chemie des Todes, aus der die aufbauaktive Chemie des Lebens entsteht. Sie sind die Todeshälfte des Lebenskreislaufes.

Jedes Toxin, das einen Menschen tötet, macht ihn auch lebendig, wenn Sie seinen Tod in der Erde begraben, damit er als Leben wiederauferstehen kann. Kohlendioxid tötet einen Menschen, wenn er es einatmet, aber wenn Sie es in der Erde begraben, gibt es den Pflanzen und Wäldern Leben, die seinen Kohlenstoff zu ihrer Ernährung brauchen, um für die Ernährung anderer Lebensformen – zum Beispiel des menschlichen Lebens – Sauerstoff abzugeben.

Jeder lebendige Körper trägt in sich die Saaten des Todes, die in den Körpern harmlos sind, wenn sie im Gleichgewicht mit den vitalisierenden elektrischen Kräften sind, die einen Körper so stark aufladen, dass es die natürliche Entladung wettmacht. In dem Augenblick, wo Körper zu zerfallen beginnen oder Teile von ihnen absterben – was bedeutet, dass sie sich mehr entladen als aufladen –, warten Todesprozesse auf ihre Gelegenheit, um ihre normale Aufgabe zu vollbringen, nämlich Körper zu ihrer Geburtsquelle zurückzubringen. Aus einem solchen Zerfall werden neue Arten lebendiger Körper wie Magengeschwüre, Tumore, Krebsgeschwüre, Kröpfe und viele Arten wachsender Körper geboren. Diese sind jedoch keine Krankheiten. Sie sind normale lebendige Körper, die aus zerfallenden Körpern geboren werden. Sie alle haben die Eigenschaft gemeinsam, dass sie alle von den im Sterben liegenden Teilen Ihres Körpers leben.

Der zerfallende Pfirsich ermöglicht winzigen Fliegen und zahlreichen anderen Organismen das Leben. Die Saat dieser anderen Lebensformen ist so notwendig ein Teil der Formel zur Erschaffung eines Pfirsichs, wie die Haut eines Pfirsichs Teil dieser Formel ist. Wenn man die sterbenden Teile eines lebenden Pfirsichs riecht, ist es ein angenehmer Geruch, aber je mehr der Pfirsich stirbt, umso übler wird sein Geruch, bis seine »Gifte« zum Erbrechen reizen.

Ein komplexerer, lebender Körper – wie der Körper eines Tieres – gebiert Tausende von Lebensformen, während der Lebensprozess allmählich den ganzen Körper zersetzt, um ihn in das Grab der Erde zurückzuführen, der auch sein Mutterschoß war.

Der angenehme Geruch lebendiger tierischer Körper verwandelt sich schnell in Gestank, während zahllose lebende Insekten und Fliegen aus seinem toten Körper geboren werden und von ihm leben. Ein solcher toter Tierkörper wird aus seinen sich vervielfältigenden Giftstoffen so viel Leben entwickeln, dass man ein ganzes Dorf damit umbringen könnte, wenn er nicht in den Zerfall, aus dem er kam, begraben würde.

Der tote Körper eines Menschen oder eines Pferdes führt in kurzer Zeit zur Entstehung von Millionen Lebewesen, deren Saat in der Samenformel des Menschen oder Pferdes angelegt war, genauso legitim, wie das Muster für die Augen dort war. Der Kreislauf des Lebens kann sonst nicht abgeschlossen werden.

8. Leben ist unmöglich, wenn es keinen Zerfall gibt. Beides ist gleichermaßen notwendig. Je größer der Zerfall, umso üppiger die daraus erwachsenden Lebensformen. Der Zerfallsprozess erfordert ein Gleichgewicht zwischen Trockenheit und Feuchtigkeit, genauso wie der Lebensprozess ein Gleichgewicht zwischen basischem und saurem Milieu erfordert.

Trockene Wüsten ermöglichen Leben nicht in der Üppigkeit, wie feuchte Dschungel es tun. Auf einem Planeten wie Merkur sind organische Lebensformen unmöglich, weil seine Oberfläche aus trockenen, heißen Mineralien besteht. Es gibt dort keinen Abbau, in dem die Feuchtigkeit mit Trockenheit ausbalanciert wird. Auf unserem Planeten ist allerdings praktisch die gesamte Landoberfläche hinreichend abgebaut, um üppiges Leben hervorzubringen. Alte Gebirge, wie unser Blue Ridge Mountain und andere weiter östlich gelegene Berge, tragen meterdicke abgestorbene Schichten auf sich, die viel Leben hervorbringen. Unsere westlichen und nördlichen Tiefebenen besitzen eine noch dickere Zerfallsschicht, während die vergleichsweise jungen Berge in einigen Teilen des Westens trockener Stein sind und noch nicht lange organisches Leben hervorbringen.

9. Menschenkörper traten aus dem Tod dieses Planeten ins Leben. Jedes von diesem Planeten ausgegebene Leben muss ihm gleichwertig zurückgegeben werden.

Das Leben kam nicht als Leben allein. Und das Leben baute sich auch nicht allein als Leben auf. Es kam in Schwingungen von Leben und Tod. Es kam in den Geist-denkenden elektrischen Pulsierungen, die alle Körper erschaffen. Die elektrischen Gedankenpulse, die Ihren Körper erbauen, sind den Todeskräften, die ihn zersetzen, gleichwertig. Sie wechseln sich allerdings damit ab, wer stärker ist als der andere. Es ist, als würden Leben und Tod auf ewig miteinander Wippe spielen. Das bedeutet, dass Sie fast genauso schnell sterben, wie Sie leben, ungefähr vierzig Jahre lang, und dann sterben Sie schneller, als Sie leben, für etwa weitere vierzig Jahre.

Ein gesunder, normaler Körper wirft seine Todespulse in einem ständigen Strom ab. Ihr Hund kann diese Todespulse kilometerweit verfolgen, in dem Wissen, dass sie zu Ihrem Körper gehören. Das Parfüm einer Rose oder eines Veilchens ist ihr Tod, den sie in gleicher Weise von sich wirft, und Ihr Geruchssinn ist scharf genug, um selbst im Dunkeln die Gegenwart dieser sterbenden Körper wahrzunehmen.

Der Raucher, der sein Körpermuster geändert hat, indem er Nikotin zu seiner natürlichen Formel hinzugefügt hat, wirft seine normalen sterbenden Teile nicht in einem normalen Strom ab. Da er nicht in der Lage ist, seine Kreisläufe von Leben und Sterben vollständig auszubalancieren, so dass keine Spannungen von dem einen Kreislauf in den nächsten getragen werden, häuft er diese unausgewogenen Spannungen an, bis der normale menschliche Geruch seiner sterblichen Teile nicht mehr so gut riecht wie bei einem Menschen, der normal lebt und stirbt. Diese sich anhäufenden Spannungen haben nun starke Toxine entwickelt, welche die normale chemische Formel seiner normal sterbenden Teile so entscheidend beeinträchtigen, dass sein Körpergeruch wahrnehmbar mit Nikotin getränkt ist. Sein Körper ist in einem ganz kleinen Ausmaß eine Bedrohung für das Leben aller anderen Menschen geworden – die Bedrohung für das Leben anderer Menschen durch ein sterbendes Tier ist jedoch größer.

Der Nikotin-infizierte Körper faltet seine veränderten Muster zurück in seinen Samen, denn jeder Gedanke und jede Handlung eines Menschen wird beständig in seinem Samen aufgezeichnet und beeinflusst dessen Muster. Mindestens drei Generationen müssen verstreichen, bevor die Natur diesen Fehler in der menschlichen Struktur vollkommen wiedergutmacht; und während dieser Phase wird diese vererbliche Durchtränkung den Nachwuchs des Rauchers beeinträchtigen, so wie Syphilis dies in einem größeren Ausmaß tut. Die Angewohnheit des Rauchens ist ein großer Fluch, den die Menschheit sich selbst auferlegt hat.

Eine Frau, die während der Schwangerschaft raucht, wird ein Kind zur Welt bringen, das viel leichter drogensüchtig wird als ein Kind, dessen Körperformel von dieser Durchtränkung frei ist. Wenn Männer und Frauen generationenlang rauchen, wird der Samen dies schließlich als seine neue Formel akzeptieren. Körperzerstörende Drogen würden allmählich den Geist hinreichend herabdämpfen, um seine weitere spirituelle Entfaltung zu verhindern, bis die Natur ihr normales Gleichgewicht für den Menschen wiederhergestellt hätte. Das könnte Hunderte von Generationen dauern. So arbeitet die Natur. Sie wehrt sich zuerst, aber fortgesetzter Wunsch nach einer anderen Art Körper ist ein Befehl an die Natur, dem sie sich unterwerfen muss.

Kein Raucher realisiert, dass die sich anhäufende giftige Materie, die er eingeladen hat, ein Teil von ihm zu werden, das Leben in Tausenden von Teilen seines Körpers zersetzt und dass der Gestank einen sensiblen Magen, der empfindlich gegen Nikotin ist, zum Erbrechen reizen kann. Wenn die Nikotinvergiftung gleichmäßig über den Körper verteilt ist, mag ein Raucher sein Leben vollenden, ohne Krebs oder Tumore zu gebären, aber wenn das Toxin des Zerfalls nicht ausgeschieden werden kann, verursacht das Nikotin eine Reizung, die toxisch wird, und der Körper kann die sterbenden Teile nicht schnell genug abwerfen. Dann zerfallen sie *innerhalb* des Körpers und werden Nahrung für einen anderen Körper, der aus den sterbenden Teilen des Körpers wächst, die nicht normal ausgeschieden werden konnten.

Das zugrunde liegende Prinzip ist die Tatsache, dass Zerfall überall wieder zu neuem Leben in irgendeiner Form führt. Wenn der Zerfall im Körper bleibt, wird er Leben ausbrüten, das sich von diesem Körper nährt und ihn zerstört. Das ist Teil des natürlichen Prozesses, Körper zu ihrem Geburtsort zurückzubringen.

Krebserkrankungen sind nur eine Art von Körper, welche die Natur aus den durch Spannung geschaffenen Giftstoffen menschlicher Körper erzeugt. Es gibt Tausende solcher Formeln in verschiedenen Tieren, aber viele sind für Menschen charakteristisch und treten bei Rindern oder Geflügel nicht auf. Andere sind charakteristisch für Rinder und Geflügel und treten bei Menschen nicht auf.

Was für Krebs gilt, gilt in gleicher Weise für jede andere sogenannte Krankheit, die einen Teil des Körpers vor der Zeit tötet. Toxine entwickeln sich aus solchen Spannungen im Blut, in der Haut oder in den Knochen, die sich nicht entwickelt haben könnten, wenn jede Transaktion zwischen Körperaufbau und Charakteraufbau immer im Gleichgewicht wäre.

Selbst eine normale Erkältung demonstriert dieses Prinzip der Unausgewogenheit. Die Erkältung wird durch einen Unterschied zwischen dem Temperaturzustand eines Menschen und den Temperaturbedingungen seiner Umgebung bedingt, die eine plötzliche Kondensation in Teilen des Körpers verursacht. Egal, wie viel Wissen ein Mensch hat, er kann sich unmöglich immer vor Erkältungen oder verschiedenen anderen Erkrankungen schützen, die seine Umgebung ihm auferlegt; denn kein Mensch hat die Zeit, alle Bedingungen in allen Transaktionen des Lebens zu messen und auf die Goldwaage zu legen. Bedingungen, die nicht unter seiner persönlichen Kontrolle liegen, treten auf und führen dazu, dass er seine körperliche Kraft ins Ungleichgewicht bringt. Dann ist seine Widerstandskraft geschwächt, und ein unausgewogener Zustand in seiner Umgebung wird ihn beeinflussen. Alles Wissen eines Weisen wird ihn nicht gegen die Wirkungen seiner Umgebung immunisieren.

Man wird vielleicht geschwächt, ohne es immer vermeiden zu können, wenn man mit Gift gespritzte Früchte isst, oder Nahrung, die mit künstlichen Düngemitteln angebaut wurde. Unter solchen Umständen erschwert die Umgebung es dem Menschen, seinen Körper zu lenken, obwohl die Schuld teilweise bei ihm liegt, dass er seiner Umwelt ermöglicht, ihn zu verletzen. Wenn er um diese Gefahren weiß, sollte er zumindest davor auf der Hut sein und auch wissen, dass es für die Umgebung schwierig wäre, ihm eine Erkältung zu verabreichen, wenn er seinem Körper nicht erlaubt hätte, müde zu werden; er hätte das Gesetz in dieser Hinsicht nicht brechen sollen.

Selbst sehr bedeutende und gebildete Menschen, die das Gesetz kennen, verletzen es ständig und wissentlich. Es liegt einfach in unserer Natur, denn kein Mensch ist vollkommen und will es auch nicht wirklich sein. Der Mensch möchte etwas *jetzt* fertig bekommen, selbst wenn er vor Müdigkeit fast umfällt. Das macht ihn für so viele Übel anfällig, die ihm nichts anhaben könnten, wenn er normal vital wäre, aber es sagt uns auch, dass wir niemals zu einem Heiligen oder Weisen sagen sollten: Mit Ihrem Wissen sollten Sie sich diese Erkältung nicht eingefangen haben! Die einzige Antwort darauf ist, dass er weiß, warum und wie er etwas Unerfreuliches für sich selbst angerichtet hat und auch weiß, wie er es umkehren und aufheben kann, denn er hat die Kraft und Macht dazu.

Es gibt noch viele weitere Gründe, warum wir die Ursachen dafür setzen, dass Teile unseres eigenen Körper schneller sterben, als die Natur die sich zersetzenden Teile auf normalem Wege ausscheiden kann. Wir haben beschrieben, wie die veränderte Formel für einen Menschenkörper Toxine anhäuft, die einen Teil einer Lunge zersetzen und so zwangsläufig eine neue Art von Leben folgen lassen.

Das folgende Beispiel berichtet von einer anderen Art, Spannungen aufzubauen. Die sich daraus ergebenden Toxine, die dieselbe Wirkung haben, tragen nämlich dazu bei, dass die Menschen schneller als gewöhnlich sterben. Dieses Beispiel handelt von emotionalen Spannungen des Temperaments und von mechanischen Spannungen des missbräuchlichen Umgangs mit dem Körper, die hauptsächlich den Bauch, den Kopf und das Herz betreffen. Zum besseren Verständnis der beteiligten Prinzipien in diesem Beispiel ist es notwendig, einen Rückblick in die Körpergeschichte zu machen und einige neue Gedanken vorzustellen, die nicht Teil des traditionellen Denkens sind.

1. Stellen Sie sich vor, Sie wären der General einer großen Armee oder der Staatschef eines großen Volkes, mit so unterschiedlichen Temperamenten wie Eisenhower, Churchill, Hitler oder Stalin. Würden Sie denken, dass Sie wichtige Entscheidungen treffen und einschneidende Handlungen durchführen könnten, ohne dass es Ihre Offiziere und Soldaten, Ihre Minister oder die Millionen von Menschen, deren Führung Ihnen anvertraut ist, beeinflusst? Glauben Sie, dass ein solcher Mensch eine getrennte und unabhängige Untereinheit der Schöpfung ist?

2. Können Sie erkennen, wie unterschiedlich die Stimmung im Lande wäre, je nachdem, wer Staatschef ist und welche Art von Nachricht oder Botschaft er verbreiten würde?

Glauben Sie, Ihre Untertanen würden unberührt davon bleiben, wenn Sie plötzlich ihren friedvollen Bestrebungen mit dem Befehl, morgen als Soldaten in den Krieg zu ziehen, ein Ende setzen würden? Würde dies nicht bei Tausenden von Familien intensive Emotionen und Hysterie verursachen?

3. Stellen Sie sich nun die Millionen und Abermillionen Menschen vor, die nötig sind, um eine Nation zu bilden, und wie lange es gedauert hat, aus einigen Wenigen ein riesiges Staatsgebilde zu erbauen.

4. Nun stellen Sie sich die verschiedenen Städte und Dörfer, die Straßen und anderen Transportwege vor, die vielen Wasserleitungen, die Vernetzung der Kommunikationswege, die Elektrizitätswerke, Müllverbrennungsanlagen und anderen Fabriken, die zur Versorgung notwendig sind – ganz abgesehen von chemischen Labors und anderen Einrichtungen. Sie alle sind notwendig, damit nur die grundlegenden Vorgänge in einem Staat funktionieren. Dann fügen Sie die Verwaltung und die Ministerien hinzu, die für dieses riesige Gebilde die Entscheidungen treffen.

5. Nun stellen Sie sich ein eher unbedeutendes Ereignis vor, nämlich den Brand im Lebensmittelgeschäft einer Kleinstadt. Eine bestimmte Anzahl von Menschen ist von diesem Ereignis betroffen, aber nicht lebensbedrohlich, und die Betroffenheit geht nicht über die unmittelbare Nachbarschaft hinaus. Egal, wie wenige allerdings beeinträchtigt sind, ein gemeinsames Band der Sympathie erstreckt sich von den Nachbarn zu den Opfern, und aus vielen Ecken kommt Hilfe.

6. Erinnern Sie sich daran, was geschah, als das Lindberg-Baby entführt worden war, wie alle Mensch im Land das Leid der Eltern teilte? Dieses tragische Ereignis berührte die Herzen der Menschen auf der ganzen Welt.[23]

Diese beiden Fragen sind gestellt worden, um die Tatsache zu veranschaulichen, dass eine Stadt, eine Nation oder die Welt nicht allein, als getrennte und unabhängige Untereinheit existiert. Was irgendjemanden verletzt oder ihm hilft, verletzt oder erhebt alle. Mit den Fragen sollte die Entsprechung zwischen einem Menschen und einem ganzen Volk (von Zellen) aufgezeigt werden.

Der Aufbau eines menschlichen Körpers und des Körpers einer Nation gleichen sich in jeder Hinsicht. Der menschliche Körper geht aus einer einzelnen Untereinheit hervor, zu der sich immer mehr hinzufügt, bis es Billionen von Zellen sind. Während all dieser Vorgänge hat Gott mit dem Menschen gearbeitet, um dessen Wünsche zu erfüllen, und der Mensch hat mit Gott gearbeitet, um Gottes Kräfte zu manifestieren.

Wunschkraft hat die Nation erbaut, und Wunschkraft baute auch genauso den Menschen. Der Wunsch einer einzigen Untereinheit vervielfachte sich zum Wunsch vieler Einheiten.

Im Laufe von Jahrmillionen hat der Wunsch hier und dort und überall neue Teile zum menschlichen Körper hinzugefügt, Leitungen für Arterien, isolierte Verdrahtung für die Kommunikation, chemische Industrieanlagen für Verdauung, Blut, Zucker, Adrenalin und andere Bedürfnisse des Körpers, ein Ausscheidungssystem für den Müll und buchstäblich Hunderte anderer mechanischer, elektrischer, chemischer und hydraulischer Fabrikanlagen. Es ist unmöglich, die Wunder des menschlichen Körpers aufzuzählen, die durch Wunschkraft dort verankert wurden. Es sind mehr Wunder als in jeder von Menschen erbauten Stadt oder Nation.

In einer Stadt rast der Krankenwagen heran, um Verwundeten Erste Hilfe zu leisten. Im menschlichen Körper gibt es ein ganzes Regiment weißer Blutkörperchen, die auch den kleinsten Schnitt oder Stich in der Haut sofort heilen.

In einer Stadt werden Feuer unmittelbar nach ihrem Ausbruch gelöscht, und die Natur löscht auch das Fieberfeuer, wenn es beim Menschen auftritt. Zehntausend mal zehntausend Drähte tragen Botschaften über das ganze Land, so wie es auch der menschliche Körper in jedem wachen Augenblick tut.

Es sterben und zerfallen Millionen menschlicher Körper in der Erde, um Millionen weiteren Körpern die Geburt zu ermöglichen, genauso wie Millionen Blätter von Bäumen sterben und die Erde fruchtbar machen, so dass diese weitere Bäume wachsen lassen kann.

Der wichtigste Gedanke hinter all diesen Fragen und Anmerkungen ist die eine Idee der gegenseitigen Nützlichkeit und Vernetzung jeder Einheit in der Schöpfung mit jeder anderen Einheit. Der zweitwichtigste Gedanke ist die Wirkung, die jede Einheit auf jede andere Einheit hat.

Warum hat Gott dem Menschen weiße Blutkörperchen oder Adrenalindrüsen gegeben, Ellbogen oder Kniegelenke mit ihren Gleitsystemen und tausend andere Erfindungen für seinen Körper? Gott tat dies, weil der Mensch all das brauchte, um Ihn zu manifestieren. Aus diesem Grund sind seine Körperfunktionen von entscheidender Bedeutung für den Menschen, aber damit sie ihm dienen können, muss er ihnen dienen und sie in gutem Zustand halten, indem er sie mit allem Notwendigen versorgt. Er muss seine Organe insbesondere frei von Spannungen halten, damit sie immer wieder in die Ausgewogenheit zurückkehren können.

7. Können Sie sich vorstellen, wie ein Stalin den Befehl für eine umfassende Säuberung an seine Polizei schickt, ohne dass dies von einer Welle der Angst begleitet wird, die durch das gesamte Volk geht? *Es fällt dem Menschen nicht auf, dass ein Anfall heftiger Wut in gleicher Weise jede einzelne der Millionen*

Untereinheiten seines Körpers, die seinen Zwecken dienen, beeinträchtigt. Jede Drüse in seinem Körper, jedes chemische Labor und jedes Elektrizitätswerk wird diesen Wutanfall sofort fühlen. Ungeheure Spannungen entwickeln sich in seinem gesamten Körper mit der chemischen Wirkung, dass die Toxine, die sich durch die sterbenden Teile sowieso ansammeln, sich so vervielfachen, dass der Mensch sie nicht mehr auf normalem Wege ausscheiden oder abbauen kann.

8. Wenn Sie einen Motor haben, der auf tausend Umdrehungen pro Minute ausgelegt ist, und Sie fahren ihn viele Stunden lang mit zwölfhundert Umdrehungen, dann werden Sie sich nicht wundern, wenn diese Maschine eines Tages aufgrund der besonderen Spannungen und Belastungen, die Sie ihr auferlegt haben, auseinanderfliegt. Wenn Ihr Arzt Ihnen sagt, dass Sie unter Umständen nur noch ein Jahr zu leben haben, weil Sie dasselbe mit Ihrem Körper gemacht haben, wundern Sie sich, wieso die Herz»krankheit« Sie befallen haben sollte? Als Ihr Motor in Stücke flog, hielten Sie das nicht für eine Krankheit, sondern Sie wussten, dass es sich um das natürliche Ergebnis einer Überlastung handelte. Sie wussten, dass im Hintergrund eine von Ihnen verletzte Gesetzmäßigkeit stand, und dass der Schaden an der Maschine mit einem Bruch des Gesetzes durch Sie zusammenhing und nicht mit einer Krankheit in der Maschine.

9. Jeder Teil des menschlichen Körpers ist nützlich. Alles Erschaffene ist sinnvoll. Weiße Blutkörperchen wurden Teil des menschlichen Körpers, als sie notwendig wurden, genauso wie Adrenalin- und andere Drüsen hinzugefügt wurden. Genauso wurden in den Städten Feuerwachen eingerichtet, als sie erforderlich wurden. Diese Teile des Körpers sind nur chemische Materieelemente. Wir können sehr wahrheitsgemäß sagen, dass sie nichts wissen, wie kann also Kalzium oder Kohlenstoff von dem Temperament eines Menschenkörpers beeinflusst werden, von dem sie ein Teil sind?

Es ist wahr, dass diese Körperstrukturen nichts aus sich selbst heraus wissen, aber sie sind Erweiterungen Ihres Seins und müssen Ihnen dienen, so wie Sie ihnen dienen; sie nehmen elektrische Impulse auf, um Ihnen gehorchen zu können. Wenn Sie sich in den Finger schneiden, eilen bestimmte Teile Ihres Körpers und Blutkreislaufs sofort zur Stelle, um diese Verletzung zu reparieren, so wie die Feuerwehrautos einer Stadt zu einem Brand rasen. Alle Körperstrukturen müssen der Intelligenz gehorchen, deren Erweiterung sie sind. Sie müssen ihren Zweck erfüllen, und jede wird auch gebraucht, um ihrem Zweck zu dienen. Wenn Sie einen Teil des Körpers verletzen, wird der gesamte Körper davon beeinträchtigt.

10. Ihr Körper ist eine elektrische Maschine. Er erträgt eine normale Belastung. Wenn Sie ihn in vielen Teilen überlasten, bringen Sie ihn aus dem Gleichgewicht, worauf sich Spannungen in ihm aufbauen. Er wird wie ein Rad, dessen Achse nicht zentriert ist. Je schneller Sie die Maschine drehen, um so mehr vibriert das Rad. Sie sind die Intelligenz, die diese Maschine befehligt. Welches Ungleichgewicht in Ihrem elektrischen Denken auch sein mag, es überträgt sich sofort auf Ihren elektrischen Körper und zeichnet Ihr unausgewogenes Denken in Form von Spannungen auf. Wie diese Spannungen Ihren Körper beeinträchtigen, wissen Sie nicht. Vielleicht ist es Ihr Herz, vielleicht Ihre Wirbelsäule oder Ihr Gehirn, oder es ist Ihr Nervensystem, mit Folgen für Ihren Blutkreislauf, was zu Arthritis, Bluthochdruck oder sogar Leukämie führen würde, wenn der Schock der Schwingungsspannungen so groß ist, dass er die aufbauenden Kräfte, die den Blutkreislauf beleben, in ihr Gegenteil verkehrt.

Unabhängig davon, wo die sich anhäufenden Spannungen in Ihrem Körper Toxine erschaffen, um ihn bei seinen Todesprozessen zu unterstützen, sind die Ergebnisse keine Krankheiten. Sie sind normale Wirkungen, die unseren Körper entweder aufbauen oder zerstören, und beide sind gut. Wo unausgewogene Spannungen zur Bildung von Toxinen führen, wird dies in jedem Fall zu einer weiteren Belastung für das Herz, den Blutkreiskauf und die Vorgänge, mit denen kontinuierlich die Millionen Teile unseres Körpers, die ständig sterben, ausgeschieden werden.

11. Ihr Körper ist ein chemisches Gemisch und ein hocheffizientes, mit allen nötigen Apparaten ausgestattetes Labor, um die chemischen Elemente, die einen Menschenkörper ausmachen, in die chemische Formel für den Körper als Ganzes und die getrennte Formel für die Tausende seiner Einzelteile zu verwandeln. Der größtmögliche Irrtum besteht in der Annahme, dieses riesige chemische Labor würde automatisch arbeiten, um Ihren Körper normal wachsen zu lassen. Selbst wenn er beständig mit dem Rohmaterial, das er für die Umwandlung braucht, versorgt würde, arbeiten seine gesamten Abläufe genauso bereitwillig auf Ihren Tod hin, wie sie jetzt auf Ihre Vitalisierung mit Leben hinarbeiten.

Ihr Körper ist nicht nur, was Sie denken, er ist auch, was Sie essen. Was Sie denken, steuert die Chemie, die entweder belebt oder schwächt; und was Sie essen, steuert das Gleichgewicht zwischen den Materialien, die für Ihren Körper erforderlich sind.

Es ist Ihnen vielleicht nicht klar, aber freudige, glückliche Gedanken richten das gesamte chemische Labor in Ihrem Körper auf Vitalisierung aus.

Auch die elektrische Polarität vervielfacht dann ihr Potenzial. Umgekehrt stören ärgerliche, missmutige oder zynische Gedanken das Säure-Basen-Gleichgewicht und schwächen Ihre gesamte Körperchemie. Die größte Unterstützung für ausgewogene Gesundheit ist ein fortgesetzter Zustand innerer Freudigkeit. Der Zustand des Göttlichen Geistes ist beständige Ekstase. Je mehr wir uns diesem Zustand annähern können, desto mehr halten wir unseren Körper im Gleichgewicht und frei von Spannungen. Lassen Sie mich nochmals wiederholen, dass Spannungen jene Teile bei jeder mentalen oder physischen Aktion sind, die nicht aufgehoben werden, weil die Transaktion unausgewogen ist. Toxine sind jene Restspannungen, die den Todesprozess überall dort im Körper begonnen haben, wo sich unter ihrem Einfluss die Polarität umgekehrt hat, was dann auch die chemischen Abläufe in ihr Gegenteil verkehrt.

12. Jede Emotion in Ihrem Leben wirkt sich sofort auf die Chemie aus, die entweder Ihre Lebens- oder Ihre Todesvorgänge stärkt. Alle Emotionen werden in Gedankenkreisläufen ausgedrückt. Elektrische Gedankenkreisläufe müssen abgeschlossen werden, indem sie aufgehoben werden. Unausgewogene Gedankenkreisläufe zerstören den Körper im Maß Ihrer Unausgewogenheit.

Glück und eine freudige Veranlagung sind unmöglich, wo emotionale Störungen das Nervensystem und den Körperstoffwechsel aus dem Gleichgewicht bringen. Diese produzieren Nahrung für Frustration und Sorgen. Die Verdauungschemie gerät aus der Balance, und der Zerfall sterbender Teile des Magens liefert Nahrung für andere Lebensformen, die wir als Magengeschwüre kennen. Wenn die Toxinüberschüsse sich mehr im Nervensystem ablagern, ergeben sich daraus Hirnstörungen und Wahnsinn. Die psychiatrischen Einrichtungen sind voll mit Menschen, die sich ihre Störungen selbst erschaffen haben.

Ich betone allerdings nochmals, dass es sich bei diesen Effekten nicht um Krankheiten handelt, sondern nur um die Wirkungen, die Menschen in sich selbst erschaffen, weil sie noch nicht gelernt haben, ein ausgewogenes Emotionalleben zu führen.

13. Die Zahl der »degenerativen Erkrankungen« hat stark zugenommen. Dafür sind die Nahrungsverarbeitung und -verfälschung sowie auch ungeeignete Düngemethoden verantwortlich. Diese Wirkungen sind jedoch keine Krankheiten, sie sind Unvollkommenheiten des Körpers, die entstanden sind, weil dem Körper die geeigneten Materialien fehlten, die seine chemischen Labors gebraucht hätten, um den Menschenkörper gemäß der Formel zu bil-

den. Man könnte genauso gut von der degenerativen Krankheit einer Schreibmaschine sprechen, wenn der Hersteller nicht genügend Kohlenstoff, Wolfram oder Kobalt gehabt hätte, um das Eisen zu härten oder wenn er anstelle von Eisen Blei hätte nehmen müssen. Wenn ein Baby Rachitis bekommt, weil es nicht genügend Kalzium erhalten hat, so dass seine Körperlaboratorien keine hinreichend festen Knochen herstellen können, oder wenn eine Frau einen Kropf bekommt, weil sie nur Gletscherwasser getrunken hat, dem Jod fehlte, oder wenn ein Seemann an Skorbut leidet, weil er zu wenig grünes Gemüse und zu viel salziges Fleisch gegessen hat, kann man nicht sagen, dass es sich hierbei um Krankheiten handelt. Es sind nur die *Wirkungen* von Spannungen, die in sich ausgeglichene elektrische Kreisläufe unmöglich machen. Die Spannungen, die sich so entwickeln, führen zur Toxinbildung, und diese vervielfachen die Todesprozesse anstelle der Lebensprozesse.

14. Eine große Gruppe von Krankheiten wird als infektiös und bösartig bezeichnet. Wieder sage ich, dass es sich nicht um Krankheiten handelt, sondern um ganz normale Vorgänge. Sie sind sinnvolle und notwendige Abläufe, und etwas Natürliches kann nicht begründet als Krankheit bezeichnet werden.

Wenn ein Pfeil Ihren Körper durchbohrte, würde dies als natürliche Wirkung bezeichnet werden, obwohl es Sie umgebracht hat. Wenn ein Moskito Ihre Haut durchbohrt und beim Einstich eine andere Form des Lebens hinterlässt, die sich dann millionenfach vervielfacht und sich von den sterbenden Teilen Ihres Körpers ernährt, ist dies eine genauso natürliche Wirkung, als würde sich ein Schwarm von Heuschrecken über Ihre Felder hermachen und sich von Ihren Bäumen ernähren. Wenn Sie diesen kleinen Moskitos genügend Chinin verabreichen, werden sie dezimiert, genauso wie Sie die Heuschrecken mit Gift dezimieren würden, um Ihre Felder zu retten. Wenn allerdings Ihr Körper im Gleichgewicht wäre, hätte die generative Fähigkeit, Ihre sterbenden Teile loszuwerden, mehr als ausgereicht, um Ihren Körper gegen die Macht aller Infektionen oder Bösartigkeiten, die Sie befallen könnten, zu immunisieren. Alle Körper, die wir infektiös nennen, sind Körper (oder Keime, wenn Sie so wollen), die von totem und zerfallenem Fleisch leben.

Der Schöpfer hat für die Rückkehr von Körpern zu ihrer Quelle mit genauso viel Genialität gesorgt wie für ihr Auftauchen. Die Rückkehr zu einem anderen Leben verläuft bezüglich Richtung sowie elektrischer und chemischer Effekte einfach entgegengesetzt, aber beide Richtungen sind normal und gleichermaßen notwendig. Von der Chemie des Lebens her ist jedes lebendige Ding, das Sie essen, chemisch im Rhythmus mit Ihrem Körper. Ihr

Körper wird wie eine Batterie elektrisch polarisiert oder aufgeladen. Wenn die Nahrung, die Sie essen, schon lange genug tot war, um in Kompostierung überzugehen, vervielfacht ihre Chemie die toxischen Wirkungen in Ihrem Körper. Was Sie heute ernährt, könnte Sie umbringen, wenn Sie es nächste Woche äßen. Wenn es Ihren Magen erreicht, wird es als Gift bezeichnet, und wenn es Ihr Gewebe erreicht, heißt es Infektion.

Ein glücklicher Hund könnte Sie beißen, ohne Sie zu infizieren, aber ein wütender Hund könnte Sie infizieren, wenn er Sie beißen würde, denn seine gesamte Körperchemie kehrt sich in einem solchen Moment unmittelbar um, genauso wie Ihre gesamte Körperchemie sich umkehrt, wenn Sie sehr wütend werden oder Hass empfinden. Sie könnten also einen anderen Körper infizieren, indem Sie ihn in einem solchen Moment beißen, aber mit Sicherheit infizieren Sie sich selbst, indem Sie das Todesprinzip in voller Kraft loslassen, so dass es Ihren Körper wieder in Erde verwandelt. Das bringt Sie vielleicht nicht um, aber es könnte Sie umbringen. Es könnte Ihnen Krämpfe verursachen, die aus Ihren eigenen Giften stammen. Oder es könnte eine Schwachstelle in Ihrem Körper finden und dort einen Krebs oder Tumor bilden.

Ein Pocken- oder Gelbfieberkeim ist ein lebender Körper, dessen Chemie sich im Gegensatz zu Ihrer Chemie befindet. Wenn einer von diesen Keimen in Ihren Blutkreislauf eintritt, wird er sich dort von Ihrem *lebenden* Fleisch ernähren, genauso wie ein Tumor sich von Ihrem sterbenden Fleisch ernährt.

Zusammenfassung

Im ganzen Universum gibt es nur Leben, das vom Tod erstanden ist, um Leben zu werden – und Tod, der vom Leben erstanden ist, um Tod zu werden. Das ist alles, was es gibt. Mehr gibt es nicht.

Das, was Gott uns gibt, nennen wir Leben. Das, was Er uns gibt, müssen wir gleichwertig zurückgeben. Wir geben Ihm unser *Leben*. Warum nennen wir dies Tod oder Zerfall, Krankheit oder Bösartigkeit?

In diesem Universum gibt es nur ewiges Leben; jede Bewegungsaktion und jede Bewegungsreaktion erschafft Leben. Das, was die Sinne in dieser Hinsicht verwirrt, ist die Tatsache, dass das Leben in zwei Richtungen gleichzeitig ausgedrückt wird. Aus jedem Teilchen des zerfallenden Fleisches erhebt sich das Leben beständig in anderen Formen, und aus jedem lebendigen Teilchen erheben sich Tod, Zerfall und Kompostierung in anderen Formen.

Das Universum ist ewig. Es ist unsterblich. Es kann nicht sterben. Es kann sich nur wiederholen. Es gibt in unserem lebendigen Universum nichts als Leben. Genauso wie das Uhrenpendel in zwei Richtungen schlägt, um die Zeit zu erschaffen, so schlägt der Herzschlag der kosmischen Uhr in zwei Richtungen, um das Leben an jeder seiner beiden Richtungen zu erschaffen. Das Leben gebiert den Tod und der Tod gebiert das Leben – und jedes ist Schoß und Grab für das Andere.

Auch gibt es nichts als Liebe in unserem Universum der Liebe, das Gott ist. Das Pendel der Liebe schwingt in zwei Richtungen in seinem Austausch von Liebe, aber beide Richtungen drücken Liebe aus, und beide geben das Glück, das die Liebe ist, wenn das Pendel des Austausches in beiden Richtungen seines Schwingens gleichwertig ist. Wenn der Mensch den Austausch zwischen den beiden aus dem Gleichgewicht bringt und sich selbst dabei schadet, glaubt er, es gäbe Böses in der Welt, das ihn verletzt, und es gäbe Gutes, das ihn glücklich macht. *Krankheit und Böses sind eins. Sie sind die Schöpfungen des Menschen, denn in der Natur existieren sie nicht.*

KAPITEL XIV

DIE WISSENSCHAFT DER GEISTHEILUNG

Die Wissenschaft der Geistheilung markiert den größten Schritt in der geistigen Entfaltung von Intelligenz in der Menschheit seit der Geburt von Musik und Malerei vor langer Zeit. So wie Musik und Malerei das Licht im Menschen zu ihrer Zeit weckten und die Geburt höherer Kultur einleiteten, so führt die Wissenschaft von der Befehlsgewalt des Geistes über die Bewegung den Menschen immer schneller seiner Erleuchtung entgegen.

Sie hat die gesamte Menschheit bereits eine Sprosse weiter auf der Leiter erhoben, die in die Himmelreiche der Allwissenheit reicht, aber diese Himmel sind hoch, die Leiter ist lang, und die Menschheit steht noch auf einer der unteren Sprossen.

Die epochale Bewegung der Geistheilung steckt noch in den Kinderschuhen und muss folgerichtig und langsam wachsen, um stark wie eine Eiche zu werden. Wie das Skalpell des Chirurgen, das viele Leben rettet, kann sie in beide Richtungen schneiden. In den Händen der Unwissenden kann ein Skalpell töten; wenn Wissen es führt, kann es retten.

Das gilt auch für diese Gotteskraft, die eine erleuchtete Frau vor nur fünfzig Jahren in dynamische Praxis umsetzte. Es ist wahr, dass sie sofort von einem Fieber geheilt wurde, das sonst zu ihrem Tod geführt haben könnte. Es ist wahr, dass Jesus augenblicklich Männer heilte, die mit Lepra und anderen gefährlichen Krankheiten dem Tode nahe waren. Seine Heilungen waren keine Wunder, obwohl sie die natürlichen und die normalen Vorgänge in der Natur zu transzendieren schienen. Er hatte eine Macht, die kein Mensch jemals hatte oder auch nur erfassen konnte.

Es ist auch wahr, dass Jesus wusste, WARUM und WIE Er heilte. Ist es wahr, dass die Tausenden von Geistheilern von heute wissen, was Jesus wusste und was allein Ihm die Macht gab, den Todesprozess ins Leben umzukehren? Ist es wahr, dass sie sogar verstehen, was Jesus wusste? Es ist wahr, dass Jesus sagte: »Was Ich getan habe, das könnt auch ihr tun«, aber ist es

154

wahr, dass jemand heute tun kann, was Jesus tun konnte, ohne zu wissen, was Jesus wusste und ohne Seine Macht zu haben?

Auch der Komponist Paderewski hätte zu anderen Menschen sagen können: »Was ich tue, können auch Sie tun«, und es wäre genauso wahr. Aber ist es wahr, dass jeder Mensch tun kann, was Paderewski tun konnte, ohne zu wissen, was Paderewski wusste und worauf er sich ein ganzes Leben vorbereitete?

Vielleicht hängt es mit den Antworten auf diese Fragen zusammen, dass die Geistheilungsbewegung nicht die mächtige Kraft ist, die sie nach einem halben Jahrhundert des Wachstums sein sollte. Inzwischen sollten die Geistheiler den Status geistig geschulter Ärzte haben und eng mit den schulmedizinischen Ärzten, Chirurgen, Chiropraktikern, Osteopathen und anderen Spezialisten zusammenarbeiten – und jeder sollte sein spezielles Wissen in Kooperation mit den anderen nutzen. Statt dieser gegenseitigen Kooperation haben wir eine ausgeprägte Feindschaft, die aus Missverständnissen über den großen Wert des Einen für den Anderen geboren ist. Mangelndes Grundlagenwissen bedingt immer einen Mangel an Anerkennung und Respekt.

In unserer heutigen Welt sind ein Chirurg, ein praktischer Arzt und eine Krankenschwester in einem Hospital oder auf einem Schlachtfeld mehr wert als zehntausend Geistheiler. So sollte es nicht sein. Jeder sollte von gleichem Wert sein. Der Geistheiler wird mit seinem Können, das ein großer Vorwärtsschritt in der geistigen Entfaltung der Menschheit ist, sehr gebraucht. Die Wissenschaft der Geistheilung sollte so allgemein akzeptiert sein wie Medizin und Chirurgie. Das ist heute nicht der Fall, denn wenn die eine oder die andere Heilmethode per Gesetz verboten werden müsste, würde die Entscheidung mit überwältigender Mehrheit zugunsten der Beibehaltung der Schulmediziner und Chirurgen ausfallen.

Wenn die beiden Zweige der Heilung von Körpern, die durch unausgewogene geistige Entscheidungen und Handlungen aus dem Gleichgewicht gerieten, in vollkommener Eintracht vereint sind, dann wird die mächtige Kraft, die beiden zu eigen ist, als ein epochaler Vorwärtsschritt in der Herrschaft des Geistes über den Körper auftreten, aber erst dann. Eine solche Vereinigung wäre bei der geistigen Entfaltung der Menschheit ein großer Schritt.

Die gegenwärtige Feindschaft zwischen diesen beiden Wohltätern der Menschheit muss sich vollkommen verwandeln, denn hier gibt es keine getrennten Gegensätze. Sie sind eins. Und es gibt keinen Grund für einen

Antagonismus, wenn Logik und gesunder Menschenverstand auf das Prinzip angewandt werden.

Jede menschliche Krankheit ist gleichzeitig geistig wie körperlich. Es gibt keine menschliche Krankheit, die nur zum Körper gehört oder nur zum Geist. Der physisch orientierte Arzt ist ausgebildet, körperliche Krankheiten zu heilen. Seine grundlegende Annahme ist, dass Körper aus chemischen Elementen bestehen, die einander günstig oder ungünstig beeinflussen, da es Mangel oder Überversorgung geben kann oder Fremdelemente, die nicht zur menschlichen Formel gehören. Aufgrund dieser Annahme hat er Körper seit langem behandelt, wie er Elemente im Labor behandeln würde. Er gibt Pillen und Flüssigkeiten, um Mängel auszugleichen, Überschüsse zu lösen oder Fremdelemente und Keime zu zerstören, die illegitimerweise die Normalität des Körpers überwunden haben. In der schulmedizinischen Welt war es nie üblich, in Bezug auf körperliche Leiden an den Geist zu denken. Sehr viele weise Mediziner werden sich des Zusammenhangs zwischen Geist und körperlicher Krankheit allerdings jetzt sehr stark bewusst und berücksichtigen ihn bei ihren Diagnosen.

Leider wird diese Anerkennung der Beziehung zwischen Geist und Körper als der Ursache aller Krankheiten nicht generell von geistig Heilenden geteilt. Wenn die beiden Richtungen der Medizin und Geistheilung weit in das Interessenfeld des jeweils anderen hinüberreichen würden, so wie Mann und Frau häusliche und geschäftliche Angelegenheiten miteinander teilen, könnte das Ideal der maximalen Hilfe für Menschen in Schwierigkeiten erreicht werden. Ohne diesen Austausch in einer strikt gegenseitigen Naturwissenschaft werden die schulmedizinische und chirurgische Kunst stärker und die Kunst der Geistheilung schwächer werden. Beide werden jedoch dringend benötigt, aber nur zu EINEM vereinigt, und nicht als getrennte und antagonistische ZWEI.

Der geistige Heiler ist ausgebildet, um körperliche Krankheiten auf der Grundlage der Annahme zu heilen, dass der Geist die Grundlage aller Krankheiten ist und dass Gott den Menschen eigentlich vollkommen geschaffen hat. Anhand dieser Annahme kann, wer krank ist, einen Geistheiler anrufen und empfängt – ohne eine andere Diagnose als einer kurzen Beschreibung der Symptome – eine Fernbehandlung zur Heilung seiner Probleme. *Gott hat den Menschen perfekt geschaffen, aber der Körper ist nicht der Mensch.* Der Körper ist ein chemisches Labor, in einem wunderbaren, sehr komplexen, mechanischen, elektrisch verdrahteten Körper, der ein großes Maß an Wissen benötigt, damit man ihn mit den notwendigen Nährstoffen versorgen kann.

Kein Mensch weiß genau, wie er seinen eigenen Körper behandeln soll. Darum weicht er ständig von der natürlichen Ordnung ab. Ein Mensch kann krank werden, weil er seinem Körper die falsche Nahrung gibt oder nicht genug von einem essentiellen Nahrungsbestandteil. Die daraus resultierende Krankheit geht ausschließlich auf Unwissenheit darüber zurück, wie dieser Körper zu behandeln ist. Wenn der Mensch dann zu einem Geistheiler geht, um sein Problem mit den üblichen Praktiken und Techniken heilen zu lassen, bittet der Geistheiler Gott, für diesen Mann etwas zu tun, was dieser selbst für sich tun sollte, und das kann zu keinem guten Ergebnis führen. Gott arbeitet *mit* dem Menschen, aber nicht *für* ihn, und zu den großen logischen Brüchen bei Geistheilern gehört es, dass sie beständig Gott drängen, etwas für den Menschen zu tun, was der Mensch für sich selbst tun muss. Wenn er einen Splitter im Finger hat, muss er ihn herausziehen, und Gott wird den Finger heilen. Wenn er sich einen Knochen bricht, muss er ihn schienen, damit die göttliche Heilung in der richtigen Ausrichtung passiert. Sonst wird Gott die Heilung so vollziehen, wie der Mensch den Knochen gelassen hat. Geistheiler, die von Gott erwarten, dass er zu Seinem eigenen Anteil noch den Anteil des Menschen übernehmen soll, lassen viele Krüppel zurück, die leidend durchs Leben gehen.

Ich kenne ein Mädchen, das nicht zu einem Schulmediziner oder Chirurgen gehen wollte, als sie sich den Knöchel brach. Sie vertraute vollkommen auf einen Geistheiler. In der Folge hat ihr Fußgelenk ihr jahrelang große Schmerzen bereitet, und der verschobene Knochen verursachte häufig Schwellungen. Gott hat Seinen Teil getan, aber ihre Weigerung, ihren Teil zu tun, ist die Ursache dafür, dass sie ihr Lebtag mit einer Behinderung leben muss.

Ob man den gebrochenen Ast eines Obstbaumes fixiert oder das gebrochene Bein eines Menschen, ist im Prinzip dasselbe; niemand wirft einem Menschen Materialismus vor, wenn er *mit* Gott arbeitet und den gebrochenen Ast in seine normale Position bindet, aber dieser Vorwurf kommt aus den Reihen der Geistheiler, wenn ein Mensch mit Gott arbeitet und sein gebrochenes Bein richtet.

Wie oft hören wir Heiler sagen: »Wenn Sie Gott genügend vertrauen, dann wird Er es tun.« Es stimmt, dass Er *Seinen* Teil tun wird, aber Er wird nicht den Teil des *Menschen* übernehmen. Er wird den gebrochenen Obstbaumast heilen, und dieser wird Früchte tragen, obwohl er zum Boden hängt. Und er wird das gebrochene Bein heilen, obwohl es im falschen Winkel steht und den Betroffenen für seinen Lebtag zum Krüppel macht.

Wir haben zweifellos schon verkrüppelte Vögel gesehen, deren Beine gebrochen waren und von Gott ohne Ausrichtung geheilt wurden. Und wir haben Hunde gesehen, die in ähnlicher Weise verkrüppelt waren – aber wo der Mensch mit Gott zusammengearbeitet und das Bein des Hundes geschient hat, wurde der normale Zustand wiederhergestellt, und der Hund konnte wieder laufen wir zuvor.

Wenn Sie einen Splitter in Ihrer Hand haben – oder ein Sandkorn im Auge – oder sich eine Arterie verletzt haben – oder einen platten Reifen in dem Teil der Erweiterung Ihrer Körpermaschine, der Ihr Auto ist – oder einen Speichenbruch – oder Sie haben sich die Finger am Ofen verbrannt –, dann können Sie Affirmationen sprechen oder den Rest Ihrer Tage in Treu und Glauben beten, dass Gott für Sie arbeitet und Heilung bringt, ohne dass Sie etwas tun, aber es wird nichts nützen.

Eine Frau, die einen Kropf hat, weil sie Gletscherwasser ohne Jod trinkt, muss Jod erhalten, um den Mangel auszugleichen. Der Geistheiler verdammt dieses Vorgehen, weil die kranke Frau ja dann Medizin einnimmt. Das ist eine der größten logischen Brüche bei der Geistheilung. Sie verdammen einen Menschen nicht dafür, dass er etwas isst; aber Medikamente oder Nahrungsergänzungsmittel, die nötig sind, um körperliche Defizite auszugleichen, sind genauso Nahrung wie Fleisch und Kartoffeln. Ein Geistheiler, der einen Kropf mit Geistheilungstechniken behandelt, kann diesen unmöglich heilen, denn Gott wird nicht tun, was der Mensch tun muss. Ein Arzt, der konzentriertes Jod gibt und den Kropf heilt, handelt im Gehorsam gegenüber Gottes Gesetz, und der Geistheiler, der ein solches Vorgehen verdammt, handelt dagegen. Im Grunde vollzieht der Arzt sogar Geistheilung, denn er hat immerhin Wissen angewandt, anstatt mit Glauben vorzugehen, dem das Wissen fehlt.

Diese unlogische Abneigung gegen die Schulmedizin ist eine der Hauptursachen für das verzögerte Wachstum des Geistheilungsbewegung, denn so wird die Einigkeit mit fähigen Ärzten und Chirurgen verhindert, obwohl eine solche Einigkeit die Macht beider Seiten vervielfachen würde.

Ein Baby, dessen Knochen zu weich sind, braucht mehr Kalzium und die Vitamine A und D. Es muss sie haben, oder es bekommt rachitische Beine, wenn nicht Schlimmeres. Wenn eine Geistheilerin sich sehr wünscht, dem Baby zu helfen, wird sie ihm Kalzium geben anstatt fehlender Behandlung, sonst wäre sie genauso schuldig, weil sie das Baby nicht angemessen ernährt hat, wie seine eigene Mutter. Mehr Sonnenlicht und Kalziumgaben würden das Baby heilen, und der Arzt, der dies empfiehlt, würde das Gesetz erfüllen, indem er mit Gott arbeitet. Der Geistheiler würde diese gesetzestreue Vorgehensweise verdammen, weil das Kind ja »Medizin« einnimmt, obwohl es sich in Wirklichkeit um Nahrung handelt, um einen geschädigten Körper zu reparieren.

Wenn ein Mensch Skorbut hat, liegt es daran, dass er seinem Körper nicht mit genügend grünem Gemüse versorgt hat. Wenn ein Arzt dem Körper die notwendigen chemischen Stoffe gibt, um diesen Ernährungsmangel wettzumachen, wird er verdammt, weil er Medizin verabreicht, aber er heilt seinen Patienten, wo es für einen Geistheiler unmöglich wäre, ihm zu helfen. Gott lässt Sein Gesetz nicht unberücksichtigt. Er erfüllt Seinen Teil bei der Zusammenarbeit mit dem Menschen, aber der Mensch muss *seinen* Teil erfüllen.

Geistheiler können ein großer Segen für die Menschheit sein, indem sie die geistigen Haltungen angehen, die Krankheiten verursachen; doch wenn sie hinzugezogen werden, wo es nicht um eine unausgewogene geistige Einstellung geht, sondern einfach nur um das Reparieren eines beschädigten menschlichen Körpers oder um die Behebung eines Nährstoffmangels, sollten sie entweder eine Reparatur durchführen wie ein Automechaniker beim Auto, oder mit einem Arzt zusammenarbeiten, der den Körperaufbau genau kennt.

In dem ihnen angemessenen Bereich gibt es für Geistheiler ein sehr großes Arbeitsfeld. Dieser Bedarf besteht überall, aber am größten ist er in Krankenhäusern, auf Schlachtfeldern sowie in Wohnungen und Betrieben, wo die Ursache für Störungen offensichtlich in der geistigen Einstellung liegt. Aufgrund unausgewogener Geisteshaltung werden so viele Leben ruiniert. Frustration treibt die Menschen dazu, mit Alkohol oder anderen Suchtmitteln vor sich selbst zu fliehen – inmitten dieser wunderschönen, strahlenden Welt der Üppigkeit und des Ausdrucks von Liebe in allen Dingen. Tausende von Familien würden nicht zerbrechen, wenn sich Geistheiler diesen Problemen liebevoll zuwenden würden.

Wenn ein Geistheiler jemandem hilft, seine geistige Einstellung von Mutlosigkeit in Zielstrebigkeit zu verwandeln, indem er den inneren Ansporn weckt, tut er das, was Jesus tat, als Er dem Wanderer einen Becher kühlen Wassers gab und ein gütiges Wort, oder was Er meinte, als Er die Geschichte vom barmherzigen Samariter erzählte. Wenn Sie das Licht des Geistes im Menschen erwecken, indem Sie seinen Ärger in Freude verwandeln, kehren Sie die Chemie seines Körpers vom Todesprozess zum Lebensprozess um.

Genau das tat Jesus bei all Seinen Heilungen. Er brachte andere dazu, sich selbst zu heilen, indem Er Sein eigenes Gleichgewicht auf sie ausdehnte, um ihre zerstörerische Körperchemie zu einer aufbauenden umzuwandeln. Dieses Prinzip ist grundlegend für die Geistheilung. Es kann am besten durch die einfachen sofortigen Geistheilungen verstanden werden, die ständig im Leben stattfinden, wenn Sie einem entmutigten Menschen Mut zusprechen oder einen einsamen und frustrierten Menschen glücklich machen.

Jeder weiß, wie die fröhliche Zuversicht des alten Hausarztes die Krankheit vertrieb und dazu führte, dass der Kranke »sein Bett nahm und wandelte«. Das sind Geistheilungen, denn sie transformieren die Körperabläufe chemisch vom Tod zum Leben. Ärzte selbst praktizieren mehr und mehr Geistheilung, da sie die Heilungseffekte von Freude und Glück sowie ihre Kraft bei der Wiederherstellung von Normalität entdecken. Es ist allerdings auch die Aufgabe von Ärzten, Körper mit Hilfe ihrer Techniken und ihres anatomischen Wissens zu reparieren. Es wäre ein beispielloser Segen für sie, wenn Geistheiler sich zu ihnen gesellen und an den mentalen Einstellungen arbeiten würden, während die Schulmediziner an der Wiederherstellung des Körpers arbeiten.

Wenn sie dies täten, würden die Bedenken so vieler Menschen gegen Geistheilung entfallen. Es gibt sehr viele Gründe für diesen Widerstand, die ebenfalls wegfallen würden, wenn Geistheiler mit den Heilberufen zusammenarbeiten würden, die mehr physische Methoden anwenden. So würden unnötige Todesfälle verhindert, die auf Geistheiler zurückgehen, welche glauben, Gott tue auch die Dinge für den Menschen, die der Mensch für sich selbst tun muss. Eine Frau mit Darmverschluss starb in der Behandlung von Geistheilern. Eine Krankenschwester hätte ihr Leben in fünf Minuten retten können. Hätte Gott die bei Darmverschluss notwendige, rein physische Aktion vornehmen sollen? Genauso gut hätten die Geistheiler zu Gott darum beten können, Er möge der Frau das Gesicht waschen. Gott tut immer Seinen Teil, aber wenn der Mensch irgendetwas von Gott verlangt und seinem eigenen Wunsch nicht selbst Taten folgen lässt, tut Gott diesen Teil nicht für ihn. Wunschdenken ist kein Ersatz für kooperatives Handeln.

Geistheiler könnten eine wertvolle Lektion von Luther Burbanks Methode lernen, der einen Kaktus ohne Dornen züchten konnte.[24] Er vollbrachte dies durch Wissen, auf das richtiges Handeln folgte. Er arbeitete mit Gott, und Gott arbeitete mit ihm, um es zu vollbringen. Es gab in seiner Methode keine Spur von Treu und Glauben, und er verbrachte seine Zeit auch nicht mit Wunschdenken und der Erwartung, dass Gott den Teil der Arbeit erledigen sollte, der eigentlich seiner war.

Es könnte sein, dass wir uns zu sehr auf Treu und Glauben verlassen, anstatt auf Wissen, auf das Handeln folgt. Es heißt, Treu und Glauben könne Berge versetzen, *aber Berge sind noch nie durch Treu und Glauben allein versetzt worden, ohne Wissen und Handeln.* Viele Berge sind jedoch durch jene versetzt worden, die Ingenieurwissen hatten und die Fähigkeiten und Techniken von Schaufelbaggern, Bulldozern und Sprengstoffen nutzten.

Die Ernsthaftigkeit des erhabenen Heilberufes erfordert das nötige Wissen von ihren Anwendern. Der Pfarrer braucht Jahre der Vorbereitung, nachdem er seine Berufung durch Gottes Stimme vernommen hat. Ärzte und Chirurgen bilden sich in harten Jahren aus, bevor sie die Verantwortung über Leben und Tod anderer Menschen übernehmen. Selbst die genialen Musiker, Komponisten, Maler und Bildhauer, die bereits Kraft in sich tragen, geben Jahre der liebevollen Vorbereitung hin, um sich darauf vorzubereiten, die ihnen innewohnende Macht nach außen zu tragen.

Solange die Geistheiler versuchen, beschädigte Körpermechanismen zu reparieren, sollten sie entweder von den physischen Körperfunktionen so viel verstehen wie Mediziner, oder mit diesen zusammenarbeiten. Es ist selbstverständlich, dass jeder Mensch Wissen in seinem speziellen Fachgebiet haben muss. Wenn ein Geistheiler versucht, eine gerissene Arterie im Gehirn durch Geistheilung zu reparieren, ist dies genau so widersinnig, wie wenn ein Kurzschluss in einem elektrischen Generator per Geistheilung repariert werden sollte. Geistheiler müssen erkennen, dass Gott nicht auf Verlangen des Menschen irgendwelche *Wirkungen* ändert, solange deren *Ursache* fortbesteht, doch sie nehmen zahllose Fälle an, bei denen sie versuchen, *Wirkungen* zu »heilen«, während ihre Patienten weiterhin dieselben *Ursachen* setzen. Das ist genauso fruchtlos und vergeblich wie das Gebet zu Gott, er möge doch die Kriege beenden, während der Mensch weiterhin Kriege führt.

Darum ist für seriöse Geistheilung mehr Wissen notwendig, als in ein paar Monaten erlangt werden kann. Rechtsanwälte, Ärzte, Ingenieure, Maler, Bildhauer, Musiker und Flugzeugpiloten bedürfen einer jahrelangen Ausbildung, um in ihrer Arbeit hervorragend zu werden. Es sollte für einen solch erhabenen Beruf wie den des Geistheilers keine Ausnahme von dieser Regel geben, denn dieser Beruf verleiht genauso viel Verantwortung für Leben und Tod wie der eines Arztes oder Piloten. *Kein Mensch kann mehr Macht ausgeben, als er in sich trägt.*

Die gesamte Zukunft dieses epochalen Schrittes in der geistigen Entfaltung des Menschen ruht auf dieser einen unstreitbaren Tatsache. Wissen allein verlieh Jesus Seine Macht. Er hatte das unbegrenzte Wissen eines vollständig Erleuchteten. Die Tatsache, dass Er nicht den Zustand eines Leidenden diagnizierte, bedeutet nicht, dass ein Geistheiler auf eine Diagnose verzichtet, denn Er wusste den Zustand ohne Diagnose. Es wäre hilfreich für die Entwicklung des Geistheilens, sich auf einige der Dinge zu beziehen, die Er wusste und die Ihm Seine Macht gaben. Um zu verdeutlichen, wie viel Er aus Sich selbst heraus zu geben hatte, werde ich Ihnen drei Dinge sagen, die Er wusste und die bis heute weitgehend unbekannt sind.

1. Er wusste, dass die chemischen Vorgänge der aufbauaktiven, elektrischen Pulsierung, die einen Körper in Richtung Leben polarisieren und vitalisieren, den chemischen Vorgängen der radioaktiven Pulsierung, die den Körper in Richtung Tod depolarisieren und devitalisieren, entgegengesetzt sind. Der Aufbau von Materie in unserem gekrümmten Wellenuniversum war Ihm vollkommen bewusst. Er wusste, dass die Vervielfachung von Kraft, um Materie zu vitalisieren und das Leben zu kräftigen, elektrisch in der Spiralrichtung der Schwerkraft (zentripetal) ausgedrückt wird, und dass die entgegengesetzte (zentrifugale) Spiralrichtung zum Verschwinden im Tod führt. Da Er wusste, wie Er diesen beiden entgegengesetzten Vorgängen gehorchen musste, um mit ihnen in Einklang zu leben, konnte Er sie befehligen, so dass sie Sein Bild in sich spiegelten.

Er verstand vollkommen, dass eine Umkehrung des Todesvorgangs eine sofortige »Heilung« von allem Sterbenden bedeutet, indem es zum Leben gebracht wird. Er wusste um die elektrische Natur dieses Vorgangs, der auf ewig das Innere nach außen stülpt und das Äußere nach innen, in einer Ancinanderreihung von zentrifugalen und zentripetalen Austauschvorgängen, die abwechselnd komprimieren und ausdehnen. Die von ihm ausgelösten Spontanheilungen sind ein Beweis dafür, dass Er den Vorgang nicht nur kannte, sondern die Kontrolle darüber besaß.

2. Er wusste, dass vollkommenes mentales und körperliches Gleichgewicht ohne vollkommene Symmetrie unmöglich ist. Es gibt nur zwei vollkommen symmetrische Formen in der Natur: den Würfel und die Kugel. Alle anderen Formen sind Schnitte oder Vervielfachungen dieser beiden Formen. Gott schuf die Kugel für das physische Universum und den Würfel für das unsichtbare Universum, das in würfelförmige Wellenfelder unterteilt ist. Er wusste, dass jeder normale, gesunde Körper aus perfekten Kugeln zusammengesetzt ist und dass die Symmetrie dieser Kugeln durch die Polarität von

unsichtbaren würfelförmigen Wellenfeldern gelenkt wird. Ein menschlicher Körper ist aus zahllosen Milliarden von Kugeln zusammengesetzt, die – wenn der Körper vital und lebendig ist – in ihrer Form so vollkommen sind wie unsere Sonne. Wenn der Körper devitalisiert wird, beginnen diese Sphären sich abzuflachen wie bei unserer Erde, die begonnen hat zu sterben. Wenn dies geschieht, verkehrt sich die Chemie des Lebens zur Chemie des Todes. Die Symmetrie der Kugel beginnt sich zur Symmetrie des Sphäroids und der Ellipse zu verwandeln; die Würfelsymmetrie, die diese Kugel lenkt, verlängert sich allmählich, bis der Würfel sich vollkommen abflacht und in die absolute Ruhe seiner Geburt verschwindet. Wenn dies geschieht, nimmt die Chemie des Todes überhand über die des Lebens. Eine Würfelsymmetrie ist nicht länger möglich; das bedeutet, dass die Milliarden Kugeln, die einen lebendigen Körper aufbauen, sich abflachen und um ihre Achsen schwanken wie zu langsam rotierende Kreisel.

Sein Wissen um die Vorgänge beim Aufbau lebendiger und sterbender Materie gab Ihm die Macht, Seine eigene Balance auf Unausgewogenes zu erweitern und die Polarität aus der Richtung des Todes in die Richtung des Lebens umzukehren. Er tat dies, indem Er im Geist mit dem Kranken eins wurde. Der Kranke heilte sich so selbst. *Niemand kann einen anderen heilen. Er kann nur dem anderen dazu verhelfen, dass dieser sich selbst hilft, indem er sein Denken umkehrt.*

3. Jesus verfügte über die volle Bandbreite außersinnlicher Wahrnehmungsfähigkeit. Er brauchte daher einen Fall nicht zu diagnostizieren. Er erkannte die Natur der Erkrankung und ihre Ursache, ohne den Leidenden nach Symptomen zu fragen, besser, als der fähigste Arzt dies mit den vielen für diesen Zweck benutzten Techniken vermocht hätte. Er konnte das Leiden eines Menschen aus der Ferne diagnostizieren, obwohl Er ihn nie gesehen hatte, als wäre derjenige anwesend. Darüber hinaus kannte Er die Gedanken eines jeden Menschen, wenn Er sich darauf konzentrierte.

Es hat einen Fall außersinnlicher Wahrnehmungen von einem Mann in der jüngeren menschlichen Geschichte gegeben, der das Leiden abwesender, ihm nicht bekannter Menschen diagnostizieren konnte, aber während dieser Diagnosen musste er auf den normalen Bereich sinnlicher Wahrnehmung verzichten, um dem erweiterten Spektrum Raum zu geben. Dieser Mann war Edward Cayce aus Virginia. Hunderte von Namen und Adressen von Menschen in verschiedenen Städten wurden ihm gegeben. Jedes Mal trennte er sein Bewusstsein so weit vom Sitz seiner Wahrnehmungen ab, dass er sein bewusstes Gewahrsein auf die betreffende Person richten konnte, um eine vollständige Analyse der Erkrankung zu diktieren. In jedem Fall wurden seine Diagnosen als richtig bestätigt. Manche waren vielleicht unvollständig, aber das, was er sagte, war immer richtig. Der Zustand, in dem er sich ohne persönliches Seinsgefühl befand, war eine Art Trance.

Das Wissen, das Jesus hatte und von dem vorstehend ein Teil mitgeteilt wurde, wird eines Tages in den Schulen gelehrt werden, in denen jene lernen, die Jesus nachzueifern wünschen. Wir brauchen dieses Wissen, um solche scheinbar wunderbaren Heilungen, wie jene von Jesus vollbrachten, zu vollführen. Zum Besten unserer eigenen Fähigkeiten sollten wir über Gott und Seine Wege und die Vorgänge in der Schöpfung unter Seiner Geisteskontrolle so viel Wissen wie möglich erwerben. Eine ernsthafte Anwendung des so erworbenen Wissen wird es ermöglichen, «Wunderheilungen« so zu vollbringen, dass die *Ursache* genauso verständlich wird wie die *Wirkung*.

Der Mensch sollte erfahren, was er selbst für sich tun muss. Gott wird denjenigen, der sich eine gute Ernte wünscht, unterstützen und alle Macht Seines Universums beim Wachsen und Reifen der Saat, die der Mensch ausgebracht hat, einsetzen. Aber Gott wird nicht für den Menschen die Aussaat auf dessen leerem Feld übernehmen. Jedem Dienst, den der Mensch beim Säen und der Bodenbearbeitung leistet, begegnet Gott gleichwertig, indem Er dafür sorgt, dass die Saat zur Reife kommt.

So muss der Mensch auch bei der Pflege seines eigenen Körpers mit Gott zusammenarbeiten. Er muss Nahrung für seinen Körper besorgen, sie essen und verdauen. Gott stellt den Verdauungsmechanismus und die Fähigkeit des Körpers zur Verfügung, die Nährstoffe ins Blut aufzunehmen, aber Er wird das andere nicht selbst tun. Genauso muss der Mensch alles tun, was physische Anstrengung bedeutet, um für seinen Körper zu sorgen, indem er ihn ernährt, pflegt, ihm die notwendige Bewegung verschafft und ihn repariert. Gott wird Seinen Teil der Heilung von Wunden, des Stoffwechsels und anderer schöpferischer Notwendigkeiten des Wachstums übernehmen, aber Er wird keine Zahnfüllungen vornehmen, uns nicht das Gesicht waschen, keine Brillen herstellen, gebrochene Knochen nicht richten und all das, was der Mensch für sich selbst tun sollte. Es ist leicht nachzuvollziehen, wie häufig diese grundlegende Tatsache von Menschen ignoriert wird, die erwarten, dass Gott *alles* übernimmt.

Diese geistige Entwicklung ist noch so jung, dass viele weitere Dinge erklärt werden sollten, die jedoch den Rahmen dieses Buches sprengen. Aber das Geheimnis der sogenannten Spontanheilungen sollte noch weiter geklärt werden, denn fehlendes Verständnis könnte zu der Annahme verleiten, Spontanheilung bedeute, dass Krebs oder Lepraerkrankung den Körper sofort verlässt, wenn eine Spontanheilung stattfindet. Wenn ein fremder Körper, der aus dem sterbenden Fleisch eines lebenden Menschen wächst, zerstört wird, indem die Chemie dieses Menschen umgekehrt wird, eliminiert die Natur die toten Partikel nach und nach. Es braucht Zeit, sie wie in einer Umkehrung des Prozesses, in dem sie vorher herangewachsen sind, nun wieder zu »entwachsen«. Sie leben jedoch nicht mehr und können sich nicht mehr durch den Körper des Menschen ernähren. Alle Veränderungen in der Natur folgen in ihrer Kinotechnik, bei der sich wandelnde Bilder eins nach dem anderen in einen lebendigen Körper projiziert werden, um ihn zu integrieren, oder in den Weltraum, um ihn zerfallen zu lassen, dem Vorgang der Integration und Desintegration. Beide Richtungen erfordern Zeit.

Baumschädlinge sind ein plastisches Beispiel. Mit einer Baumbehandlung wird die Chemie der Schädlinge sofort umgekehrt, aber es dauert vielleicht Wochen, bevor die Symptome am Baum verschwinden. Dies erklärt Spontanheilungen bei Körpern, die von anderen als ihren eigenen, normalen Wachstumsprozessen geschädigt wurden. Wenn der Geistheiler die Bedingungen versteht, kann er diesem »abnormen« Körper befehlen zu verschwinden, indem der Patient seine geistige Einstellung ändert, so dass er sich, wenn dafür noch genug Zeit ist, selbst heilen kann. Aber selbst wenn auf diese Weise eine Spontanheilung möglich ist, kann der Körper nur eine bestimmte Menge ausscheiden. Dann sollte der Chirurg eingreifen, der aber oft sagt: »Wären Sie schon vor zwei Jahren gekommen, hätten Sie sich diese Operation ersparen können.«

Im Kontrast zu dieser Heilungsart, bei der ein Chirurg mit dem geistig Heilenden zusammenarbeiten *sollte,* beschreibe ich nun eine Spontanheilung, bei der ein Mann ohne irgendeine erkennbare physische Erkrankung dem Tode nahe war.

Als Vorbemerkung zu dieser Geschichte wiederhole ich zwei auffällige Merkmale, die für alle diese Heilungen zutreffen:

1. Ein Mensch wird, was er denkt. Er erschafft sich beständig nach seinem eigenen Bild neu.

Dies bedeutet genau das, was es heißt. Jeder Gedanke und jede Handlung in jedem Augenblick werden sofort im Körper aufgezeichnet und verwandeln diesen beständig entsprechend dem Muster jeder sich ändernden geistigen Einstellung. Eine freudige Geisteshaltung bringt ein Lächeln auf unser Gesicht, um der Welt zu sagen, was sich seit den zwei Minuten zuvor verwandelt hat, wo jemand vielleicht noch eine ungeduldige oder sogar wütende Haltung eingenommen hatte. Jede Änderung der inneren Einstellung beeinflusst sofort die Körperchemie. Sie beginnt gleichzeitig, Änderungen im menschlichen Körper zu bewirken, um diesen seinem eigenen sich wandelnden Bild anzupassen.

2. Jeder Mensch kann die Materie in dem Ausmaß befehligen, wie er den Gesetzen zu gehorchen vermag, welche den Aufbau von Materie regeln.

Unsere Kraft ist begrenzt auf unser Wissen um die Quelle der Kraft und um das Gesetz, das den ausgewogenen Austausch zwischen den beiden Ausdrucksformen dieser Kraft steuert. Es bedeutet auch, dass wir unsere eigene Kraft nur in dem Maße auf andere erweitern können, wie wir selbst darüber verfügen, und begrenzt auf das Maß, in dem andere bekommen wollen, was wir zu geben haben. Materie zu befehligen bedeutet, dass wir unsere Kraft in ihr spiegeln, so dass sie unser Bild in sich reflektiert. *Dann wird die Materie, was wir denken, so wie wir werden, was wir denken.*

Und nun zu der Geschichte, mit der ich die oben genannten Prinzipien demonstrieren möchte.

Ein Chirurg sagte einem Patienten, dass dieser mit Sicherheit sterben würde, wenn er sich nicht innerhalb eines Jahres operieren ließe, und selbst dann könne er ihm wenig Hoffnung machen, die Operation zu überleben.

»Sie denken also, dass ich bei der Operation vielleicht sterbe und noch ungefähr ein Jahr zu leben habe. Da Sie erwähnt haben, dass Sie ans Gebet glauben, glauben Sie dann, ich hätte eine Chance, am Leben zu bleiben, wenn ich beten würde?«, fragte der Patient.

»Ich bin immer mehr geneigt, dies anzunehmen, *wenn Sie wissen, wie man betet.* Viele von uns Ärzten und Chirurgen erleben, wie Patienten, die wir bereits aufgegeben haben, die erstaunlichsten Dinge widerfahren. Wir ahnen, dass es jenseits unseres physischen Körpers noch vieles mehr gibt, was wir nicht verstehen. Ich erzähle Ihnen von einem meiner eigenen Fälle:

Ich hatte einen männlichen Patienten, der dem Tode so nahe war, dass wir stündlich mit seinem Ableben rechneten. Noch dazu schien er gar nicht leben zu wollen, denn er zeigte jedes Symptom äußerster Verzweiflung. Er hatte seit drei Tagen nichts gegessen, und als er es zum letzten Mal probiert hatte, konnte er es nicht bei sich behalten. Dann passierte etwas Merkwürdiges. Eine Frau kam herein, weinte an seinem Bett und ging wieder fort. Zwei Stunden später saß der sterbende Mann aufrecht und bat um etwas zu essen.

›Was ist das für ein Wunder?‹, fragte ich ihn.

›Es ist überhaupt kein Wunder‹, erwiderte er mit kräftiger Stimme.

›Meine Frau möchte, dass ich lebe – sie sagt, sie liebt mich und wird zu mir zurückkehren, wenn ich lebe. Also will ich jetzt leben. Und bis dahin wollte ich sterben.‹

Ich habe so viele ähnliche Dinge Menschen widerfahren sehen, die wir Ärzte schon aufgegeben hatten, dass ich Ihnen, den ich ebenso aufgegeben hatte, das Gebet vorschlug.

Ich sagte Ihnen auch, dass Sie wissen müssen, wie man betet, obwohl dieser Mann nicht betete und seine Frau auch nicht, jedenfalls habe ich sie nicht beten sehen. Als sie gingen, war er allerdings sofort dem Leben wiedergeschenkt, während er vorher dem Tode nahe war.

Ich glaube, dass der ganzen Sache irgendwie die Macht der Liebe zugrunde liegt. Solange Verzweiflung ihn erfüllte, war er wirklich ein ganz kranker Mann. Aber Hoffnung und Glück machten ihn sofort gesund. Wir verfügen über keine Medizin und keine Behandlung, die das bewirken kann. Ich verstehe das nicht. Ich würde viel darum geben, zu begreifen, was da wirklich vor sich ging.«

In Wirklichkeit geschah Folgendes: Die Frau übertrug die Liebe, die in ihr im Gleichgewicht war, auf ihren Mann, um sein Gleichgewicht wiederherzustellen, und kehrte so seinen Wunsch zu sterben in einen Wunsch zu leben um. Dies verursachte sofort eine Umkehrung seiner Körperchemie, die den Körper immer nach dem Bilde des Denkenden erbaut.

Dies ist das zugrunde liegende Prinzip bei allen Heilungen, die Jesus vollbrachte, denn Er brachte andere dazu, sich selbst zu heilen, indem Er Sein Gleichgewicht auf sie erweiterte.

Liebe ist ein wortloses Gebet von Augenblick zu Augenblick, denn es ist Wunschkraft, die in stummer Vereinigung mit Gott ausgedrückt wird. Die Wunschkraft des Geistes ist die einzige Energie im Universum. Der Wunsch zu leben wird in Bewegung manifestiert durch die polarisierende Kraft der vitalisierten Aktion. Der Wunsch danach, vom Handeln auszuruhen, ist allerdings gleich stark und wird durch Unterlassen von Handlungen manifestiert. In Gottes lebendigem Universum gibt es keinen Tod. *Es gibt dort nur Leben, in Aktion und in Ruhe – letzteres nennt der Mensch Tod.*

Kapitel XV

Wohin gehe ich, wenn ich sterbe?

Der Tod ist von jeher das größte Geheimnis aller Zeitalter. »Wohin gehe ich, wenn ich sterbe?« ist eine der großen ungelösten Fragen. Seit den frühen vorchristlichen Tagen war der nach-todliche Zustand des Menschen das Ziel vieler falscher Vorstellungen, die im Hinblick auf diese Frage in Betracht kommen. Diese vielen primitiven und heidnischen Ideen, die wir aus unseren Tagen als Primaten übernommen haben, haben sich nie großartig geändert, weil unter den Massen wirkliches Wissen fehlt. Intellektuell, wissenschaftlich und kulturell Engagierte haben ihren Geist von solchem Denken gereinigt, aber die alten heidnischen Vorstellungen nie durch eine andere logische oder wissenschaftliche Antwort ersetzt.

Wir wollen dieser Frage nachgehen und aufzeigen, dass es für die alten heidnischen Überzeugungen von der nach-todlichen Identität eines Körpers überhaupt keine Grundlage gibt. Jede einzelne dieser verschiedenen Vorstellungen beruht auf der falschen Annahme, dass der *Körper* die Person sei, die Identität, das Wesen. Da der Körper weder die Person noch die Identität ist, fallen diese Vorstellungen durch pure Logik in sich zusammen.

Auf die Frage: »Wohin gehe ich, wenn ich sterbe?« gibt es zwei Antworten. Eine für die Idee, dass die Person der Körper ist, und eine andere dafür, dass sie der Geist ist. Wir wollen die letzte Frage zuerst beantworten. Die Antwort lautet: Sie sterben gar nicht. Sie sind eine Seele – eine Ideen-Untereinheit des unsterblichen Geistes. Sie sind eine Identität innerhalb der universalen Einheit, aber Sie sind diese Einheit. Sie sind das Denken des Denkenden, der das Zentrum eines Körpers bildet, welcher wiederum die Gedanken des Denkenden aufzeichnet.

Sie sind der geistige Wunsch, den Geist zu manifestieren. Sie sind das Universum, Sie manifestieren das ganze Universum an einem ganz bestimmten Punkt des gesamten Universums. Das, was Sie an Ihrem einen kleinen Punkt des Universums manifestieren, wird im gesamten Universum re-manifestiert. Sie können Getrenntheit nicht manifestieren, denn es gibt keine Getrenntheit, die manifestiert werden könnte.

Sie sind Göttlichkeit, die lange Zeitalter im undurchdringlichen Dunkel der Bewegung weilt und es zu durchdringen versucht. Sie sind der Genius, der das Dunkel durchdrungen hat, um von nun an im Licht zu wandeln. Sie sind bewusster Geist, in voller Erkenntnis des Lichtes Ihrer Unsterblichkeit, in voller Befehlsgewalt über Ihr Denken und den Körper, der Ihr Denken spiegelt.

Lassen Sie uns nun die ursprüngliche Frage folgendermaßen umformulieren: »Wohin geht *mein Körper,* wenn er stirbt?« Die Antwort auf diese Frage lautet, dass auch Ihr Körper nicht stirbt. Er legt sich periodisch zur Ruhe nieder zu dem Zweck, sein Leben und das Körpermuster zu erneuern. Dabei wird die Aufzeichnung jedes Gedankens, den Sie jemals zur Welt gebracht haben, in Ihrem Seelensamen eingefaltet.

Wenn Sie nur erkennen, dass Ihr lebendiger Körper lediglich eine Maschine ist, welche die Arbeit vollbringt, die ihr von der Geistes-Intelligenz in ihrem Zentrum zugewiesen wird, machen Sie sich überhaupt keine Sorgen mehr darüber, was mit ihm geschieht. Der einzige Grund, warum Sie sich um Ihren Körper Sorgen machen, ist die lange Gewohnheit des Gedankens, Ihr Körper sei *Sie.*

Und noch etwas stiftet Verwirrung: Sie denken Ihren Körper so, wie Sie ihn heute sehen. Aber alles, was Sie sehen, ist der Teil von Ihnen, der heute noch lebendig ist und cirka siebzig Kilo wiegt. Sie denken niemals an jene Teile Ihres Körpers, die heute nicht leben. Jeden Tag Ihres gesamten Lebens ist Ihr Körper auch gestorben, während Sie ihn beständig erneuerten, und zwar mit mehr Körper, als Sie von der Erde nahmen, mit der Sie ihn erneuerten. Sie nennen es Ernährung, aber es ist ein beständiger Erneuerungs- und Reparaturprozess. Jener Teil Ihres Körpers, der gestorben ist, wurde durch lebendiges Gewebe erneuert. Jener Teil Ihrer Maschine, der verschlissen ist, muss mit neuem Material repariert werden.

Ein oder zwei Pfund unseres Körpers sterben jeden Tag und werden durch die verschiedenen Ausscheidungsprozesse beseitigt. Wenn Sie siebzig Jahre alt sind, würde Ihr Körper ungefähr zwanzig Tonnen wiegen, wenn nicht ständig Teile von ihm gestorben wären. Über 19 Tonnen oder neun Zehntel Ihres Körpers sind bereits gestorben. Es sind nur noch siebzig Kilo von Ihrem Körper übrig.

Warum sollten Sie sich mehr Sorgen um die paar Kilo Ihres Körpers machen, die sterben werden, als Sie sich um die vielen Tonnen Ihres Körpers

Sorgen gemacht haben, die bereits gestorben sind? Die Teile, die gestorben sind, sind zur Erde zurückgekehrt. Der kleine Teil, der noch bleibt, sollte ebenfalls zur Erde zurückkehren, damit Ihr neuer Körper und andere Körper daraus wiedergeboren werden können.

Warum sollten Sie sich Sorgen um ein paar Kilo Kalzium, Eisen, Mangan, Jod, Stickstoff und andere Elemente machen, aus denen Ihr Körper besteht? Diese Stoffe sind nicht *Sie*. Sie sind nicht Ihre *Identität*. Sie sind das Haus, in dem Sie leben, aber das Haus kann niederbrennen, ohne dass *Sie* davon beeinträchtigt werden. Sie können für sich ein anderes Haus erbauen. Genau das tun Sie, wenn Ihr Haus aus Lehm sich in seinen Lehm auflöst. *Sie* bauen ein anderes Lehmhaus, einen anderen Körper. *Sie* sind niemals ohne einen Körper, außer in den Ruhephasen, wo Sie abgenutzte Teile reparieren und ersetzen, oder wo Sie einen ganz neuen Körper bauen, wenn der alte zu abgenutzt ist, um repariert oder erneuert werden zu können.

Betrachten Sie es einmal aus diesem Blickwinkel. Es ist eine neue Sichtweise, die Ihnen eine vollkommen andere Vorstellung Ihres Körpers geben sollte als die gemeinhin übliche. Anstatt an Ihren Körper als lebend und sterbend zu denken, denken Sie an Ihre unsterbliche Seele, die ewig lebt. Ihre Seele *erweitert* Ihr Leben auf Ihren Körper, um das Leben, das Ihre Seele ist, durch ihn zu manifestieren. Der Körper gibt der Seele das zurück, was zu ihm erweitert worden ist. Das ist weder Leben noch Tod des Körpers. Es ist ewiges Leben der Seele, ausgedrückt durch den Körper als zwei gegenläufige Richtungen von Leben.

Sie müssen daher lernen, das Leben als Aktion zu denken und den Tod als Ausruhen von der Aktion. Jeder Tag Ihres Lebens ist unterteilt in Aktion und Ruhe von Aktion. Sie sind den ganzen Tag wach und aktiv. Ihr Körper ist sich seiner Existenz klar bewusst. Aber Sie ruhen jede Nacht, und Ihr Körper ist sich seiner Existenz so vollkommen unbewusst, als wäre er tot. Der einzige Grund, warum Sie nachts ruhen, liegt darin, dass Ihr Körper erneuert und repariert werden muss. Wenn Ihr Körper vollkommen erschöpft ist, ruhen Sie eine längere Zeit als während der teilweisen nächtlichen Erneuerung, damit eine vollständige Erneuerung stattfinden kann. Während dieser Perioden, in denen Sie einen vollkommen neuen Körper erwerben, ist er sich seiner körperlichen Existenz ebenfalls für eine lange Periode nicht bewusst, ganz ähnlich, wie es sonst während einer Nacht ist, nur länger.

Die Natur erzählt die Geschichte der Wiedergeburt vom Körper in ganz klarer Sprache. Wenn Sie Samen in die Erde legen, für eine Blume, einen Baum oder eine ganze Wiese, entfalten sich diese Formen aus ihrem Samen zu Körpern. Sie denken sich diese Körper als wachsend, sterbend und verschwindend, aber es entgeht Ihrer Aufmerksamkeit fast völlig, dass jeder Körper, so wie er sich aus seinem Samen entfaltet, sich auch wieder in den Samen einfaltet. Für jeden Zweig und jedes Blatt der Eiche, die Sie mit Ihren Augen sehen, gibt es einen anderen Zweig und ein anderes Blatt, das Sie nicht sehen. Was bedeutet das? Das bedeutet, dass alles, was sich aus dem Samen entfaltet, um ein Teil des sichtbaren Universums zu werden, sich gleichzeitig wieder zurück in seinen Samen einfaltet, um in das unsichtbare Universum zu verschwinden. *Die Weltenseele wartet nicht darauf, unseren Körper zurückzunehmen, bis er im Ganzen tot ist, sondern sie nimmt ihn so schnell zurück, wie sie ihn ausgibt.* Da haben Sie Ihre Antwort, was mit Ihrem Körper geschieht, wenn *Sie* sterben. Ihre Seele ist Ihr Selbst. Sie erweitern mehrere Milliarden Male pro Sekunde Ihren Körper aus Ihrem Seelen-Selbst und Sie geben Ihren Körper mit derselben Geschwindigkeit Ihrem Seelen-Selbst zur Wiedergeburt zurück.

Überall in der Natur sehen Sie die Wiedergeburt von Rosen, Bäumen und von Gras. Letztes Jahr haben Sie von diesem Zweig einen Apfel gepflückt. Dieses Jahr sehen Sie einen anderen Apfel, wo Sie letztes Jahr einen gepflückt haben, und im nächsten und den darauf folgenden Jahren können Sie immer wieder einen Apfel pflücken. Und wenn Sie einen Apfel öffnen, finden Sie denselben Apfel, den Sie essen werden, vollständig eingefaltet in den Samen für andere Äpfel, die noch nicht gewachsen sind und die den Körper von Äpfeln, die schon vor langer Zeit wuchsen, wiederholen werden. Das ist der ewige natürliche Prozess der Wiederholung ewigen Lebens. Die Natur unterteilt ewiges Leben in ewige Wiederholungen des Lebens. Wir nennen sie Leben und Tod, aber beide sind nur entgegengesetzte Ausdrucksformen des Lebens. Ist es nicht wunderbar, dies zu wissen? Ist es nicht wunderbar zu wissen, dass an jedem Tag, den Sie in der sichtbaren Welt der Körper verleben, jeder Ihrer Gedanken und Handlungen gleichzeitig auch in der unsichtbaren Welt des Geistes wiederholt und aufgezeichnet werden?

Während all der Zeitalter Ihrer Entfaltung als eine individuelle Seinsform haben Sie Ihr eigenes Selbst in jedem neuen Körper und in jeder neuen Erfahrung wiederholt; und jede Erfahrung, die Sie weitergebracht oder verzögert hat, wird ebenfalls wiederholt. Welchen Fortschritt Sie auch in diesem Leben machen, er sorgt dafür, dass der Lebensausdruck in Ihrem nächsten Leben für Sie leichter ist. Sie schreiten beständig voran, während Sie neue Lektionen lernen.

Sie erinnern sich nicht in jedem Leben an das, was nicht wichtig ist, denn das wäre eine schreckliche Strafe. Sie würden nur ein Leben beständiger Reue leben, wenn Sie die Erfahrungen der harten Kämpfe, die Sie aus dem Dschungel in die lieblichen Täler von heute gebracht haben, immer neu durchleben müssten. Aber Sie erinnern sich an das, was wesentlich ist. Wenn Sie in mehreren Leben ein Musiker waren und während dieser Leben vor allem musikalische Gedanken gedacht haben, werden Sie zweifelsohne auch im späteren Leben wieder Musik denken. Wenn man es so betrachtet, ist es ganz verständlich, warum ein sogenanntes Wunderkind mit vier oder fünf Jahren ein so großes musikalisches Talent zeigt.

Es ist ebenfalls ganz verständlich, warum manche Menschen anderen voraus sind und andere so weit hinterherhinken. Wenn Sie die Menschheit insgesamt betrachten, sehen Sie viele, welche die Eigenschaften von Meistern und Führern zum Ausdruck bringen, während viele weitere ihnen nur folgen. Nun kennen Sie den Grund dafür.

Das Große und Wunderbare am Leben ist, dass wir lernen, es zu leben, indem wir von jeder Erfahrung auf unserer langen Reise von der Körperverwirklichung zum Geistwissen profitieren, oder – anders gesagt – auf unserer Reise vom physischen Menschen zum göttlichen Geist im Menschen. Je mehr Sie in jeder Phase der Entfaltung lernen, umso eher wird Ihnen klar, dass Ihr inneres Himmelreich das Lebensziel ist. Von diesem Moment an ist die Straße frei, denn wenn wir die Glorie des Lebens kennen, führt uns jeder Abschnitt unseres Lebens immer näher zur vollständigen Erleuchtung des Göttlichen Bewusstseins in diesem Licht.

Zusammenfassung

Der erste Teil der Reise des Menschen aus dem Dunkel der vollständigen Unwissenheit zum Licht der Allwissenheit dreht sich ausschließlich um die Bedeutung seines Körpers. Er kennt nichts als seinen Körper und das, was sein Körper zum Überleben braucht. Der Körper arbeitet für ihn, kämpft für ihn und versorgt ihn mit seinen unterschiedlichen Wahrnehmungen und Emotionen.

Wenn das Bewusstsein im Menschen heraufgedämmert ist, erwirbt er das Wissen, welches er für einen Teil seines Körpers hält. Er glaubt, dass sein Gehirn der Teil seines Körpers ist, der denkt und weiß. Er entwickelt eine Vorstellung, die seine Identität und seine persönliche Kraft mit seinem Körper verknüpft. Im Zusammenhang mit dieser Vorstellung denkt er, der Körper sei Realität und die gesamte Realität sei begrenzt auf das, was unsere körperlichen Sinne wahrnehmen können. Diese allmählich gewachsene Vorstellung der frühen Menschheit ließ nach und nach eine Verehrung und eine Sorge für seinen Körper entstehen. Der Mensch glaubte, seine Identität würde mit ihm sterben. Seine Verehrung für sein totes Selbst ließ ihn großartige Grabmäler und Monumente bauen.

Während der geistige Mensch sich entfaltet, verliert er nach und nach seine Wahrnehmung von Körperwirklichkeit, bis zu jenem großen Tag seines Erwachens zum Geist-Bewusstsein, wo er alle Körperbezogenheit verliert, während das volle Wissen von dessen Unwirklichkeit ihm dämmert. Die höchsten Momente der Verklärung des Genies sind jene, in denen er den Körper vollständig vergessen kann. Es darf allerdings nie vergessen werden, dass unser Körper ein wunderbares Werkzeug ist, das uns gegeben wurde, damit wir unsere geistige Identität manifestieren können. Als unser Instrument, um die Schönheit von Gottes Schöpfung zum Ausdruck zu bringen, sollte der Körper Achtung und Fürsorge genießen. Je besser wir wissen, wie wir für unseren Körper sorgen und ihn im Gleichgewicht mit Gottes Gesetz halten, umso mehr können wir ihn vergessen, um die Schöpferkraft des Geistes auszudrücken.

Wir befinden uns noch in den frühen Stadien der menschlichen Entfaltung, wo wir unseren toten Körper verehren und uns große Sorgen um ihn machen. Viele Menschen empfinden nach wie vor, dass ihre Identität mit ihrem Körper begraben wird, und halten an der Vorstellung fest: »Wenn man tot ist, ist man tot.« Und doch fragt fast jeder: »Wohin gehe ich, wenn ich sterbe?«

In dem Maße, wie die Göttlichkeit des Menschen in ihm erwacht und er sein Selbst erkennt als den Geist, der im Zentrum der Bewegung steht, wird ihn die Sorge darum, was mit seinem Körper geschieht, völlig verlassen. Das wird der große Tag der wahren Erkenntnis sein, der Tag, wo die menschliche Macht rein geistig ist, der Tag, wo er mit innerer Schau erkennt, dass die unsichtbare URSACHE des Sichtbaren die eigentliche Wirklichkeit ist. Diese Entfaltung wird dem Menschen eines Tages zuteil werden. Er kann es gar nicht vermeiden, aber das in diesem Buch gegebene Wissen wird seine langsame Entfaltung, die sonst ausschließlich über den harten Weg der schmerzlichen Erfahrung erfolgt, beschleunigen. Es könnte dem Menschen viele Reinkarnationen ersparen, wenn er seine dunkle Straße in dieser Weise mit neuem Licht erhellt.

TEIL III

Das, was du anderen tust,
tust du dir selbst.
NÜCHTERNE INTERPRETATION DER GOLDENEN REGEL.

Jede Aktion in der Natur wird gleichzeitig ausgeglichen
durch eine gleich starke Re-Aktion.
WISSENSCHAFTLICHE INTERPRETATION DER GOLDENEN REGEL.

Wer sein Schicksal lenken möchte,
muss zuerst lernen, die Bedingungen ins Gleichgewicht zu bringen,
die es steuern.
DIE ERSTE REGEL DES LEBENS.

LAO RUSSELL

KAPITEL XVI

LIEBET EINANDER

Liebe ist die Grundlage der Welt. Alle Menschen suchen ewig danach. Sie haben schon seit allen Zeiten danach gesucht, aber der Mensch ist noch unerfahren. Er weiß noch nicht, wie er die Liebe und das Glück, das er sucht, finden kann. Er tastet nach dem Pfad dorthin, geht ein kurzes Stück darauf und stürzt in einen Abgrund.

Die Morgendämmerung ist noch nicht gekommen, um den Menschen zu helfen, die Straße zu sehen und sie leichter zu finden. Einmal mehr hat er die Straße eines Lebens ein kurzes Stück beschritten und fällt wieder in einen weiteren Abgrund, den er selbst geschaffen hat. Der Mensch weiß auch noch nicht, wie er mit anderen Menschen leben soll. *Er hat noch nicht herausgefunden, dass jeder andere Mensch auf Erden nicht nur sein Bruder ist, sondern ein Teil seines eigenen Körpers und seines eigenen Selbst.*

Kein gesunder Mensch würde absichtlich seinen eigenen Körper verletzen, aber er verletzt absichtlich andere Teile seines eigenen Körpers, die er für andere Menschen hält, und weiß nicht, dass sie untrennbar eins mit ihm sind. Er weiß, dass er keinen Teil seines eigenen Körpers verletzen kann, ohne den ganzen Körper zu verletzen, aber er hat noch nicht gemerkt, dass er keinen Menschen verletzen kann, ohne sich selbst und alle Menschen überall zu verletzen. Er hat nur teilweise erkannt, dass jedes Geschehnis gleichzeitig überall geschieht. Ja, er weiß das, aber er denkt in diesem Zusammenhang nur an die menschliche Stimme. Das Radio ist ihm vertraut. Er hört die Stimme des Nachrichtensprechers, der von Aufruhr und Kämpfen berichtet. Er hört von Folterungen in Konzentrationslagern und erfährt von Hunderten von Söhnen der Weltmutter, die von anderen Aspekten ihres eigenen Selbst bei lebendigem Leibe begraben wurden. Diese wissen gar nicht, dass sie damit auch sich selbst und die gesamte Menschheit begraben; der Mensch weiß noch nicht, dass die Qual der Flüchtlinge an einem Ort die Qual der ganzen Welt ist. Jene obdachlosen, barfüßigen Mütter, die nackte und hungrige Babys tragen,

177

flüchten aus ihren brennenden Häusern nicht nur in ihre eigene Stadt, sondern auch zu Ihrer Haustür.

Wie viele Menschen haben schon von den Grässlichkeiten in anderen Ländern gelesen – so wie Sie jetzt – und haben so wie Sie gedacht: »Hier bei uns könnte das nicht geschehen«, nur um festzustellen, dass es doch geschehen ist. Wir haben behagliche Wohnungen, ein Auto und alles, was wir zum Leben brauchen. Das hatten diese Flüchtlinge auch, aber da waren jene, die »nicht wussten, was sie taten«, in Fabriken und Häuser gingen und ihnen befahlen, nur mit dem, was sie auf dem Leibe trugen, fortzugehen.

Fünftausend Kilometer Entfernung bedeuten überhaupt nichts. Was in dieser Entfernung passiert, geschieht in unserem eigenen Wohnzimmer. Die Menschen, die fünftausend Kilometer weit weg verletzt werden, werden in unserem Wohnzimmer verletzt, denn was irgendwo geschieht, geschieht überall. Tausende unserer eigenen Söhne starben, während z. B. das koreanische Volk in vierzehntausend Kilometern Entfernung verletzt wurde. Ihre Verletzung war die Verletzung eines jeden Menschen. Wenn ein Teil der Welt unsagbare Qualen leidet und unser Teil der Welt sich mit großem und zunehmendem Wohlstand brüstet, so wie wir es jetzt tun, leben wir in einem unwirklichen Scheinparadies. Jene unsagbaren Leiden der anderen Hälfte der Welt sind Schulden, die von unseren Krediten abgezogen werden und uns jedes Jahr ärmer statt reicher machen. Kein Land kann sich selbst »reich« nennen, wenn es von der Armut eines anderen Landes profitiert. Unsere heutigen Reichtümer sind die Früchte weltweiter Verbrechen. Das war schon immer so. Dies war immer eine Verbrecherwelt, die sich bereichert, indem andere arm gemacht werden. Kein Verbrecher war jemals in der Lage zu behalten, was er gestohlen hat, und in Frieden zu leben, ohne gepanzerte Limousinen und Leibwachen, die ihm bei dem Versuch helfen, seine Beute zu behalten. Wenn ein solcher Mensch sich reich, wohlhabend und glücklich nennt, weil er große Besitztümer hat, lebt er in der trügerischen Illusion, der sich unsere ganze Welt hingibt. Niemals in der Geschichte hat diese menschgemachte Verbrecherwelt so viele gepanzerte Limousinen gebraucht und so viele Leibwächter, um sich selbst und ihre mächtigen Besitztümer vor dem Zugriff durch noch größere Verbrecher zu schützen.

Vor nur einem Jahrzehnt[25] haben wir den Zweiten Weltkrieg beendet, den wir gekämpft haben, um die Kriege zu beenden. Wir strebten eine Ära des Friedens an, aber stattdessen haben wir viele weitere Milliarden ausgegeben, um uns vor noch mehr Feinden zu schützen, die unsere unausgewogene Zivilisation seit langer Zeit beständig erschafft. Werden wir wieder einen weiteren Krieg kämpfen müssen, um die Kriege zu beenden? Wenn ja, wird dies dann wirklich zum Ende führen? Hat Krieg jemals in Frieden und Glück geendet, ohne eine Anhäufung von Angst, Hass und Feindseligkeit zurückzulassen, die weitere Kriege zur Folge hat?

Ja, wir wissen, dass es nötig ist – und vorteilhaft –, aber was für eine Welt ist das, die einen solchen Vorteil zu einer Notwendigkeit macht? Wo ist die Weisheit, mit der wir eine Welt aus Menschen erbauen, deren einziger Lebenswunsch darin besteht, Glück, Frieden und Wohlstand zu finden? »Der Mensch tötet, was er liebt«, und das hat er erneut getan und muss dafür bezahlen. Das Wippespiel des Lebens kann mit einem ausgewachsenen Mann auf der einen Seite und einem kleinen Mädchen auf der anderen Seite nicht sehr lange gespielt werden. Auch unsere Zivilisation kann das Spiel mit einem Elefanten an einem Ende und einer Ameise am anderen nicht sehr lange durchhalten, auch wenn sie es noch so hysterisch versucht.

Wieder sage ich, dass die einzige Hoffnung, diese unglückliche, unausgewogene Welt der Angst zu retten, darin liegt, ganz von vorne anzufangen und eine neue Welt zu erschaffen, die in sich den aggressiven und kraftvollen Charakter des Mannes trägt, gleichwertig ausgewogen durch die bändigende geistige Kraft, die die männliche Kraft in *konstruktive* statt *destruktive* Richtungen lenkt. Wir können dies genauso gut *jetzt* tun, statt in der alten selbstmörderischen Weise weiterzumachen, denn das Naturgesetz wird es nicht zulassen, dass sich solche Unausgewogenheit fortsetzt.

Es ist an der Zeit, uns die Verlogenheit der Reichtümer einzugestehen, mit denen wir uns brüsten, und zu erkennen, dass unser Land heute ärmer ist denn je in seiner Geschichte. Diese einst üppig strotzende Nation kann heute ihre Rechnungen nicht mehr bezahlen. Ihre Schulden sind weit größer, als der Grundbesitz des gesamten Landes wert ist. Jedes Kind, das seit 1950 geboren wurde, ist schon bei seiner Geburt mit Tausenden von Dollar verschuldet, ohne Aussicht, diese Schuld je bezahlen zu können und ohne Hoffnung, während seines Lebens dieser Verschuldung zu entkommen. Nicht *ein* Mensch in diesem Land ist Besitzer seines eigenen Hauses, denn es gilt als die zentrale Sicherheit für die Staatsverschuldung, so dass jeder Bürger im Grunde insolvent ist. Darum fehlt unserem sogenannten Wohlstand die Grundlage, denn wir haben unsere Nation wohlhabend gemacht, indem wir ihre Einwohner insolvent gemacht haben.

Sagen Sie daher nicht, dass »es hier nicht passieren kann«, wenn es hier bereits passiert ist. Sagen Sie also nicht, dass wir reich und wohlhabend sind, weil immer jeder Geld verdient, indem er es aus seiner eigenen Tasche nimmt, um es sich in eine andere Tasche zu füllen. Selbst bei den Dingen, von denen die Menschen glauben, sie gehörten ihnen, steht überhaupt nicht fest, dass sie ihnen auch morgen noch gehören werden.[26]

Wenn die Welt über Wohlstand redet, weil wir dieses Jahr eine Million mehr Autos verkauft haben als im letzten Jahr und die Aktienkurse höher sind als jemals zuvor in der Geschichte, ist dies nur eine Seite des Weltkontos. Die andere Seite des Weltkontos sagt uns allerdings, dass es gleichzeitig eine Zunahme von Verbrechen gibt und immer mehr Kriminelle – insbesondere jugendliche Straftäter. Außerdem müssen wir Milliarden und Abermilliarden dafür ausgeben, um uns vor unseren Feinden zu schützen, damit wir auch nur überleben, um unsere Geschäfte weiterzuführen. Tausende von Amerikanern sind geopfert worden, um uns vor Feinden zu beschützen, die wir uns durch unsere wirtschaftliche Gier geschaffen haben.

Diese tragischen Fakten schweben als feststehende Belastungen über unseren Köpfen und ermöglichen es uns, unseren scheinbaren Wohlstand zu erbauen. Wo ist also der Profit?

Die Menschen merken nicht, dass ein scheinbar weltweiter Wohlstand eine fallende Zivilisation nicht rettet. Die Zivilisationen der Babylonier, Griechen und Römer waren – als sie fielen – voll luxuriösen Reichtums. Zu viel Luxus trug sogar zum Fall der Zivilisationen bei, genauso wie Geld und Luxus in einer Familie oft dazu führt, dass die Vertreter der nächsten Generation ihr Leben als sogenannte Playboys, Partygirls o.ä. führen.

Nur moralischer Zerfall allein zerstört Zivilisationen. Geld oder Wohlstand sind kein auslösender Faktor. Selbst wenn wir in diesem Jahr fünfzig Millionen Autos mehr verkaufen als im letzten Jahr, oder die Aktien in diesem Jahr fünf Mal so viel wert sind wie im letzten Jahr, wird diese Zivilisation so sicher fallen, wie andere moralisch dekadente Zivilisationen fallen, wenn nicht die *Ursache* ihres Sturzes beseitigt wird. Genauso gut könnte man einem Menschen mit Herzschwäche sagen, ihm könne nichts widerfahren, denn seine Firma verdopple ja jedes Jahr ihren Profit.

Warum ist all dies so? Wir verstehen nichts vom Leben. Wir schätzen Geldwerte sogar höher als das Leben selbst. Wir wissen nicht, wie wichtig unser Nächster für uns ist. Wir wissen nicht einmal, in welchem Verhältnis unser Nächster zu uns steht. Wir haben keine lebendige Philosophie, nach der wir leben, wir haben nur eine Philosophie, nach der wir sterben können. Diese Philosophie beruht auf Zwietracht, Getrenntheit und Gier. Das meine ich mit Philosophie der Toten. Es bedeutet, dass wir mit einer solchen Weltsicht nicht leben können. *Eine lebendige Philosophie muss auf Einigkeit, Ein-*

heit, Untrennbarkeit und gegenseitiger Abhängigkeit beruhen. Ihr Motiv muss *Liebe* sein statt *Angst.* Sie muss das Gute im Menschen sehen und darf ihn nicht als sündig und böse betrachten. *Die Welt wird, was sie denkt.* Sie denkt den Menschen als sündig und böse, und er ist zu dem geworden, wozu seine eigenen Gedanken ihn gemacht haben. Er hat eine Welt aus Hass und Angst erschaffen, und wo Hass ist, kann nicht gleichzeitig Liebe sein.

Es wird jedoch eine Zeit kommen, wo die gesamte Menschheit sich als eine einzige Familie erkennen wird, mit nur einer Kraft, die für alles VATER-MUTTER ist. Wenn dieser Tag kommt, wird jeder Mensch jedem anderen Menschen Vater und Mutter, Bruder und Schwester oder Sohn und Tochter sein. In dem Maße, wie mit der geistigen Entfaltung die Liebe in die Welt kommt, müssen Getrenntheit und Zwietracht aus ihr verschwinden. Mit der Liebe kommt das Wissen um die Kraft der Einigkeit; Einigkeit erweitert die Macht eines jeden Menschen zur Macht eines jedes anderen Menschen. Getrenntheit und Selbstsucht brüten sich gegenseitig aus. Getrenntheit sorgt dafür, dass ein Mensch für sich selbst will, was alle anderen Menschen auch für sich selbst wollen. Getrenntheit nimmt. Sie gibt niemals, und lange Äonen des Nehmens müssen vergehen, bevor der Mensch lernt, dass er *niemals hat, was er nimmt, jedoch immer hat, was er gibt.*

Diese langen Zeiträume werden allerdings verstreichen, und jeder Mensch wird jedem anderen Menschen dienen, weil er ihn als sein eigenes Selbst erkennt. Blutsverwandtschaft birgt den machtvollen Wunsch in sich, den Söhnen und Töchtern, Brüdern und Schwestern, Müttern und Vätern in der eigenen Familie zu dienen. Was auch immer ein Sohn der ganzen Welt antun mag, die Liebe der Eltern ist größer als jede Verfehlung. Das glückliche, friedliche und sich weiterentwickelnde Zuhause ist jenes, wo jedes Familienmitglied zuerst an das andere denkt, *zuerst* jedem anderen dient und frei – ohne Motiv des Eigennutzes – gibt. In der idealen Familie wird jeder nicht nur jedem anderen dienen, um ihn glücklich zu machen, sondern auch darauf verzichten, irgendetwas zu tun, was einen anderen unglücklich machen könnte. Das ist das Ideal. Das ist in jeder Familie nötig, um für jedes Familienmitglied vollständiges Glück herzustellen.

Die Welt ist eine einzige Familie, deren eines Zuhause die Welt ist. In der idealen Welt dient jedes Mitglied der Welt jedem anderen liebevoll, um ihm Glück zu geben, und tut nichts, was dessen Glück schmälert. Das ist das wahre Ziel. Danach strebt die Menschheit. Danach hat sie seit Äonen gestrebt. In diesen langen Zeiträumen war sie immer auf der Suche nach der Straße, die zu diesem Ziel der innigen Liebe und des Friedens führt.

Ja, das ist das Ideal – und das Ziel –, aber wie weit ist die Weltfamilie von einem solchen Ziel entfernt! Und wie weit ist die durchschnittliche einzelne Familie davon entfernt. Es wäre nicht leicht, eine solche Familie irgendwo zu finden, aber es gibt viele, die diesem Ideal so nah gekommen sind, dass ihr Beispiel wie ein Licht in der Dunkelheit leuchtet.

Was die Weltfamilie betrifft, so ist sie von diesem Ideal immer noch so weit entfernt, dass die Welt sich unter Umständen noch mehrere Male zerstört, bevor sie ihre Lektion gut genug gelernt hat, um als Einheit zusammenzuarbeiten. Wenn Sie irgendeine Familie in Ihrer Stadt kennen, deren Mitglieder so gespalten und untereinander zerstritten sind wie unsere gegenwärtige Weltfamilie, wissen Sie mit Sicherheit, dass eine solche Familie auseinanderbrechen wird. Sie wissen, dass ihre Uneinigkeit sie letztlich zerstören wird. Es scheint, dass die weltweite Familie die Straße, die zu Einigkeit und Zusammenhalt führt, noch nicht gefunden hat.

Wie viele Individuen und Familien haben gedacht, sie hätten die Straße zum Glück gefunden und haben sie wieder verloren, weil sie einfach nicht wussten, wie sie das Glück leben sollen. Wir haben niemals das Leben richtig zu leben gewusst, weder als Individuen, noch – kollektiv – als Familien, Städte und Nationen. Leben ist ein Experiment, bei dem wir versuchen, einen Weg zum Leben zu finden. Es steckt voller Komödien, Tragödien und anderer Probleme, mit denen wir uns alle dauerhaft konfrontiert sehen. Diese Probleme sind immer da, in Ihrem Zuhause und in meinem, in Ihrem Leben und in meinem. Und das größte Problem ist, *ihnen zu begegnen und sie aufzulösen.*

Darüber möchte ich auf den verbleibenden Seiten des Buches mit Ihnen sprechen. Es ist von größter Wichtigkeit für die Selbst-Erziehung des Menschen, eine lebendige Philosophie zu haben, die allen Problemen gleichermaßen gerecht wird und sich mit Glorie über sie erhebt und an ihnen erstarkt, anstatt sich über sie zu ärgern. Alle Probleme ähneln sich im Grundsatz. Sie unterscheiden sich höchstens in Details und in der Form, wie die zehntausend Geschichten, die um dasselbe Thema geschrieben wurden; also nehmen wir eine vertraute Geschichte, die Tausende von Männern und Frauen in unserer unreifen, noch im Dunkeln verharrenden Zivilisation widerfährt.

Eine sehr glückliche Frau war sich sicher, die große Liebe, Frieden und Sicherheit gefunden zu haben. Eines Tages stürzte ihre gesamte Welt zusammen und lag zerbrochen zu ihren Füßen. Ihr Mann rief sie an und sagte, er müsse länger im Büro bleiben. Er hatte sie schon hundert Male vorher angerufen und gesagt, es würde später werden, und sie hatte sich nie Sorgen gemacht, denn sie hatte im Innersten gewusst, dass alles in Ordnung war. Dieses Mal war es anders. Sie zitterte schrecklich vor Angst, noch bevor sie den Hörer abnahm. Seine Stimme war so fröhlich wie immer, aber es schwang etwas Anderes mit. Die Frau war tief beunruhigt, denn einige Gerüchte waren ihr zu Ohren gekommen, die sie ignoriert hatte, aber die Intuition machte es ihr schwer, mit ihrer natürlichen, fröhlichen Stimme zu antworten.

Nachdem sie aufgelegt hatte, saß sie lange Zeit schweigend neben dem Telefon. Etwas, was nie zuvor in ihrem Zuhause zugegen gewesen war, hatte sich in diesem Moment Zutritt verschafft. Das, was an diesem Abend in ihr Haus trat, war der Zerstörer all dessen, was der Mensch in der Welt des Menschen »gut« nennt. Sein Name war *Anspannung*. Eine Spannung kam in ihr Zuhause, in ihr Herz und in ihre Liebe, um sich zu vervielfachen, bis Glück unmöglich geworden war für jemanden, der dieser Spannung nur mit Weinen, Flehen und Kompromissen zu begegnen wusste.

Wenn eine solche Tragödie das Glück einer Frau oder eines Mannes bedroht, ist das Ereignis selbst von viel geringerer Bedeutung, als was wir daraus machen. Wie wird diese Frau damit umgehen? Das ist wichtig. Da wir nach einer richtigen Lebensweise suchen und da das Leben voller großer und kleiner Probleme steckt, wollen wir das besondere Problem dieser leidgeprüften Frau nehmen und die Werte und Philosophien aus der Perspektive des natürlichen Gesetzes nach den Wegen und Vorgehensweisen Gottes untersuchen.

Jedem Lebensproblem kann auf zweierlei Art begegnet werden. Diese gramerfüllte Frau kann wählen, welchen Weg sie gehen will. Der eine ist der Weg der Schwäche, der Tränen, des Leidens, des Flehens und des Bittens. *Das ist der falsche Weg. Er vervielfacht die Spannungen durch Kompromisse. Er versucht, Falsches mit Falschem zu heilen.* Das ist der schwache Weg, der ein Leben beständigen Unglücks erzeugt. Der starke Weg wird ohne Kompromisse beschritten und in dem Wissen, wie mit einer solchen Herausforderung intelligent umzugehen ist. Der schwache Weg beginnt damit, die Spannungen zu vervielfachen, statt sie aufzulösen. Das ist das erste, woran wir bei der Konfrontation mit einem Problem denken sollten. Welche Spannung auch durch die Erscheinung des Problems erschaffen wurde, sie muss aufgelöst und vollständig eliminiert werden, egal zu welchem Preis an Demut und materiellem Verlust. Spannungen können in unserem Leben nur existieren, wenn wir sie zulassen und nähren. *Glück und Spannung können nicht gleichzeitig existieren.*

Einige qualvolle Wochen vergehen, und diese Frau, die wir Sarah nennen wollen, ist ganz überzeugt davon, dass eine andere Frau zwischen sie und ihren Mann getreten ist. Sie ist nicht länger in der Lage, den Kummer auszuhalten und tut den nächsten falschen Schritt. Anstatt die Auflösung der vorhandenen Spannung anzustreben, erzählt Sarah unter Tränen und voller Leid ihrer Mutter davon. Diese ist voller Trauer und Anteilnahme. Sie teilt die Probleme ihrer Tochter, und beide weinen gemeinsam. Sarah denkt, sie fühle sich besser, wenn sie die Liebe und Anteilnahme ihrer Mutter spürt, aber in Wirklichkeit hat Sarah eine weitere Spannung und ein weiteres Problem erschaffen.

Spannungen können kein Glück bewirken, sie zerstören es. Unabsichtlich hat Sarah ihrer Mutter Glück genommen, für sich selbst aber nur eine erhöhte Spannung und ein weiteres Problem erschaffen. Zwei Menschen – statt einem – haben jetzt eine Spannung, und das Problem wird dadurch verdoppelt, dass die Mutter entweder selber etwas unternehmen oder Sarah etwas anraten wird, was diese nicht tun sollte.

Schwache Menschen suchen immer den Rat anderer Leute. Starke Menschen tun das nie. Starke Menschen informieren sich, aber ihre Entscheidungen sind ihre eigenen. Wir sagen unseren Schülern, dass sie *nur* Gott um Rat fragen sollen. Wenn Sie eine Entscheidung treffen müssen, suchen Sie einen Ort der Stille auf: Ihr eigenes Zimmer, den Wald, das Meer oder einen sonstigen Ort, wo Sie mit Gott allein sein können. Er wird Ihnen *immer* die *richtige* Antwort geben. *Sie tragen die richtige Antwort bereits in sich.* Gott wird Sie nur zur Realisierung dieser Tatsache *erwecken.* Sprechen Sie mit Gott, wie Sie das mit jemand anderen tun würden, von dem Sie wissen, dass Sie ihn mehr lieben und ihm mehr trauen können als allen anderen.

Das hätte Sarah tun sollen, statt ihr Problem durch die Einbeziehung ihrer Mutter zu komplizieren. Wir können unsere eigene geistige Last nicht auf andere abwälzen, denn die Probleme eines jeden Menschen sind seine eigenen. Als Sarah die Last ihres Problems ihrer Mutter gab, anstatt sich ihm selbst zu stellen und es zu lösen, hatte sich das Problem verdoppelt. Nun hatten beide das Problem und bald schon vier, denn Sarahs Mutter erzählte es Sarahs Vater, und der holte sich Rat bei einem Rechtsanwalt. Sie alle sprachen darüber, viele Menschen in der Stadt hörten davon, und Gerüchte machten die Runde. Zu dem Zeitpunkt, als Sarah sich endlich entschloss, mit ihrem Mann zu sprechen, hatte er sich bereits zur Scheidung entschieden.

Das mögliche glückliche Ende wurde durch die Vervielfachung einer Spannung ins Hundertfache unmöglich gemacht. Was er zu ihr alleine gesagt hätte, wo er ihr sein Herz hätte öffnen können, hätte ihren Herzschmerz vielleicht geheilt und ihre Ehe gerettet. Sie hätten es beide zu einer *der* menschlichen Erfahrungen zählen können, die alle Menschen zu bestimmten Zeiten in ihrem Leben machen und die unser Leben bereichern, wenn wir sie bewältigen, es aber verarmen lassen, wenn die Erfahrung uns besiegt.

Als Sarah mit ihrem Mann sprach, war ihre Mutter zugegen, um zu widersprechen, zu verurteilen und anzuschuldigen, ebenso ihr Vater und der Rechtsanwalt, um eine überwindliche Mauer um den Fall zu errichten und Frieden und Glück fernzuhalten. Die Liebe klopfte laut an die Türen dieser Mauer, in der Hoffnung, eingelassen zu werden, wo das Licht seiner Liebe in seinen Augen sichtbar und ihren Herzen fühlbar war. Die Worte der Mutter verschlossen die Türen noch fester und die Förmlichkeiten des Vaters und des Anwalts führten dazu, dass die Liebe nicht mehr an die Tür klopfte, sondern stattdessen weinte.

So zerbrach eine weitere Familie. Ein Problem des Lebens – nur eins von den tausenden Problemen des Lebens, mit denen Sie und ich und jeder Lebende immer wieder zu tun haben –, schaffte es, real zu werden, statt dass seine Unwirklichkeit sich wie eine dunkle Wolke auflöste und das Licht hindurchließ.

Die geschah, weil das Problem auf falsche Weise angegangen wurde, auf dem schwachen Weg der Selbst-Verletzung, dem Weg der Tränen und des Leids und dem Bedürfnis nach Anteilnahme und Mitleid .

Wäre Sarah eine sehr starke Frau gewesen und von Anfang an mit ihrem Problem, als es ihr bewusst wurde, richtig umgegangen, hätte sie zuallererst die geistige Spannung, die der Schock der Entdeckung in ihr hervorgerufen hatte, aufgelöst. Ein starker Mensch lernt, alle Dinge mit Gleichmut hinzunehmen, ohne dass sie die innere Ekstase, die uns Kraft gibt, für längere Zeit beeinträchtigen. Dieser erhöhte Zustand des Glücks in uns ist der geistige, der jede unserer Emotionen so weit transzendiert, dass uns nichts länger als für einen kurzen Augenblick erschüttern kann. Solchermaßen gefestigt können wir das Gleichgewicht schnell wiederfinden, egal, welche Spannung in unser Leben tritt, um unser Gleichgewicht zu stören.

Ich kenne einen starken Mann, dessen Herz so von den Rhythmen des Gesangs in der Natur erfüllt war, dass er die Farce einer Ehe, die nur dem Namen nach bestand, viele Jahre als bloßen Hintergrund für sein Lebensbild fortsetzen konnte. Er konnte jederzeit mit einem Keks in der Tasche in die Wälder ziehen und einen Tag in der Ekstase des Geistes verbringen. Sein Skizzenblock zeichnete die Schönheit der Motive für Nocturnes und Sinfonien auf, und die großartigen Baumstämme mit den anmutigen Zweigen, die sich in den Himmel reckten, erzählten den ganzen Tag von seiner liebenden Vereinigung mit ihnen und ihrem Schöpfer. So immunisierte er sich gegen die bloße Möglichkeit einer störenden Spannung.

Wenn ernsthafte Spannungen zwischen Mann und Frau entstehen, sollten sie zuerst mit Gott darüber reden. Zuallererst muss ein natürlicher Zustand des Glücks wiederhergestellt werden. Wer über jede Unruhe auf dem Wasser des Lebens mit Gott spricht, wird ruhig und still und erfährt die Ekstase des inneren Himmelreiches, in dem unser Selbst diesen Himmel findet und weiß, dass nichts auf Erden uns verletzen kann, wenn wir die Verletzung nicht annehmen. Gute Gedanken lösen unerfreuliche auf.

Wenn die Ruhe wiederhergestellt wurde, dann ist es an der Zeit, sich ruhig zusammenzusetzen und die Ursache der ursprünglichen Spannung anzuschauen. Bei einem solchen Gespräch werden die Parteien oft entdecken, dass sie unwissentlich beide zur Trübung beigetragen haben. Vielleicht hat der eine oder andere einen Mangel an Zärtlichkeit gespürt und sie beim anderen vermisst. Wenn diese ehelichen Differenzen unter vier Augen besprochen werden – ohne vervielfachende Spannungen durch Rat und Einmischung von außen –, können sie normalerweise aufgelöst werden, und es kann Gutes aus ihnen erwachsen. Es gibt nur sehr wenige, die ohne solch leidvolle Erfahrungen durchs Leben gehen können, aber mit Wissen können solche Erfahrungen den Charakter stärken und uns gegen eine Wiederholung derselben – oder noch schlimmerer Erfahrungen – immunisieren. *So kann aus einer Erfahrung, die uns auch zerstören könnte, Gutes entstehen.*

Die Menschen auf der ganzen Welt suchen immer nach Liebe, aber wenige finden sie, denn nur sehr wenige wissen, wo sie zu suchen und zu finden ist. Und viele sperren sie selbst aus, denn die Liebe, die sie suchen, muss in ein Motiv oder Muster passen, das sie sich für den Zweck der Liebe erschaffen haben. Wer Liebe mit einem persönlichen Motiv dahinter sucht, wird sie nie finden. Wenn Geld, persönliche Unterstützung oder gesellschaftliche Position Ihr Motiv ist, finden Sie vielleicht, was Sie suchen, aber damit haben Sie nicht die Liebe gefunden. Wer Glück durch Geld sucht, kann das Geld bekommen, aber nicht das Glück, was er suchte.

Liebe kann nur das Motiv haben, von sich selbst zu geben, um Einheit zu finden. Der größte Drang in der gesamten Natur ist EINHEIT.

Diese Qualität in der Natur ist so wenig verstanden und wird deswegen so selten umgesetzt, dass wir hier verweilen und dies näher erläutern müssen. Einigkeit bedeutet das Ende von Getrenntheit, Unterteilung oder Vervielfachung, von Meinungsverschiedenheiten und allen anderen Dingen, die mit Entzweiung zu tun haben. Einigkeit bedeutet vollständiges EINSSEIN. Getrenntheit trägt die Qualität der Spannung in sich. Jeder Bewegungszustand im Universum erfolgt entweder, um Spannungen zu erschaffen oder zu beseitigen. Ein Mann, der sich von ganzem Herzen Geld wünscht, muss viel Kraft aufwenden, um es zu erlangen. Diese Anstrengung erschafft eine Spannung. Wenn er alles, was er wollte, erlangt hat und es wegschließt, um es für sich zu behalten, erkennt er nicht, dass er die Spannung des Anhäufens mit weggeschlossen hat. Er hat das Geld gar nicht mehr, das er haben wollte, um ihm Glück zu geben. Er hat nur die Anspannung der Sorgen, es zu behalten. Er muss die ganze Zeit aufpassen, dass es ihm nicht gestohlen wird.

Wenn wir also unser Glück in einer Kiste verschließen, wie Scrooge[27] es tat, bedeutet dies, dass wir wie er ohne Glück sind. In dem Moment, wo er Liebe und Glück an jemanden gibt, der es braucht, werden ihm Liebe und Glück zurückgegeben. Dann hat er, was er gegeben hat, was er jedoch niemals haben kann, während es in einer Kiste für ihn allein weggeschlossen ist.

Selbst dieses Beispiel muss noch vertieft werden, denn sehr viele Menschen verstehen nicht, was Jesus meinte, als er dem reichen Mann sagte, er solle all seine Besitztümer verkaufen und sie den Armen geben.

Ich hörte einst, wie ein reicher Mann dieser Idee energisch widersprach. Er argumentierte, wenn er alles verkaufen würde, was er habe, und den Armen eine Million Dollar geben würde, wäre er selbst arm und jene, denen er die Million gab, wären am nächsten Tag genauso arm.

Das sei nur Geld, an Menschen gegeben, die nur Geld wollten, und keine Möglichkeit hätten, Geld zurückzugeben, erklärte ich, aber wenn er mit dem Geld Liebe schenkte, indem er es von Herzen gäbe, dann eröffne sich einen Weg, sowohl die Liebe als auch das Geld zurückzugeben. In einer solchen Art des Gebens könnte man nie arm sein, denn man würde es niemals geben, ohne dass ein ausgewogenes Zurückgeben erfolgen würde.

Nehmen wir an, es gäbe fünfhundert arme und bedürftige Familien in Ihrer Stadt. Anstatt Ihre Millionen Dollar in Geldform mit ihnen zu teilen, würden Sie eine Textilfirma kaufen und diese mit ihnen teilen, um ihnen allen dauerhaft Beschäftigung zu verschaffen. Diese Menschen hätten dann das Glück dauerhafter Sicherheit und würden Ihnen dies in Form von Liebe zurückgeben. Und Sie hätten das Glück, ihnen die Liebe, die sie brauchten, gegeben zu haben. Und die Million Dollar wären bald zwei Millionen, die sie Ihnen ebenfalls zurückgeben würden.

Das meinte Jesus, als Er sagte »alles, was du hast«. Er meinte nicht nur das Geld. Er meinte auch die Liebe, die wir in uns tragen, um das zu geben, was Geld möglich macht; aber die Liebe ist nicht in dem Geld, sie ist in uns. Das Geld ohne die Liebe ist wertlos.

Wenn ein Mensch in dieser Weise sich selbst und sein Geld »den Armen« gibt, findet er Einheit durch Handeln, was die Natur braucht, um ihre Transaktionen zu vervollständigen. Sonst hätte er nur milde Gaben gegeben, was nicht im Einklang mit dem Naturgesetz steht. Die Natur erfordert, dass alles, was gegeben wird, gleichwertig zurückgegeben wird.

Selbstgeschaffene Spannungen, welche das Glück vieler Familien zerstören, werden in zahllosen Familien deutlich, wo Mütter und Väter ihre Kinder daran hindern, ein normales Leben zu leben, und darauf bestehen, ihren Kindern genau vorzugeben, wie sie zu leben haben.

Eine sehr glückliche Familie aus Vater, Mutter, einer Tochter und einem Sohn lebte in großer Harmonie zusammen, bis beide Kinder alt genug waren, das andere Geschlecht zu umwerben beziehungsweise von diesem umworben zu werden. Der Vater starb, woraufhin die Mutter plötzlich von ihren Kindern erwartete, sie sollten sich ausschließlich ihr zuwenden. Anstatt des natürlichen Wunsches, ihre Kinder glücklich verheiratet zu sehen, erschreckte sie der Gedanke, ihre Kinder zu verlieren. Seit sie ihren Mann verloren hatte, empfand sie, ihre Kinder hätten einzig und allein die Aufgabe, mit ihrer Zuwendung und Unterstützung den Platz ihres verstorbenen Vaters einzunehmen. Sie musste auf ihren früheren Beruf als Schneiderin zurückgreifen, um den Lebensunterhalt zu verdienen, bis beide Kinder in der Lage waren, zu arbeiten und sie zu unterstützen.

Die Spannungen begannen, als Susans erster Verehrer einen Abend mit ihr in ihrer Familie verbringen wollte. Susans Mutter wehrte diese erste, ernsthafte Bedrohung für ihr Glück entschlossen ab. Sie sagte Susan, sie sei noch zu jung, um an so etwas zu denken. Sie müsse auch Rücksicht auf ihre Mutter nehmen und dürfe keine Zeit mit Jungen verschwenden. Die Mutter ertrug den ersten Besuch des jungen Mannes und den zweiten, aber ein dritter Besuch fand nicht statt. Der Junge suchte sich andere und erfreulichere Möglichkeiten. Die Liebe war in ihm noch nicht so weit gereift, als dass er gegen einen solchen Widerstand um seine Liebe hätte kämpfen wollen. Eine junge Liebe braucht genauso einen geeigneten Boden, in dem sie wachsen kann, wie eine junge Pflanze einen geeigneten Nährboden braucht.

Dick, der Bruder, verbrachte ebenfalls Abende mit verschiedenen Mädchen und ging auf viele Partys, aber wenn er ein bestimmtes Mädchen näher ins Auge zu fassen schien, erinnerte ihn seine Mutter daran, dass er nicht an solche Dinge denken sollte, während sie doch seine Liebe und seine Unterstützung brauchte. Sie bearbeitete beide Kinder dermaßen mit dieser Idee, dass die Kinder allmählich selbst daran glaubten. So verging Jahr um Jahr. Jedes von ihnen fühlte, wie besitzergreifend die Mutter war. Sie erinnerte ihre Kinder ständig an die Jahre, die sie ihnen geopfert hatte, und an ihre erste Pflicht gegenüber ihrer Mutter. Von dem Moment an, als der Besitzanspruch der Mutter begann, verließ das Glück diese Familie, und die erste Spannung entstand. In dem Maße, wie die Spannung ihr Potenzial vervielfachte, blieben vom Glück nur noch Bruchteile. Wenn die Spannungen in einer Familie stark genug werden, zerbricht sie.

Susan war inzwischen vierunddreißig und Dick sechsunddreißig. Susan war lange Zeit von Verehrern links liegen gelassen worden. Sie hatte jahrelang kaum irgendeine Aufmerksamkeit empfangen. Dann geschah etwas. Ein junger Mann, den sie tief liebte und gerne geheiratet hätte, als sie sechsundzwanzig war, und der damals aus beruflichen Gründen fortgegangen war, kehrte nach Hause zurück. Eine große Woge unterdrückten Glücks überrollte Susan, gefolgt von einem noch tieferen Tal von Tränen, als sie an ihre Pflicht gegenüber ihrer Mutter dachte, die ihr so unabweisbar eingeimpft worden war. Ihr Verehrer akzeptierte ihr »Nein« nicht und sagte: »Deine Mutter hat uns bereits zehn Jahre Glück gestohlen. Sie ist eine unnatürliche Mutter, und ich werde ihr das sagen. Du kannst sie weiter unterstützen, aber du wirst mich heiraten und damit basta.«

Dann gab es eine denkwürdige Szene, aber etwas zerbrach auch in Dick, und er sagte seiner Mutter Dinge, die er nicht im Traum für möglich gehalten hätte, so hypnotisiert war er von der Idee gewesen, dass es seine unabweisbare Pflicht sei, sich für seine Mutter zu opfern. Als er feststellte, dass die Zusicherung weiterer materieller Unterstützung ihr im Vergleich mit ihrem Wunsch, ihre Kinder zu besitzen, so wenig bedeutete, sagte er ihr: »Mutter, du hast dein Eheglück gehabt, du hast einen Mann und Kinder und ein Zuhause gehabt. Du hast dich nicht für uns geopfert. Du hast uns für dich geopfert. Susan liebt John und hätte ihn schon vor zehn Jahren heiraten sollen. Sie wird ihn jetzt heiraten, und ich werde Nancy heiraten, die alt wird, während sie auf mich wartet. Du solltest dein Glück in deinen hinzugewonnenen Schwiegerkindern und deinen Enkelkindern finden wie andere Mütter. Ich hoffe, das wirst du auch tun. Wir haben jedenfalls endlich erkannt, wie die Situation in Wahrheit ist, und wir werden unser normales Leben leben, so wie du dein Leben gelebt hast.«

Diese Mutter war leider nicht in der Lage, sich an das natürliche Familienwachstum anzupassen, denn sie hatte nie gelernt, Glück zu geben, indem sie teilte. Sie war nicht in der Lage, Glück zu finden, obwohl sie von einer Fülle davon umgeben war. Daher erschuf sie ihre Einsamkeit und ihr Unglück selbst. So zerbrach eine weitere Familie, in der eigentlich alle Elemente, die für das Glück nötig sind, vorhanden waren, weil die Mutter nicht wusste, wie sie in Harmonie mit dem einzigen Gesetz des Gleichgewichts leben konnte, das alles Leben regiert. Dies war nur ein weiteres Beispiel für die vielen tausend Probleme, denen jeder von uns ständig begegnet. Es sollte keine Schwierigkeit sein, jedem einzelnen Problem entgegenzutreten, wenn die Menschen sich geistig genügend entfaltet haben, um zuerst Gott zu bitten, ihnen zu zeigen, wie sie ihr Problem lösen können.

Die Gerichtshöfe sind überlaufen mit Tausenden menschlicher Probleme, die dort nicht sein müssten. Jeder, der jemand anderen verklagt, weiß in seinem Herzen, was eigentlich der richtige Weg wäre, und der beklagte Mann weiß es auch. Aber da sie beide das wissen und auch wissen, dass der richtige Weg der einzige ist, warum bekämpfen sie einander immer noch vor Gericht wie Feinde, anstatt sich freundschaftlich zusammenzusetzen? Die Antwort lautet: Die Mehrheit der Menschen, die mit ihren finanziellen Streitigkeiten vor Gericht geht, will entweder das Beste von ihrem Mitmenschen und soviel wie möglich für sich haben, oder will einer Verbindlichkeit entgehen, von der sie weiß, dass es ihre Pflicht wäre, sie zu erfüllen. Indem sich diese Menschen gegen eine Klage verteidigen, hoffen sie, dieser Verantwortlichkeit zu entgehen und nicht die ganze Summe bezahlen zu müssen.

Einer unserer Schüler, ein Rechtsanwalt, hat uns gesagt, dass volle siebzig Prozent der Verfahren mit finanziellem Hintergrund außergerichtlich gelöst werden könnten, wenn die Menschen wirklich den Wunsch hätten, sich fair zu verhalten. Er hat viele seiner Klienten dazu veranlasst, sich mit ihren Gegnern von Angesicht zu Angesicht gegenüberzusetzen und ihre Differenzen auf einer Basis von Fairness zu bereinigen, was die Freundschaften erhält, anstatt auf der Grundlage von Zwang, was Freundschaften zerstört. Er erzählte von einem Fall, bei dem sich der Gegner seines Klienten weigerte, über Ausgleichszahlungen für schwere Schäden in einem freundschaftlichen Gespräch zu verhandeln, und darauf bestand, vor Gericht zu gehen. Dieser Rechtsanwalt und sein Klient waren zu dem Schluss gekommen, dass ein großzügiger und fairer Betrag für den Gegner fünfzigtausend Dollar wäre und boten diesen Betrag in einer freundlichen Mitteilung an.

Das Angebot wurde zurückgewiesen, und eine Klage auf zweihunderttausend Dollar Ausgleichszahlung wurde bei Gericht eingereicht, welches dem Kläger jedoch anstatt zweihunderttausend nur zwanzigtausend Dollar zugestand, weil er durch seine Nachlässigkeit ebenfalls zu dem Schaden beigetragen hätte. Als der Klient seinem Anwalt sagte: »Nun, John, dadurch, dass er vor Gericht gegangen ist, haben wir dreißigtausend Dollar gespart!«, überraschte ihn der Anwalt mit der Antwort: »Nein, wir haben keine dreißigtausend Dollar gespart, denn wir werden ihm die angebotenen fünfzigtausend geben.«

»Warum in der Welt sollen wir das denn machen? Wir haben doch den Prozess gewonnen, oder nicht?«, fragte der Klient. »Ja, wir haben gewonnen, aber wir werden verlieren, wenn wir nicht tun, was wir von Herzen als fair erkannt haben. Wenn das Gericht ihm weniger gibt, als wir für fair hielten, verletzen wir uns selbst, indem wir daraus einen Vorteil ziehen, und verlieren außerdem einen Freund.«

Ein Scheck über fünfzigtausend Dollar wurde mit einem Brief versendet, der so begann: »Lieber John, die Entscheidung des Gerichtshofs in dem soeben abgeschlossenen Verfahren tut mir sehr leid. Wir waren uns vielleicht über den Betrag, zu dem du berechtigt warst und den wir hätten zahlen sollen, nicht einig, aber unsere Schlussfolgerung, dass wir dir fairerweise den Betrag des beigefügten Schecks schulden, kann nicht einmal durch eine Gerichtsentscheidung geändert werden, die wir so nicht als fair akzeptieren wollen.«

Man muss wohl nicht sagen, dass dieser Ausgang eine Spannung aufhob, die zwischen diesen beiden Männern sonst wahrscheinlich ihr ganzes Leben lang nicht mehr aufgelöst worden wäre. Wäre durch den Rechtsanwalt des Beklagten ein Scheck über zwanzigtausend Dollar zum Rechtsanwalt des Klägers geschickt worden, wäre dieser Scheck von einer Restspannung begleitet gewesen, die unter Umständen zehn Mal mehr an gutem Willen gekostet hätte als die gesparten dreißigtausend Dollar.

Die Streitlust in der menschlichen Natur verschwindet vollkommen, wenn die Liebeskraft der Natur die Illusion der Getrenntheit und die daraus folgende Selbstsucht zerstört. Streitsucht und der selbstsüchtige Wunsch, aus einer Transaktion mit einem anderen Menschen so viel wie möglich herauszuholen, ist ein Versuch, mit Gott zu feilschen. Das ist unmöglich. Gott lässt Sie weder mehr nehmen noch weniger nehmen als das Gesetz. Wenn Sie eine Einigung mit Ihrem Nachbarn für weniger erzwingen, als das einzige Naturgesetz des Gleichgewichts ihm geben sollte, wird damit eine kostspielige Spannung einhergehen, die niemals aufgehoben werden kann.

Wenn Sie noch besser verstehen wollen, wie eine Dauerspannung Schaden anrichtet, bis sie aufgehoben wird, nehmen Sie ein kräftiges Gummiband, ziehen Sie es auseinander, so weit Sie können, und halten Sie es weiter so. Nicht eine Sekunde lang können Sie diese Spannung, die Sie für sich selbst erschaffen haben, vergessen. Wenn Sie gezwungen wären, sie in dieser Position zu halten, würden Sie alles, was Sie haben, darum geben, um von dieser Aufgabe befreit zu werden. Oder versuchen Sie einmal, Ihre täglichen Pflichten zu erfüllen, während Sie von Ihrer normalen ausgewogenen Körperhaltung auch nur um drei Grad abweichen. Nur diese drei kleinen Grade machen Ihr Leben um ein Vielfaches schwieriger und unbequemer, und doch ist praktisch jeder Mensch auf der Erde in einer ähnlichen oder noch schlimmeren Lage.

Jeder Mensch hat eine bestimmte Anzahl von Spannungen, die er in seinem Alltag erschaffen hat und gegen die er beständig ankämpfen muss. Dazu kommt eine große Weltspannung von unbekannter Stärke, welche – wie jeder weiß – über Nacht die halbe Erde zerstören könnte. Diese große Weltspannung existiert. Niemand weiß genau, was es ist, aber jeder fühlt eine ominöse Bedrohung von etwas Unbekanntem; etwas liegt in der Luft, was vollständiges Glück verhindert. Wo immer Spannungen existieren, ist vollständiges Glück unmöglich. Darum sollten wir jedem Problem in unserem Alltag augenblicklich gegenübertreten, egal, worum es sich handelt, und es beseitigen. Suchen Sie nach der *Ursache*. Sie haben es wahrscheinlich in irgendeiner Handlung während des Tages erschaffen. Wenn Sie darüber verstört sind, bedeutet dies, dass es eine Restunausgewogenheit gibt, die Sie noch nicht aufgehoben haben. Sie können unmöglich vollständig glücklich sein, bis Sie diese Restspannung aufgehoben haben. Es ist, als würde diese Spannung dazu führen, dass Sie sich gegen die Schwerkraft um mehrere Grad aus Ihrer Mitte lehnen würden.

Ein bekannter New Yorker Industrieller, der seinen Erfolg fairem Handeln und gutem Service statt einer Politik des Nehmens zuschreibt, sagte: »Wenn ich feststelle, einen Freund verletzt zu haben, suche ich ihn noch vor Ende des Tages auf, um die Verletzung zu heilen.« Dieses Prinzip ist so einfach zu verstehen, dass es merkwürdig ist, dass die Menschen es nicht erkennen. Viele Ehen könnten gerettet werden, wenn vor dem Schlafengehen Frau und Mann ihre Liebe zum Ausdruck bringen würden, nachdem es einen Missklang gab, der eine leichte Spannung zurückließ.

Betrachten Sie das häufige Problem der Einsamkeit in einer Welt, wo jeder nach Freundschaften sucht. Alle einsamen Menschen sind von Liebe und Freundschaft umgeben, die ihnen frei zur Verfügung steht, wenn sie nur fragen. Aber sie wollen Freundschaft *haben,* anstatt sie zu *geben.* Sie wollen Aufmerksamkeit erwiesen bekommen, anstatt anderen einen Dienst zu erweisen. Sie warten, dass ihnen Freundschaft gegeben wird, ohne jedoch anderen selbst etwas zu geben. Jeder, der Liebe und Gesellschaft will, kann sie in reichem Maße haben, wenn er nur jedem, dem er begegnet, liebevolle Freundschaft schenkt. Man kann die Liebe nicht von sich fernhalten, wenn man selber Liebe gibt. Ein Mädchen, das Freundlichkeit, Charme und gute Manieren ausstrahlt, zieht viel mehr Freunde an als die arrogante Selbstsüchtige, die nach Bewunderung verlangt.

Laotse hat einmal gesagt: »Wer nach Ehren strebt, sollte zunächst andere ehren.« Wer sich Bewunderung wünscht, muss daher erst Bewunderung geben oder auf ewig darauf verzichten.

Es ist unwichtig, was genau Ihre Schwierigkeit oder Ihr Problem ist, wenn Sie nur erkennen, dass Gott Ihnen von Anfang an Seine liebevollen Anweisungen zugeflüstert hat. Gott arbeitet die ganze Zeit mit all Seinen Schöpfungen. Wenn den Menschen diese Tatsache nach langen Zeitaltern bewusst wird, vereinfacht sich ihr Schicksal, indem sie lernen, wie sie mit Ihm zusammenarbeiten können. Warten Sie daher nicht, bis Sie zu Bett gehen, um dann ein gewohnheitsmäßiges Gebet an Ihn zu richten. Seien Sie in jedem Augenblick Seiner Gegenwart in Ihrem Inneren gewahr, so dass Ihnen die Tatsache, dass Er mit Ihnen arbeitet, genauso bewusst ist wie die Tatsache, dass Ihr Partner mit Ihnen arbeitet.

Immerwährendes Gottes-Gewahrsein ist nötig, damit sich Ihre Bestimmung durch Arbeit entfalten kann, und es ist auch nötig, um einen Zustand der beständigen inneren Freudigkeit aufrechtzuerhalten, der Sie vor den Giften der Müdigkeit schützt. Freudigkeit ist Liebe. Eine freudige Natur wird sehr oft nicht die leichtesten Zeichen von Müdigkeit zeigen, während der Griesgram oder Müßiggänger, der seine Arbeit nicht liebt, sehr schnell ermüdet.

Wieder sage ich, das Leben ist schwierig zu leben, wenn wir nicht das Himmelreich in unserer eigenen Mitte kennen. Je mehr wir nach bewusstem Gewahrsein von Gottes ewiger Gegenwart streben, umso leichter wird unser Leben.

Dieses Kapitel schließt mit den ermahnenden Worten, mit denen es auch begann: »Liebet einander!« So sollte jedes Kapitel unseres Lebens beginnen und enden, denn Liebe ist die Grundlage des Lebens.

Kapitel XVII

Charakter

Würden Sie einen Bildhauer bei seiner Arbeit an einer Büste beobachten, könnten Sie fasziniert verfolgen, wie aus einem gesichtslosen Klumpen Lehm allmählich eine Persönlichkeit erscheint. Zug um Zug formen sich Augen, Nase und Mund zu den kraftvollen Zügen einer prominenten Persönlichkeit. Sie würden fasziniert zusehen, wie eine winzige Änderung in der Linie des Mundes oder der Mundwinkel den Zügen Festigkeit verleiht. Eine leichte Berührung hier und da an Stirn und Wangen und besonders an den Augen, und die Kraft einer großen Persönlichkeit taucht aus dem formlosen Lehm auf.

Vielleicht ist Ihnen nicht klar, dass Sie auf diese Weise auch Ihre eigenen Züge wie eine Skulptur erschaffen. Sie haben als Baby mit einem vollkommen charakterlosen Gesicht begonnen. Wie Sie heute aussehen, entspricht dem, was Sie dem Lehm Ihres Körpers abgerungen haben. Wenn in Ihren Zügen Festigkeit und Stärke einer großen Persönlichkeit zu sehen sind, dann waren Sie der Bildhauer. Wenn dort Schwäche und Wankelmut zu sehen sind, waren ebenfalls Sie es, der beides in Ihre Züge modelliert hat. Alle Menschen modellieren sich selbst nach ihrem eigenen Bild.

Vielleicht haben Sie darüber noch nicht nachgedacht. Die meisten Menschen, die nicht viel darüber nachdenken, stellen sich vage vor, dass sie dazu geschaffen wurden, so auszusehen, wie sie aussehen. Sie denken, dass sie einfach so herangewachsen sind. Das ist falsch gedacht. Natürlich sehen wir unterschiedlich aus, weil wir verschiedenen Körpertypen zugehören, aber Charakter und Gesichtsausdruck sind nur deshalb unterschiedlich, weil die Menschen unterschiedlich denken.

Vom Augenblick der Geburt an beginnen Ihr Wesen und Charakter Ihrem gesamten Körper Ihre Individualität aufzuprägen. Jeder Gedanke ist wie eine Bewegung, die der Bildhauer im Lehm vollführt, und sie richtet Ihre Mundwinkel nach oben oder nach unten und bildet so eine fröhliche oder eine vergrämte Persönlichkeit ab.

194

Kinder haben aufgrund ihrer noch geringen Erfahrungen sehr wenige Charakterzüge in ihren Gesichtern. Aber schon in ihrer Jugend wird sichtbar, welche Art Persönlichkeit ein Jugendlicher als Erwachsener haben wird, anhand dessen, was er denkt und tut. Wenn ich einen Jungen sehe, der stundenlang fernsieht oder das Radio die ganze Zeit eingeschaltet hat, weiß ich, wie er als Erwachsener aussehen wird. Er wird nicht strahlend aussehen, nicht kühn und intelligent, denn er möchte die ganze Zeit von Quellen außerhalb seiner selbst unterhalten werden. Während der eine Jugendliche – wenn überhaupt – Sendungen mit einem gewissen kulturellen Wert anschaut, wird ein anderer diese abstellen und die Sendungen wählen, die seine Sensationslust bedienen.

Wenn Ihre Kinder erfinderisch sind und Fantasie haben, werden sie ihre Zeit damit verbringen, selbst etwas zu tun, anstatt immer danach zu trachten, sich von äußeren Quellen ablenken zu lassen.

Zehnjährige Jungen und Mädchen haben starke Charakteranlagen, aber es sind nur die Anlagen. Bis zum vierzehnten Lebensjahr sind Kinder sehr formbar. Sie können ihnen besser vor diesem Alter als danach helfen, ihren eigenen Charakter zu formen. Kinder, die ihre Zeit mit intensivem Spielen und Experimentieren verbringen, werden als Erwachsene erfinderischer und selbstgenügsamer sein als die Jungen und Mädchen, die nie wissen, was sie tun sollen und immerzu beschäftigt werden wollen. Diesen Charakterzug haben sie sich bereits in ihre Charakterzüge modelliert.

Sie dürfen allerdings nicht den Fehler machen, alle Kinder über einen Kamm zu scheren. Es gibt Träumer, die nach innen denken und sich selbst genug sind. Diese werden oft für unbegabt gehalten, obwohl es in Wirklichkeit umgekehrt ist. Der Grund, warum sie körperlich nicht so aktiv sind, liegt in ihrer geistigen Aktivität. Sie haben kühne Fantasien und möchten am liebsten in Ruhe gelassen werden, um sich ihren eigenen Vorstellungen hingeben zu können. Wenn Sie solche Eigenschaften bei Kindern erkennen, können Sie sicher sein, dass sie schlechte Geschäftsleute werden, dafür aber wunderbare Künstler oder Designer. Viele solche Kinder leiden unsagbare Qualen, weil ihre Familien ihnen kein Verständnis entgegenbringen.

Jedes junge Mädchen möchte hübsch aussehen. Wie viele tausend Male blickt ein solcher Teenager in den Spiegel und wünscht sich, so hübsch zu sein wie irgendein anderes ihm bekanntes Mädchen. Wer schön aussehen will, muss gute Gedanken denken. Niemand kann anders als hübsch aussehen, wenn er positive Gedanken denkt, und niemand kann verhindern, dass er hässlich aussieht, wenn seine Gedanken negativ sind. Haben Sie jemals eine wirklich liebevolle, freundliche Frau gesehen, die nicht hübsch ist? Wie ihre Züge auch im Einzelnen aussehen, sie ist immer hübsch. Wenn das Leben eines Menschen der Aufgabe gewidmet ist, anderen einen liebenden Dienst zu erweisen, ist ihm die Liebe in jeden Gesichtszug geschrieben. Er kann nicht anders, als das Abbild seines Denkens zu werden.

Als ich siebzehn war, fürchteten sich die Mädchen meines Alters sehr vor dem Altwerden. Meist hielten sie eine Frau von vierzig für uralt. Ich beobachtete im Stillen eine schöne Frau von fünfunddreißig und vierzig oder noch älter und dachte, wie schön und wie ebenmäßig sie aussah und wie wunderbar es sein würde, wenn ich fünfunddreißig wäre. Ich habe immer junge Mädchen für hübsch, reife Frauen für schön und alte Damen für anmutig gehalten.

Hübsche junge Mädchen haben noch nicht die notwendigen Emotionen des Lebens, die sie schön machen, denn Schönheit liegt nicht nur in der Form. Schönheit hängt vollkommen davon ab, wie viel Liebe eine Frau in ihr Denken gelegt hat. Eine Frau kann ein Gesicht haben, das so schön ist wie das einer Puppe, und trotzdem abstoßend wirken, wenn sie ein selbstsüchtiges oder zynisches Leben geführt hat. Ich habe viele puppenhafte Schönheiten gesehen, denen Niedertracht und Falschheit in jede Linie ihres Gesichts geschrieben waren. Auf der anderen Seite habe ich ganz schlichte Frauen gesehen, die aufgrund der Liebe, die sie der Welt gaben, wunderschön aussahen. Liebe ist die größte Bildhauerin der Schönheit. Florence Nightingale gab viele Jahre lang Liebe aus ihrem heiligengleichen Wesen heraus. Ihre Züge waren nach äußeren Maßstäben nicht die einer schönen Frau, aber ihre Erscheinung leuchtete mit einem Madonnenlicht, das jeden Betrachter, der das Glück hatte, von ihm erhoben zu werden, inspirierte.

Ich erinnere mich an eine Frau von etwa vierzig Jahren, die in unserem Chor sang, als ich ein junges Mädchen war. Ihr Haar war aufgrund eines plötzlichen großen Kummers vor der Zeit weiß geworden. Jeder im Publikum betrachtete sie mit sehr viel mehr Interesse als eines der jungen Mädchen. Dies geschah, weil der Charakter der Schönheit in ihrem Gesicht mehr ausdrückte als bei den jüngeren, charakterlosen Gesichtern, und ihr wunderschönes weißes Haar sah aus wie ein krönender Glorienschein.

Naturgemäß gelten dieselben Prinzipien hinsichtlich Alter und Erscheinungsbild auch für Männer. Ich persönlich war immer der Ansicht, dass ein charaktervoller Mann mit zunehmendem Alter besser aussieht. Betrachten Sie zur Bekräftigung einige alte Fotografien von Männern, die Sie kennen. Obwohl sie vielleicht das Pech hatten, ihr Haar zu verlieren, sehen sie trotzdem attraktiver aus als zu ihrer Jugendzeit mit dichtem Haar.

Mein Mann war als Porträtist von Kindern weltberühmt. Fast über Nacht stellte er fest, dass er sie nicht länger malen konnte, denn er sehnte sich danach, die große Schönheit älterer Menschen auszudrücken, die ein erfülltes, schöpferisches Leben geführt hatten. Und alle fragten sich, wie er nur dazu käme, keine hübschen, unschuldigen, jungen Knospen des Lebens mehr zu malen. Aber er hatte die Feinheiten, die solche Objekte erforderten, gemeistert. Seine Antwort lautete, er sei es müde, Landkarten zu malen, auf denen die Emotionen eines Lebens erst noch abgebildet werden sollten. Sie inspirierten ihn nicht mehr. Er sehnte sich danach, statt der Leere bloßer Lieblichkeit Gesichter zu malen, auf denen bereits die tiefen Emotionen eines langen Lebens eingeprägt waren. Einmal sagte er, es gäbe mehr inspirierende Schönheit im Gesicht einer runzeligen, alten Bettlerin, die unter großen Entbehrungen sieben Kinder groß gezogen hat, als im Antlitz der schönsten Frau der Welt, die nur für sich selbst gelebt hat.

Welcher Charakter liegt im ruhigen Ozean, verglichen mit dem im Sturm aufschäumenden Wasser, heulenden Winden und an die Küste brandenden Riesenwellen? Welche Gelegenheit für Charakterausdruck liegt im Gesicht des isoliert lebenden Buchhalters, verglichen mit dem Forschungsreisenden im afrikanischen oder brasilianischen Urwald? Wir können vielleicht sagen, dass das Gesicht eines Mannes vornehmer Herkunft, der seine Tage mit geselligen Anlässen verbringt, hübscher aussieht, aber ist es auch interessanter?

Ich denke oft an Barrie, den berühmten Dramatiker, der sagte, dass eine schlichte Frau mit Charme anmutiger und attraktiver sei, als eine Schönheit ohne Charme. Woran liegt das? Charme entsteht, wenn jemand aus sich heraus anderen Liebe gibt. Er liegt in der Betrachtungsweise und der Nachdenklichkeit, die anderen gezeigt wird, und besonders in der freudigen Veranlagung, die jeden erhebt, mit dem eine charmante Person in Kontakt kommt.

Ich kenne eine Frau, die im Umgang mit ihrem engsten Freundes- und Familienkreis sehr charmant war. Gegenüber Fremden schien sie diesen Charme vollständig zu verlieren. Dies machte ihr große Sorgen, denn auf Festen war sie immer das Mauerblümchen und hatte bei Festessen große Schwierigkeiten mit ihren Tischpartnern, die sie ignorierten und lieber mit ihrem Gegenüber sprachen. Sie entwickelte deswegen nach und nach starke Minderwertigkeitsgefühle, obwohl sie – noch nicht einmal dreißig – sehr schön und eine anerkannte Musikerin war.

Eines Tages vertraute sie mir ihre Schwierigkeiten an, und ich sagte, all ihre Schwierigkeiten wären die Auswirkungen eines einzigen Fehlers: »Sie haben Angst vor Menschen, besonders vor Männern.« – »Das ist Unsinn«, erwiderte sie, »ich bin gerne mit Menschen zusammen, mit Männern wie Frauen. Ich habe überhaupt keine Angst vor ihnen.« – »Wenn Sie keine Angst vor ihnen haben, warum lehnen Sie sich dann immer zurück, wenn Sie einem Fremden vorgestellt werden?,« fragte ich. »Es gibt keine zurückweisendere Geste im Lexikon des Beziehungsaufbaus als diese. Sie haben eine Reserviertheit gegenüber allen Fremden, die diese frösteln macht. Ich habe das bemerkt, als Sie unseren Gästen vorgestellt wurden. Wenn Sie Ihre Haltung einfach umkehren und sich bei der Begrüßung wie Ihr Gegenüber etwas nach vorne neigen würden, wären Ihre Schwierigkeiten augenblicklich vorbei. Probieren Sie es!«, forderte ich sie auf.

Sie versuchte es sehr gewissenhaft. Nach kaum einer Woche stellte sie schon eine große Veränderung in ihrem Leben fest. Sie hatte keine Schwierigkeiten mehr, die Aufmerksamkeit ihrer Tischnachbarn zu erhalten, wenn sie sich nur ein wenig zu ihnen neigte, in der natürlichen Art von Freunden, statt sich immer – wenn auch nur leicht – zurückzulehnen. Sehr bald schon hatte sie Verehrer, die ihr Blumen schickten. Später heiratete sie einen sehr bekannten Mann. Bei unserem letzten Treffen sprach sie davon, ihren Kindern in erster Linie Charme vermitteln zu wollen.

Versuchen Sie nicht, dem Altwerden mit irgendwelchen künstlichen Maßnahmen – abgesehen von guter Körperpflege – zu entfliehen. Weißes Haar ist wunderschön, wenn die Zeit dafür gekommen ist. Dieses Haar zu färben, wie zahllose Frauen es tun, beraubt sie der Persönlichkeit und des Charmes, der das Alter so anziehend und interessant macht. Die scheinbare Verbesserung bewirkt das Gegenteil: Sie sehen aus wie eine bemalte Kunstblume. Das wahrscheinlich größte Vergehen in dieser Hinsicht ist das »Facelifting« mithilfe einer Schönheitsoperation. Nur zu oft sehen solchermaßen behandelte Menschen geradezu grotesk aus, da so all die Glorie und das Staunen aus ihrem Gesicht genommen wurden.

Eine Frau mit rabenschwarzem Haar bekam so viele Komplimente dafür, dass sie das Gefühl hatte, ihre Welt bräche zusammen, als in dieser wunderschönen Schwärze die ersten weißen Haare sichtbar wurden. Um dies zu kaschieren, färbte sie diese wenigen ersten weißen Haare, aber sie fand nie den richtigen Zeitpunkt, um mit dem Färben aufzuhören, während die weißen Haare immer mehr wurden. Jahrelang war es nicht zu merken, aber irgendwann wurde es sehr deutlich und dann geradezu auffällig. Sie brachte es nicht über sich, einen Farbwechsel zu vollziehen, obwohl ihr schon lange niemand mehr die Komplimente machte, die sie in früheren Jahren so erfreut hatten. Als sie schon über siebzig war, fesselte eine Krankheit sie für Monate in ein Krankenhaus und weitere Monate in die häusliche Rekonvaleszenz. Während dieser Zeit bekam ihr Haar sein natürliches Schneeweiß, und von nun an erhielt sie wieder viele Komplimente für die Schönheit ihrer Haare. Sie hatte nicht erkannt, dass sie gegen die Natur arbeitete, die versuchte, sie immer schön zu erhalten, und dass sie die Natur genau daran gehindert hatte.

Eine weitere interessante Geschichte, an die ich mich in Verbindung mit dem Älterwerden erinnere, handelt von einer Frau, deren Geliebter aus Jugendtagen, der zwanzig Jahre zuvor aus finanziellen Gründen nicht in der Lage gewesen war, sie zu heiraten, ihr schrieb, er kehre nun als wohlhabender Mann zurück. In der Zwischenzeit war sie unglücklich verheiratet gewesen; diese Erfahrung hatte ihre Spuren in ihren Gesichtszügen hinterlassen, und ihr einst blondes Haar war von weißen Strähnen durchzogen. Ihr erster Gedanke beim Erhalt seines Briefes war, dass er geschockt sein würde, sie so zu sehen, denn er würde sie sich so vorstellen, wie sie vor zwanzig Jahren ausgesehen hatte. Sie ließ sich ihre Haare blond färben und ihr Gesicht liften, um die Altersspuren zu beseitigen.

Er rief sie vom Bahnhof an, und die Freude der beiden sprach für sich. Ihr Herz schlug höher, als sie die Tür öffnete, um ihn einzulassen. Vor ihr stand ein gut aussehender Mann mittleren Alters mit grauen Schläfen und mit jener warmherzigen Natürlichkeit, die zum Alter gehört. Er blickte ihr offen ins Gesicht und sagte mit einem wachsenden Ausdruck der Ungläubigkeit: »Aber Elisabeth, du hast dich ja gar nicht verändert!« Die reife Liebe, für die er zurückgekehrt war, war verschwunden, denn diese jung aussehende Frau war nicht das, was er *jetzt* wollte – er wollte eine reife Frau, die mit ihm alle Dinge teilen konnte. Das Leben hatte diese Frau scheinbar nicht berührt, und er hatte das Gefühl, sie könne ihm nicht den Reichtum an Liebe zu geben, nach dem er sich sehnte.

Diese Geschichte lehrt uns, dass alternde Menschen leicht vergessen, dass alle ihre Freunde mit ihnen altern. Wer dann versucht, sein Aussehen jünger zu machen, wird die Natürlichkeit von Wachstum und Freundschaft belasten. Wenn Sie in Anmut mit der Natur und der Zeit altern, arbeitet die Natur immer mit Ihnen, um den Charakter, zu dem Sie geworden sind, in Ihren Körper zu meißeln.

Die wichtige Idee hinter dieser Vorstellung ist, dass jeder zum Abbild seines eigenen Denkens geworden ist. Er ist vielleicht nicht das geworden, was er wollte, denn er war vielleicht nicht bereit, die dafür erforderliche Anstrengung aufzubringen. In diesem Fall sehen Sie andere Eigenschaften in seinen Zügen. Sie sehen Frustration, Schwäche, Wankelmut und Trägheit.

Sie sehen in einem solchen Gesicht nicht die Kraft eines Menschen, der mit Liebe zu der dafür nötigen Anstrengung losgeht, um zu bekommen, was er möchte.

Die Welt ist voller Menschen mit sehr großen Wünschen, die sie durch Wunschdenken zu verwirklichen suchen, z.B. indem irgendjemand anders es ihnen leichtmachen soll. Den Menschen, die bedeutende Persönlichkeiten werden möchten, kann dies nur gelingen, indem sie die notwendige Anstrengung unternehmen. Das ist die einzige Art, bedeutend zu werden. Der Wunsch alleine reicht nicht.

Ich denke oft an eine Frau, die heute eine bekannte Autorin ist und ihre Laufbahn als Stenografin begann. Sie wünschte sich mehr als alles auf der Welt, gute, als Drehbücher für Kinofilme geeignete Geschichten zu schreiben. Jeden Abend schrieb sie bis tief in die Nacht an ihren Geschichten. Schließlich wurde einer ihrer Texte von einem führenden Magazin veröffentlicht. Das war der Anfang, aber es bedeutete immer noch, dass sie Monate, vielleicht Jahre, allabendlich ihrem Schreiben widmete. Sie hatte die dafür notwendige Charakterstärke und schrieb schließlich eine wunderbare Geschichte, die sie einer weiteren führenden Zeitschrift verkaufte und von der sie auch für fünfzigtausend Dollar die Filmrechte verkaufen konnte. Es gibt so viele Menschen, die sagen, sie könnten wunderbare Geschichten schreiben, wenn sie nur die Zeit oder das Geld zum Studium hätten. Diese Frau hatte keins von beiden, aber sie hatte einen unbezähmbaren Wunsch und einen Glauben an sich selbst, der durch nichts zerstört werden konnte. Nur schlichte, harte Arbeit brachte ihren Wünschen den Erfolg.

Die Personalchefs großer Firmen müssen darin geübt sein, den Charakter zu beurteilen, zu dem Menschen sich formen. Ein junger Mann mit soeben erworbenem Schulabschluss wurde ins Personalbüro gerufen. Anstatt auf die erste Frage des Personalleiters zu warten, sagte er: »Ich bin aufgrund einer Anzeige hier, nach der Sie Mitarbeiter brauchen. Wie sind die Arbeitszeiten, und was zahlen Sie?« – »Junger Mann, ich fürchte, Sie haben im Leben noch sehr viel zu lernen, aber wir haben hier nicht die Zeit, es Ihnen beizubringen!«, erwiderte der Personalleiter und bat seine Sekretärin, den nächsten Bewerber hereinzuführen.

Ein guter Personalchef kann fünfzig Bewerber begutachten, ohne irgendeinen von ihnen persönlich zu befragen, und zwei Drittel von ihnen aussortieren, ohne Zeit für persönliche Gespräche aufzuwenden. Diejenigen, die er aussortiert, tragen die unmissverständlichen Zeichen mangelnder Initiative, Faulheit, langsamer Bewegung und Sprache an sich, die für schwerfälliges Denken sprechen. Neun Zehntel von ihnen sind Männer oder Frauen, die einfach nur Jobs wollen, und gar nicht wissen, dass ihr Job ihre Gelegenheit ist, sich selbst zum Ausdruck zu bringen. Diese sind die Uhrgucker, die so wenig wie möglich für ihr Geld tun wollen, im Unterschied zu denjenigen, die mehr tun, als von ihnen erwartet wird, einfach aus Liebe zur Arbeit.

Alle Menschen haben dieselben Chancen, von den untersten Sprossen der Hierarchie in einer Firma bis zum Geschäftsführer aufzusteigen. Jeder, der sich mit Persönlichkeiten auskennt, kann all jene, die in den unteren Bereichen arbeiten, einschätzen und hier und dort einen aus Hunderten heraussuchen. Das sind diejenigen, die immer nach oben kommen, denn sie leisten auf jeder Stufe ihrer Entfaltung gute Arbeit. So finden große Firmen ihre starken Mitarbeiter. Stärke ist bei ihnen spürbar, wenn sie kommen, und sei es als Praktikant, und ihre Charakterstärke nimmt jedes Jahr zu. Wer sie hat, fügt immer etwas hinzu und zieht niemals davon ab.

In jeder Firma und in jeder Stadt gibt es Menschen, die anderen ihren Erfolg neiden. Diese haben geringere Fähigkeiten als ihre Kollegen oder Nachbarn. Sie entwickeln starke Minderwertigkeitsgefühle und beginnen jene, die ihnen überlegen sind, auf subtile Art abzuwerten. Sie streuen kleine Bemerkungen und verbreiten Gerüchte, um diejenigen, auf die sie eifersüchtig sind, herabzusetzen. Tratsch und üble Nachrede sind die Früchte solcher mittelmäßigen Menschen. Es gibt nichts Elenderes und Abscheulicheres in der menschlichen Natur. Wenn uns jemand mit dem Schwert angreift, können wir uns wenigstens verteidigen, aber Klatsch und üble Nachrede greifen ihre Opfer unsichtbar an. Vor dieser Bösartigkeit können wir uns nicht schützen. Ein solcher Mensch spricht sprichwörtlich mit einer Schlangenzunge. Es ist bezeichnend, dass diese Charaktereigenschaften die Gesichtszüge eines Menschen nach und nach ins Schlangenähnliche formen. Jene, die am Gesicht die Persönlichkeit abzulesen vermögen, können eingefleischtes, gewohnheitsmäßiges Klatschen immer erkennen. Klatschmäuler wollen immer selbst Gunst erlangen. Ihr Minderwertigkeitskomplex treibt sie, Menschen in eine Position unterhalb ihrer eigenen herabzuziehen oder ihnen Unmoral vorzuwerfen, um sie verachten zu können und sich so selbst zu erheben. Es ist kein Kompliment für die menschliche Natur, dass Klatschmäuler immer bereitwillige Zuhörer finden, die den Tratsch gierig aufsaugen und ihn mit vielen fantasievollen Ausschmückungen weitergeben. Es ist dieses eifrige Vergnügen der Menschen, die sich das Gerede anhören, das die Klatschmäuler ermutigt, immer wieder mit neuen Enthüllungen über ihre Opfer zurückzukehren.

Es mag Ihrem philosophisch veranlagten Freund gut tun, Ihnen zu versichern, dass Geschwätz Sie nicht wirklich verletzen kann. Das stimmt auf lange Sicht, aber die unmittelbare Wirkung ist oft sehr schmerzlich. Das Gerede über ein junges Mädchen, das angeblich nachts um zwei mit einem verheirateten Mann aus der nächsten Stadt zurückgekehrt war, verbreitete sich so schnell und weit, dass sie praktisch von ihrer gesamten Nachbarschaft geächtet wurde. Das Mädchen beging Selbstmord, und ihr Tod brachte die Tatsache ans Licht, dass sie auf der Geburtstagsparty einer Freundin aus der Nachbarstadt gewesen war, und dass der Vater ihrer Freundin sie nach Hause gefahren hatte.

Vom rein philosophischen Standpunkt aus betrachtet können Klatschmäuler oder Verleumder Sie theoretisch nicht verletzen, denn Wahrheit ist stärker als Unwahrheit und kommt auf lange Sicht immer ans Licht. Langfristig mag das tröstlich sein, aber Klatschmäuler können unsere Firma ruinieren, Familien zerstören und den inneren Frieden über lange Zeit zerstören, bevor die Unwahrheit des Klatsches ans Licht kommt. In der Zwischenzeit werden manche Opfer so verletzt, dass sie sich nie mehr erholen.

All dies bringt uns zurück zu der einen großen Tatsache des Lebens, dass nur die Liebe überlebt und dass nur die Liebe geliebt wird. Wer liebt, wird geliebt. Wer Liebe gibt, dem wird Liebe zurückgegeben. Wer liebt, ist der Meisterbildhauer, der Liebe in seinem eigenen Abbild erschafft. Jeder Mensch, der in der Welt erfolgreich sein möchte, kann in dem Maß erfolgreich sein, in dem das Licht der Liebe in seinen Zügen geschrieben steht und in seinen Augen leuchtet. Wer Liebe in sein Gesicht eingemeißelt hat, wird zwangsläufig geliebt und von allen Menschen geehrt, egal, wie seine Gesichtszüge aussehen oder ob sein Körper vielleicht sogar entstellt ist.

Die ganze Welt liebte und ehrte Charles Proteus Steinmetz[28], weltberühmtes Genie der Elektrizität und Menschenfreund, den Männer vom Format eines Edison tief verehrten. Steinmetz war bucklig, aber die reine Schönheit seiner Persönlichkeit inspirierte alle, mit denen er in Kontakt kam, so tief, dass sie seine Behinderung kaum wahrnahmen. Er liebte nicht nur seine Arbeit, sondern er liebte die Menschen. Tief eingegraben in seine Züge waren nicht nur die Anzeichen eines meditativen Lebens, das den inneren Denker charakterisiert, sondern auch die Liebe, die jene charakterisiert, die alle Menschen und alle Dinge lieben.

Die größte und schönste Persönlichkeit, die jemals lebte, ist der Eine, der die Welt am meisten liebte. Es war nicht wichtig, wie Seine Gesichtszüge genau beschaffen waren, ob Er rote oder schwarze Haare hatte und ob Er groß oder klein war. Er hatte das schönste Gesicht der Welt, denn Liebe und Schönheit sind eins und beide erreichten in Ihm einen Gipfelpunkt.

Wenn Sie das Gesicht eines Mannes wie Abraham Lincoln oder George Washington studieren, sehen Sie in den schönen Gesichtern große Stärke, aber es ist nicht die Stärke, die sie schön macht, es ist die Liebe zur Menschheit und die daraus folgende Schönheit des Gedankens, die dies bewirkt. Lincolns Züge waren an sich überhaupt nicht ebenmäßig. Wenn Lincoln nicht Liebe in den ansonsten unattraktiven Lehm modelliert hätte, wäre es sehr schwierig gewesen, Schönheit in seinem Gesicht zu sehen. Sie können Hunderte seiner Art sehen, ohne ein zweites Mal hinzuschauen. Sie alle entsprechen dem Typ Lincoln nur körperlich. Lincoln modellierte Liebe in seinen Lehm und machte ihn so mit einer dauerhaften Schönheit unsterblich, die in allen, die seine Abbildung sehen, immer Liebe erwecken wird.

Stärke ohne Liebe kann niemals eine schöne Persönlichkeit ausmachen, wie groß sie auch sein mag. Ich denke dabei an einen der stärksten Charaktere, welche die Welt jemals gekannt hat. Er hatte die Stärke eines Mannes, der alles bekommt, was er haben will, und der alles, was er erreichen will, auch erreicht. Eine große Stärke an sich bedeutet allerdings noch nicht, dass jemand ein guter Charakter ist, sondern es könnte auch ein heimtückischer, unheilvoller oder selbstsüchtiger Charakter dazugehören, vor dem Sie sich in Acht nehmen müssten. Wenn Sie diesem Typus eines starken Mannes begegnen, können Sie sich unmöglich so zu ihm hingezogen fühlen wie zu einem Benjamin Franklin.

Die pure Tatsache, dass wir das Leben mit anderen Menschen leben müssen, treibt uns, den Charakter jedes Lebensstromes zu lesen, mit dem wir in Kontakt kommen. Unsere gesamte Zivilisation verlangt dies von uns, denn jeder Mensch, mit dem wir in Kontakt treten, kann unser Leben in dem Ausmaß beeinflussen, wie wir es zulassen, jedoch nicht darüber hinaus. Wenn Sie oder ich kein sicheres Urteilsvermögen über die Persönlichkeit anderer Menschen haben und es zulassen, dass Menschen in unser Leben treten, in welcher Beziehung auch immer, laden wir diese Persönlichkeiten offen ein, ihre Gedanken in unserem Leben, unseren Familien, unseren Firmen und unseren Freundschaften sichtbar werden zu lassen.

Wenn Sie eine Haushaltskraft einstellen und diese ein freundliches, ehrliches Gesicht hat, aber mit einer Linie von Schwäche darin, die Ineffizienz oder Faulheit anzeigt, und Ihr Haus dann nicht so gut gepflegt wird, wie Sie es tun würden, legt sich die Ausstrahlung Ihrer Angestellten über Ihre eigene, zu Ihrem Nachteil. Auch wenn ein Unternehmer Führungskräfte einstellt, die harte und selbstsüchtige Männer sind – obwohl sie vielleicht viel Wissen haben und sehr effizient arbeiten – und diesen seine Firma anvertraut, entspricht der Charakter dieses Unternehmens dem seiner Mitarbeiter, obwohl der Charakter des Unternehmers vielleicht ganz anders ist. Sie können daher Effizienz und Stärke und ähnliche Qualitäten in das Abbild meißeln, das Sie von sich selbst erstellen, und trotzdem nicht die Art von Mensch werden, den ein geübter Menschenkenner einstellen würde, damit Sie seine Vorstellungen manifestieren.

Sie machen einem Mann weniger mit dem Attribut »stark« ein Kompliment, als wenn Sie ihn als feinen Mann beschreiben würden. In dem Attribut »fein« klingt Liebe mit, wohingegen die Bezeichnung »starker Mann« sowohl auf einen Hitler als auch einen Lincoln zutreffen könnte.

Ein feiner und starker Charakter zu werden sollte der höchste Wunsch im Leben eines jeden Menschen sein. An erster Stelle sollte jedoch die Qualität der Liebe stehen. Alle anderen Eigenschaften wie Effizienz, Wachheit, Initiativkraft und Erfindungsgeist, die auf der grundlegenden Eigenschaft der Liebe aufbauen, erhöhen das Maß dessen, was jemand in das Abbild seines Selbst gemeißelt hat. Ein Mensch mag all die anderen Eigenschaften haben, aber ohne Liebe ist er in Wirklichkeit arm und wird es bis ans Ende seiner Tage bleiben. Blicken Sie in den Spiegel und studieren Sie das Bild, das Sie durch Ihr Denken erschaffen haben. Ist dies das Bild, das Sie erschaffen wollten? Sind Sie der Mensch, der Sie sein wollen? Die Reflexion, die Sie in diesem Spiegel sehen, ist das Individuum, das Sie erschaffen haben.

Wer unter fünfzig Menschen in einer Abteilung wird für den Posten des Abteilungsleiters ausgewählt, während alle anderen dafür gar nicht in Frage kommen? Woran liegt es, dass es sehr schwer ist, unter mehr als hundertundfünfzig Millionen Menschen auch nur zehn Menschen zu finden, die der Bevölkerung des Landes Freude und Zuversicht vermitteln würden, wenn sie Präsident wären?

Nun, diese zehn Menschen mit ihren Gedanken und Handlungen haben einen größeren Wunsch ausgedrückt, Macht und Liebe zu manifestieren als die anderen, die nicht für dieses Amt in Frage kommen.

Jeder Mensch bestimmt sein eigenes Schicksal durch das, was er denkt und in jedem Augenblick seines Lebens tut. Sie können werden, was Sie sein wollen, nur durch Ihre Gedanken und Handlungen, aber das Maß Ihres Wunsches muss groß sein, damit auch Sie groß werden. Hängen Sie das Gefährt Ihres Lebens an einen Stern und verankern Sie sich dort durch den tiefen Wunsch, Liebe zu manifestieren, und siehe, die Schwingen des Sterns werden Sie zu diesen Höhen tragen.

Niemand, der jemals diese Höhen erreicht hat, hat dies allein bewerkstelligt. Wer liebt, ist sich bewusst, dass die Liebe mit ihm arbeitet. Gott ist Liebe. Gott ist die Grundlage des Universums. Wer wahrhaft liebt, ist wahrhaft demütig. Die bedeutendsten Menschen auf der Welt sind auch die demütigsten. Ein arroganter Mensch behauptet sein persönliches Ego, während ein demütiger Mensch sich nicht mit seinem Ego identifiziert und daher ohne Arroganz ist. Die Eigenschaft der Demut gibt einem Menschen die Sanftheit und Zartheit einer geistigen Stärke, die am besten mit dem Wort »heilig« umschrieben werden kann.

Unser Universum der Liebe ist ein Universum des Gesetzes, denn die Liebe ist Gesetz. Wer mit dem Gesetz der Liebe arbeitet, arbeitet mit dem Universum, und das Universum arbeitet mit ihm.

Denken Sie immer daran, dass universale Liebe grenzenlos ist und dass Sie das Universum sind.

Kapitel XVIII

Sie erschaffen Ihr eigenes Schicksal

Das Schicksal eines jeden Menschen ist selbst geschaffen. Er ist entweder der Meister seines Lebens, oder das Leben meistert ihn. Wer Wissen und den starken Wunsch hat, kann sein Lebensschiff nach Belieben navigieren; wer aber wenig Wissen und schwache Wünsche hat, merkt nicht einmal, dass er ein Ruder besitzt, mit dem er sein Lebensschiff steuern kann.

Wenn Sie auf das Meer des Lebens blicken, finden Sie sehr wenige wirklich bedeutende Menschen, eine größere Anzahl mittelmäßiger Menschen und ein Millionenheer, dessen Maß an Wissen und Wunschkraft sehr gering ist.

Woran liegt das? Jeder Mensch erbt alles, was Gott zu geben hat. Die Natur ist mit ihren Geschenken nicht ungerecht oder wählerisch. Der einzige Unterschied zwischen allen Menschen manifestiert sich in der *Wunschkraft* – in dieser einen Qualität, sonst nirgends. Ein Mensch wünscht sich entweder, etwas zu erreichen, oder er wünscht es sich nicht. Wer den tiefen Wunsch verspürt, etwas zu erreichen, wird das dafür erforderliche Wissen erlangen und die Kraft, um dieses Wissen auszudrücken. Auf tiefen Wunsch folgt immer willige Anstrengung. Wer sich irgendetwas zutiefst wünscht, liebt die Anstrengung, die er auf sich nehmen muss, um seinen Wunsch zu verwirklichen, aber wessen Wunsch schwach ist, dem fehlt die Motivation für eine solche Anstrengung, und daher unterbleibt sie.

Jeder Mensch, der jemals bedeutend geworden ist, hat dies geschafft, weil er es so wünschte, es so plante und die Anstrengung unternahm, so zu werden. Es gibt keine zufällig bedeutenden Persönlichkeiten. Alle diese Menschen formen sich nach ihrem eigenen Bild. Was sie werden, haben sie zuerst werden wollen. Sie haben jeden Schritt empor zu ihrem eigenen Gipfel selbst erdacht und geplant. Der große Unterschied zwischen allen Menschen liegt nicht in ihren Fähigkeiten, sondern in der unterschiedlichen Intensität, mit der sie den Wunsch hegen, ihre Fähigkeiten auszudrücken.

Es ist wichtig, daran zu denken, dass die geistige Wunschkraft die einzige Quelle der universalen Energie ist. Je größer die Intensität des Wunsches im Geist eines Menschen ist, umso größere Kraft hat er, seine Fähigkeiten auszudrücken. Daraus folgt als selbstverständlich, dass er auch mehr erreicht.

Betrachten Sie zwei Männer, die erfolgreiche Läufer werden möchten. Jeder hat dieselbe Fähigkeit, wenn keine Behinderung vorliegt, aber ein starker Wunsch gibt dem Können eine größere Antriebskraft als kleinere Wunschkraft. Je größer der Wunsch ist, umso größer ist das Maß an Liebe, das in jede Bemühung des täglichen Trainings geht. Ein geringerer Wunsch verringert auch das Ausmaß der Bemühung. Lustlosigkeit und Routine schleichen sich dann in das Training anstelle der Liebe, und die Arbeit auf das Ziel hin erlahmt, lange bevor der Mensch mit dem intensiven Wunsch auch nur daran denkt, zu ermüden. Der Wunsch, ein Läufer zu werden und die Bemühung, diesen Wunsch auszudrücken, bildet den Körper nach dem Bild eines Läufers, aber die hervorragende Leistung des Körpers hängt allein von der Intensität des Wunsches ab, den Körper seinem Zweck entsprechend exzellent zu formen. Zwei Männer mit unterschiedlichem Maß an Wunschkraft erschaffen daher mehr oder weniger ausgezeichnete Körpermaschinen, die für den Zweck des Laufens geeignet sind. Der Unterschied liegt nur in der Wunschkraft, nicht in der Begabung.

Demosthenes hatte weniger Anlagen dazu, ein Redner zu werden, als ein Mann mit einem besser geeigneten Sprechapparat, aber seine Wunschkraft überwand dieses Hindernis. Es ist wohl bekannt, dass er die Schwierigkeiten des Sprechens erhöhte, indem er Kieselsteine in den Mund nahm, um seinen Stimmapparat durch schwierige Übungen zu verbessern. Ich kenne einen guten Pianisten, der körperlich weniger für sein Instrument geeignet war als viele andere, seine Finger waren kurz und ungelenk im Vergleich zu den langen, flinken Fingern anderer, aber der Wunsch in ihm war so stark, dass diese körperlich schlechtere Voraussetzung keine Rolle spielt.

Um zu verdeutlichen, was ich meine im Hinblick auf die Eigenschaften der Natur, unsere Körper nach dem Abbild unseres Wunsches zu erbauen, müssen wir uns nur klarmachen, dass der Mann, der ein Läufer werden möchte, ein Läufer wird mit dem langen, geschmeidigen, elastischen Körper eines Läufers. Er wird kein Boxer und bekommt nicht den kräftigen, vierschrötigen Muskelkörper eines Boxers. Hätte er seinem Körper befohlen, zum Körper eines Boxers zu werden anstelle zu dem eines Läufers, wäre dieser seinem Kommando genauso fraglos gefolgt, wie er seinem Kommando folgte, ein Läufer zu werden. Dies veranschaulicht die Tatsache, dass jeder

Mensch in dem Ausmaß die Befehlsgewalt über die Materie hat, wie sein Wunsch, über sie zu befehlen, ihm das Wissen gibt, das ihn zur Meisterschaft befähigt.

Jeder weiß, dass Theodore Roosevelt[29] in seiner Kindheit einen sehr schwachen Körper hatte, aber die Macht seines intensiven Wunsches nach einem starken Körper gaben ihm eine solche Befehlsgewalt über die Stoffe, die seinen Körper erbauten, dass er ein auch körperlich sehr starker Mann wurde. Als Kind hatte er sehr wenig Ausdauer. Er befahl seinem Körper, so kraftvoll zu werden wie das Abbild, was er im Geiste in sich trug, so dass sein Körper auch so wurde. Wunsch gefolgt von Anstrengung wird immer den Befehl über heranwachsende Körper übernehmen.

Mein Mann, der ein enger Freund von Theodore Roosevelt war und auch der offizielle Porträtist seiner Kinder, erzählte mir, dass Mr. Roosevelt – bevor er Präsident wurde – sein größtes Vergnügen darin fand, strapaziöse Stunden auf Viehfarmen zu verbringen und seinen Körper dazu trieb, besser zu arbeiten als jeder Cowboy auf der Ranch. Nachdem er Präsident geworden war, ergötzte er sich daran, am frühen Morgen Bäume zu fällen und lange Ausritte zu machen, die große Ausdauer erforderten. Sehr oft leistete er während dieser Zeiten frühmorgens, bevor er überhaupt mit seiner normalen Tagesarbeit begann, mehr, als ein durchschnittlicher Mann ein gutes Tagwerk nennen würde. Niemand aus seinem engen Bekanntenkreis hat ihn je sagen hören, er sei müde.

Zu den großartigsten Veranschaulichungen der Macht des Geistes über die Materie zählt das Leben von »Gill« Sonastine aus Columbus, Ohio. Dieser tapfere, geistig erleuchtete Mann ist seit mehr als dreißig Jahre vollständig gelähmt und blind und kann keinen einzigen Muskel bewegen. Sein Nervensystem ist so weit zerstört, dass er ihm nicht befehlen kann, es zu heilen, aber er hat seinem Körper befohlen zu überleben, so dass er seinen Mitmenschen Liebe manifestieren kann durch die einzigen zwei Funktionen, die ihm zum schöpferischen Ausdruck geblieben sind: seinem Zuhören und seiner Stimme.

Dieser erstaunliche Mann ist mental wie geistig so vital und glücklich, dass er durch Schreiben ein hinreichendes Einkommen erzielt. Dies ermöglicht es ihm, Leute anzustellen, die für seine körperlichen Bedürfnisse sorgen und seine Schreibarbeiten erledigen. Er hat sehr viele Freunde und eine große Sammlung von Tonbändern mit Aufzeichnungen des denkwürdigen geistigen Austausches während der Besuche seiner Freunde. Ich bezweifle, dass viele der Menschen, die seine inspirierten Schriften gelesen haben, wissen, dass er körperlich vollkommen hilflos ist, aber er ist geistig so voller Kraft, dass er andere Körper in seiner Umgebung lenkt, damit sie seinen allein durch die Kraft seines Geistes geschaffenen Schöpfungen materielles Leben geben. Während eines meiner bemerkenswerten Besuche bei ihm sagte er zu mir: »Mir ist es lieber, mein Körper ist so, wie er ist und ich weiß das, was ich über Gott weiß, als dass mir der vollkommene Körper von irgendjemandem zur Verfügung stünde, der Gott nicht so kennt, wie ich es tue.«

Diese Beispiele veranschaulichen die Kraft, die Ihr Geist und meiner hat, um unserem Körper zu befehlen, unsere Fähigkeit zur Erfüllung der körperlichen Anforderungen unseres Schicksals zu vervielfachen. Die gleiche Geistesmacht steht uns zu Gebote, um die geistige Entfaltung unseres Schicksals zu lenken. Egal, was Sie im Leben werden oder welche geistige Höhe Sie erklimmen wollen, Sie können es schaffen, wenn Ihr Wunsch stark genug ist, so dass Sie die notwendigen Aktionen folgen lassen, die Sie auf diese Höhe erheben werden. Keine Höhe kann jemals durch Wunschdenken oder Wunschkraft erlangt werden, auf die keine Handlungen folgen. Welche Arbeit Sie auch mit starker Wunschkraft durchführen, Gott arbeitet mit Ihnen, indem Er haargenau so viel für Sie tut, wie Sie tun, um Ihn zu manifestieren. Die Bauern, Gärtner und Förster wissen dies. Sie wissen, dass wenig Arbeit – von ihnen gegeben – auch nur ein wenig Arbeit der Natur hervorbringt. Geben und Zurückgeben sind immer gleich. Je mehr Dienst Sie der Natur geben, umso mehr arbeitet die Natur in ihrem Zurückgeben mit Ihnen.

Welche Bestimmung Sie auch für sich planen, Sie können diese Bestimmung erreichen, wenn Ihre Wunschkraft stark genug ist. Wunschkraft allein ist der entscheidende Faktor, nicht Geld, Herkunft oder Stellung. Es gibt niemanden, dessen Einfluss Sie groß machen kann. Sie allein können Ihr eigenes Schicksal lenken.

So viele Menschen scheitern völlig, weil sie äußere Umstände und Einflüsse für ihr Scheitern verantwortlich machen. Ein mir bekannter Erfinder, der eine wunderbare Idee hatte, warb jahrelang bei seinen Freunden um Kapital, um seine Idee ausführen zu können, und führte dann sein Scheitern auf seine Unfähigkeit zurück, Kapital zu bekommen. Er verschwendete so viel Zeit mit dem Versuch, große Kapitalmengen zu sichern, anstatt mit ein bisschen Kapital einen Schritt nach dem anderen zu tun, dass er gänzlich scheiterte.

Im Gegensatz dazu machte Thomas Edison einen kleinen Schritt nach dem anderen, um die Größe seiner Idee zu entfalten. Seine Idee war sehr groß und sehr revolutionär, aber er versuchte nicht, sich erst Millionen zu beschaffen, um sie zu finanzieren. Er brauchte nur ein paar Dollar, um seinen ersten Schritt zu tun. Jeder weitere Schritt sorgte für sich selber, sowie er erfolgte. Er hatte immer genug Geld für den nächsten Schritt. Hätte er versucht, die Millionen aufzutreiben, bevor er mit seinen ersten revolutionären Versuchen begann, wäre er wahrscheinlich wie der zuvor geschilderte Erfinder gescheitert. Seine Wunschkraft, seine Ausdauer und sein Erfindungsgeist waren für ihn bei der Entfaltung seines Schicksals mehr wert als alles Geld der Welt.

Wie viele rechtfertigen ihr Scheitern auf diese Weise: »Ich kann es nicht tun, denn ich kenne niemanden in Washington, der mir Empfehlungsschreiben für die einflussreichen Leute ausstellen könnte«, sagt der eine. Der andere sagt: »Ich konnte nicht auf die Hochschule gehen«, und führt sein Scheitern darauf zurück. Immer wieder werden Sie hören, wie Menschen sagen: »Ja der, der hat Glück gehabt. Jeder gab ihm eine Chance.« Ein solcher Mann sagte zum Vater eines berühmten Kinostars: »Wie viel Glück Ihr Sohn doch hat!« – »Ja, er hat Glück«, erwiderte der Vater, »und das Lustige daran ist, dass er umso mehr Glück hat, je härter er arbeitet.«

Charles Goodyear revolutionierte das Verkehrswesen der Welt und verwandelte die acht Stundenkilometer eines Pferdewagens in die hundert Stundenkilometer und mehr im Zeitalter der Gummireifen. Niemand kann Goodyears Erfolg jemals dem Glück zuschreiben. Jeder vorausgegangene Schritt war qualvoll. Ein Fehlschlag nach dem anderen schien ihm zu verdeutlichen, dass es nicht mehr weiterging. Einst, während seines Aufstiegs, wurde er als großer Wohltäter der Welt gepriesen. Man dachte, er hätte es geschafft, Gummi zu vulkanisieren, und es wurden Vermögen investiert, um schneesichere Gummiüberschuhe für den Winter zu produzieren und um einen großen Staatsauftrag für Postsäcke aus Gummi abzuschließen. Diese waren bei kaltem Wetter sehr erfolgreich, aber bei Hitze verschmolzen sie teilweise zu einem klebrigen Brei, so dass sie – außer im Winter – für ihren Zweck vollkommen nutzlos waren.

Vielleicht ist ein Erfinder niemals tiefer gesunken. Viele schwächere Männer hätte das umgebracht – nicht so Charles Goodyear. Obwohl er keinerlei finanzielle Unterstützung mehr erhielt, machte er weiter, auch als selbst seine engsten Freunde ihn verließen. Er verarmte so, dass er nicht einmal Geld hatte, um ein Begräbnis zu finanzieren, als sein Kind starb. Angeblich mussten seine Frau und er es in den Wäldern von Woburn begraben. Niemand in der Stadt lieh ihm Geld, und er wollte keine Almosen annehmen.

Später, als er gerade – mit dem letzten Vorrat an Naturgummi – sein letztes mögliches Experiment machte, erkrankte seine Frau schwer. Er hatte seine Möbel zerschlagen, um Feuer für sein Experiment zu machen und den Raum, in dem seine kranke Frau lag, zu heizen. Plötzlich rief sie ihn laut und war ganz außer sich. Er ließ seinen Topf mit kochendem Gummi stehen, eilte in ihr Zimmer und vergaß den Topf völlig, während er sich um ihr Wohlergehen kümmerte. Dann geschah, was wie die endgültige Tragödie schien. Der Topf kochte über, und sein letzter kostbarer Gummivorrat lief ins Feuer. Er stocherte mit einer Gabel darin herum, ohne große Hoffnung, noch etwas retten zu können, doch dann erkannte er sofort die unmissverständlichen Anzeichen, nach denen er all die Jahre gesucht hatte. Der Unfall zeigte ihm, dass die Verflüssigung durch Kochen das Vulkanisieren nicht bewirken konnte. Dafür wurde die trockene Hitze des Feuers gebraucht.

Vielleicht gibt es keine großartigere Demonstration, wie jemand selbst sein Schicksal lenkt, als die Lebensgeschichte von Charles Goodyear. Genauso typisch für verspätete Anerkennung ist die Geschichte der Leute von Woburn, die erst 1940 beschlossen, ein Denkmal für Charles Goodyear zu errichten, um so ihren Stolz auf den großen Sohn ihrer Stadt zum Ausdruck zu bringen.

Wie lächerlich wäre es zu sagen, dass Goodyear Glück hatte; dasselbe trifft auf Wagner, Brahms, die Wright-Brüder oder Marconi zu. Es gibt kein schöneres Beispiel in der amerikanischen Geschichte als das des Glaubens der Wright-Brüder, ihre Bestimmung im Leben sei es, die Luft zu einem Transportmittel für Menschen zu machen. Ein uralter Spruch besagt: »Was du da vorhast, klappt genauso wenig, als würdest du versuchen zu fliegen.« Die Wright-Brüder widerlegten nicht nur diese Annahme, sondern taten es auch noch unter den schwierigsten Bedingungen. Ich glaube, es wäre heute einfacher, Kapital zu sammeln, um Raumschiffe für den interplanetaren Transport zu bauen[30], als es in ihren Tagen war, für die närrische Idee Geld einzuwerben, man könne Schiffe bauen, mit denen der Mensch in der Luft fliegen könnte.

Da sie kein Geld bekamen, verdienten sie ihr Geld mit einer kleinen Fahrradwerkstatt. Mit der größten Sparsamkeit und Geduld – gepaart mit harter Arbeit und einer Ausdauer, die aus dem Glauben an ihre Kraft stammte, ihr eigenes Schicksal lenken zu können – flogen die Wright-Brüder wirklich. Dann geschah eines der übelsten Dinge der Menschheitsgeschichte: Der Glaube, der Mensch könne nicht fliegen, war so stark, dass die Behörden noch lange Zeit, nachdem die Wright-Brüder wirklich geflogen waren, dies leugneten.

Als es dann endlich anerkannt wurde, dass Menschen fliegen konnten, war es leichter, Millionen Dollar als Investitionskapital zu bekommen, als vorher auch nur zehn. Diese Tatsache ist aber nicht das Wichtigste an der Geschichte. Wichtig ist die Tatsache, dass jeder, der stark an eine vom Himmel gegebene Inspiration glaubt, die er als Wissen um sein Schicksal erhält, diese Bestimmung auch erfüllen kann. Dabei muss er allerdings wissen, dass Schöpfung bedeutet, Energie in Arbeit umzusetzen. Man muss nicht nur bereit sein zu arbeiten, sondern die Arbeit auch lieben. Bereitschaft ist nicht genug, denn das impliziert immer noch Vorbehalte. Der schöpferische Geist darf keine Vorbehalte haben. Allen Hürden, die sich ihm in den Weg stellen, muss er mit Freude und dem vollem Wissen entgegentreten, dass er sie überwinden kann, und er muss die Herausforderung, sie zu überwinden, lieben.

Jene, die nichts tun, weil sie kein Geld zu ihrer Unterstützung bekommen, sollten sich klarmachen, dass ein sehr großer Prozentsatz der bedeutendsten Menschen auf der Welt in arme Familien geboren wurde und gegen zermürbende Schwierigkeiten anarbeiten musste, um den ersten kleinen Schritt zu machen. Sie hatten nicht nur kein Geld, sondern meist auch keine Schulbildung. Viele von ihnen wuchsen in dünn besiedelten ländlichen Gegenden auf; ihnen standen nicht die Möglichkeiten zur Verfügung, die es in Städten gibt.

Abraham Lincoln gehörte zu ihnen. Wenn Sie einen barfüßigen Bauernjungen sehen, der Vieh über die Weide treibt, braucht es viel Fantasie, um sich vorzustellen, dass dieser Junge fähig werden könnte, die Welt so zu verändern, wie Lincoln es tat. Es ist allerdings nicht sicher anzunehmen, dass er dies nicht tun wird, denn Ahnungen über seine Bestimmung raunen vielleicht bereits in seinem Bewusstsein. So viele Bauern- und Hirtenjungen in Amerika und Europa sind zu Weltgenies, Erfindern oder Staatsmännern geworden, dass es sich lohnt, sich tief vor solchen Kindern zu verneigen mit dem Gefühl der Gewissheit, dass diese eines Tages Geschichte machen werden.

Jeder bedeutende Mann oder jede bedeutende Frau, die jemals gelebt haben, war einst ein verborgen lebendes Kind, das noch niemand als eine Person von weltweiter Bedeutung erkennen konnte. Im Herzen eines jeden dieser vielen Menschen war ein klares Bild von ihrem Schicksal, das sie wie im Spiegel deutlich erkennen konnten. Von Anfang an gingen sie auf ihr Schicksal zu, indem sie einen Schritt nach dem anderen machten, bis sie den letzten Punkt erreicht hatten. Während dieser Reise begegneten ihnen allen enorme Schwierigkeiten, aber jeder Mensch, der seine Bestimmung kennt, weiß auch, dass er sein Ziel erreichen wird.

Wenn Sie nach dem einzig möglichen Weg suchen, Ihr eigenes Schicksal zu gestalten, sollten Sie es zunächst mental als Vision vor sich sehen. Machen Sie sich in Ihrem Geist ein möglichst klares Bild davon, und dann unternehmen Sie einen kleinen Schritt nach dem anderen, um es zu entfalten. Jeder Schritt gibt Ihnen ein klareres Bild jener vor Ihnen liegenden Bestimmung und bringt Sie ihr einen Schritt näher. Sagen Sie nie: »Ich kann es nicht tun, denn ich weiß nicht wie.« *Fangen Sie an, es zu tun und lernen Sie es im Tun.*

Wir alle wissen, wie wir einen Schritt in Richtung auf ein Ziel tun können. Wenn wir diesen Schritt machen, können wir unseren nächsten Schritt klarer sehen. Edisons kleine Drei-Dollar-Batterie war ein erster Schritt auf sein Ziel hin. Er wusste, wie er diesen Schritt nehmen konnte, aber er musste ihn tun, bevor er wissen konnte, wie der nächste Schritt aussehen würde.

Sie und ich und jeder Mensch auf der Erde sind in derselben Lage. Wir alle mussten am selben Punkt anfangen. Wie viele das Rennen ehrenvoll beenden, hängt von jedem Einzelnen ab. Und jene, die das Rennen des Lebens mit Ehren vollenden, gewinnen nur, weil sie entweder intuitiv spüren oder dynamisch wissen, dass Gott mit ihnen arbeitet, während sie in Harmonie mit Ihm arbeiten.

Kapitel XIX

Abschluss
und Gottes Botschaft an die Frauen

Die gesamte Lebensreise dient dem einzigen Zweck, Gott zu erkennen. Von Anfang an arbeitet Gott in jedem Augenblick mit Ihnen, um Sie mit Seiner ewigen Gegenwart zu inspirieren, welche die Mitte Ihrer Seele bildet.

Der Mensch hat Gottes leise Stimme seit Millionen Jahren in sich gehört, aber er wusste nicht, was es war. Er nannte sie Instinkt. Er wusste nicht einmal, dass der Instinkt nicht nur Gottes Stimme in seiner Seele war, sondern auch ein elektrischer Strahl, der die Entfaltung aller göttlichen Schöpfungen leitete und lenkte.

Das Bewusstsein dämmerte im Menschen herauf, und er begann mit Gottes Geist zu denken. Gottes Geist spricht zum Menschen durch seine Seele, aber in seinen frühen Anfängen wusste der Mensch nicht, dass er mit Gottes Geist dachte. Jahrmillionen lang hatte er nur mit seinem Körper wahrgenommen. Er strebte nach Sinneseindrücken und Überleben für seinen Körper. Später dann strebte er nach Besitztümern für seinen Körper. Seine gesamte Existenz nahm er durch seinen Körper wahr. Er suchte sogar das Glück durch seinen Körper, ohne zu wissen, dass nur die Seele allein Glück kennen kann, und dass durch körperliche Empfindungen allein niemals das Glück gefunden werden kann.

Dann dämmerte das Genie im Menschen herauf. Der Mensch wusste dann, dass der Geist des Menschen und der Geist Gottes Eins sind. Wenn Gott nun zum Menschen flüsterte, erkannte der Mensch, dass Gott zu ihm sprach, und sprach selbst mit Gott. Als Gott zum frühen Menschen durch den Instinkt sprach, gab Er ihm nur Befehle. Als Gott und der kosmisch-geniale Mensch miteinander durch Inspiration sprachen, vereinigte Gott sich mit ihm. Als der Mensch so Gott erkannte und sich mit Ihm vereinte, sandte Gott ihm Botschaften für andere Menschen, die Ihn noch nicht kannten.

Und so ist es seit den Anfängen der Menschheit geschehen. Durch jene, die Gott kennen, sendet Er inspirierte Botschaften zu jenen, die Ihn nicht kennen, um sie zu inspirieren, Ihn zu erkennen. Er sendet zuerst die Botschaften Seiner Liebe in den Rhythmen Seiner Liebe. Durch Seine kosmischen Genies, die Ihn kennen, passt Er langsam den Herzschlag des menschlichen Denkens Seinen mächtigen Rhythmen an, um die Menschen näher zu Sich heranzuziehen. Schönheit kommt durch das Herz des Menschen in die Welt, der von den mächtigen Rhythmen von Gottes universalem Denken inspiriert ist. Die Dichter geben die Botschaften Gottes den Menschen weiter. Die Erbauer von Tempeln und der inspirierte Bildhauer, der die Symmetrie und das Gleichgewicht der Schönheit in weißen Marmor ziseliert, sie alle geben dem Menschen göttliche Botschaften, um ihn der Erkenntnis Gottes in seiner eigenen Seele noch näherzubringen.

Die Propheten, die Gott kannten, erzählten den Menschen von Seiner Liebe. Gott sprach zu Boten wie Buddha, Zarathustra und Mohammed, die Seine Stimme und ihre Bedeutung kannten. Er gab ihnen Botschaften für Sein Volk. Gott gab allen Völkern dieselben Botschaften, aber sie wussten nicht, dass Gott zu ihnen sprach. Gott spricht zu allen Geschöpfen in Seiner Schöpfung, aber sie wissen nicht, dass Er zu ihnen spricht.

Vögel wissen nicht, wie sie Nester bauen oder nach Süden fliegen und warum. Gott zeigt ihnen wie und lenkt ihren Flug vermittels Polarität. Spinnen wissen nicht, wie sie Nester bauen und können die notwendige Statik nicht berechnen. Gott arbeitet mit ihnen und sagt ihnen, wie es geht. Seine Gegenwart bildet die Mitte der Spinnen und Ameisen, um Seine Liebe zu manifestieren, mit derselben Sorgfalt, die Er auch den Menschen zukommen lässt. Das ist mit »Gottes Allgegenwart« gemeint.

Gott ist überall, denn der Geist ist überall. Jeder Teil der schöpferischen Materie und jeder sich bildende Körper ist in seinem Zentrum vom Seelengeist bewohnt, der ihn von innen lenkt, und zwei sogenannte magnetische Pole gehen von diesem Zentrum aus, um ihn zu leiten und im Gleichgewicht zu halten. Wie das Zentrum der Schwerkraft und die beiden Pole unserer Erde jede Bewegung der Erde und ihre Beziehung zu anderen Planeten ausgleichen und lenken, so geschieht es auch mit den Menschen. Der Mensch kann diese Lenkung missachten, wenn er das möchte, aber diese Missachtung kommt ihn in vieler Hinsicht teuer zu stehen. Bei Tieren und den chemischen Elementen, aus denen lebendige Körper erschaffen werden, gibt es keine Missachtung des Gesetzes, daher ist die Natur immer im Gleichgewicht.

Wir haben viel über die Offenbarungen gehört, die den Propheten und Heiligen längst vergangener Tage zuteil wurden. Gottes Offenbarungen sind heute genauso sehr ein Teil der Vereinigung zwischen Menschen und Gott wie zu allen Zeiten zuvor. Gott offenbart Sich Ihnen und uns allen in jedem Moment unseres Lebens. Plötzlich wissen Sie etwas, was Sie noch vor einer Minute nicht gewusst haben. Es kommt in einem zeitlosen Blitz zu Ihnen. Das ist Gott, der Ihnen sagt, was Sie wissen wollten. Dieser Wunsch zu wissen ist ein wortloses Gebet, das Sie vielleicht nicht einmal bewusst äußern. Aber Gott weiß von Ihrem Wunsch und erstreckt die Antwort durch Sein Denken zu Ihnen. Das sind Offenbarungen. Sie werden ständig durch göttliche Offenbarungen bereichert. Sie wissen es vielleicht nicht einmal. So geschieht der langsame Prozess Ihrer Entfaltung aus Ihrem Dunkel in Sein Licht. Äonen vergehen, bevor die Menschen Seines Lichtes gewahr werden. Es gibt allerdings jene, die dieses Bewusstsein erlangt haben, und sie geben ihr Wissen um Gottes Botschaften an die Menschheit weiter.

Als Gott Sich Mose »offenbarte« und ihm sagte, er solle sein Volk aus Ägypten führen, offenbarte Er Sich auch allen anderen Menschen in Moses Volk. Sie wussten es allerdings nicht, aber Mose wusste es, denn er kannte die leise Stimme Gottes und verstand ihre Bedeutung vollständig. Daher sagte er jenen, die Gottes Stimme nicht kannten, was Gott ihnen zu tun befahl. Das bedeutet es, ein Botschafter Gottes für die Menschen zu sein.

Es hat viele Boten gegeben, die ihren Nächsten Schönheit und Liebe gebracht haben, aber bislang haben noch viel zu wenige die mächtigen Rhythmen und Einflüsterungen von Gottes leiser Stimme, die aus Seinem Himmelreich im Zentrum ihrer Seele zu ihnen spricht, bewusst wahrgenommen.

Wenn Sie nicht mit Gott sprechen, während Sie mit Ihm arbeiten, liegt es daran, dass Sie nicht *wissen*, dass Sie es können. *Das ist der einzige Grund.* Sie können mit Gott in diesem Augenblick sprechen, wenn Sie nur glauben, dass Sie es können, und den tiefen Wunsch haben, es zu tun. Er spricht mit Ihnen durch Ihre Seele, wie Er mit Ihnen arbeitet, um Sie allmählich zum Licht Seiner glorreichen Gegenwart zu erwecken. Warum haben Sie nicht den Wunsch, Gott kennen zu lernen, da Er mit Ihnen arbeitet und Sie mit Ihm arbeiten, um Ihre Bestimmung zu entfalten? Eines Tages werden Sie sich der wunderbaren Tatsache bewusst werden, dass Sie mit Gott reden können, so wie Er seit jeher mit Ihnen geredet hat, während Er mit Ihnen gearbeitet hat. Sie werden dann noch intelligenter mit Ihm arbeiten, wenn Sie *wissen*, dass Sie mit Ihm arbeiten, als wenn Sie es noch nicht wüssten. Jener

Tag muss eines Tages für Sie kommen. Warum beginnen Sie nicht jetzt sofort, in dem Wissen, dass Er auf diesen Tag wartet, wo Sie die Freude und Ekstase Seiner Gegenwart in Ihrem Inneren kennen lernen werden. Das ist mit den Worten in der Botschaft der Göttlichen Iliade gemeint: »Alle Menschen werden zur rechten Zeit zu Mir kommen, aber die Qual des Wartens liegt bei ihnen.«[31]

Menschen wie Beethoven, Mozart, Brahms, Leonardo da Vinci oder Paul Whitman wussten, dass sie mit Gott reden konnten, während Er mit ihnen arbeitete; und sie brachten rhythmische Botschaften der Schönheit von Gott zu den Menschen in einer Sprache, die alle Menschen in ihrer eigenen Seele verstehen können. Die gesamte Menschheit kann mit Gott direkt kommunizieren, wenn sie es nur weiß. Sie brauchen nicht Brahms oder Beethoven als Übersetzer für Sie, wenn Sie wissen, dass alles allwissende Denken Gottes Ihnen gehört, wenn Sie sich nur »darauf einstimmen«, wie Brahms und Beethoven es taten. Allwissenheit ist universal. Jeder Mensch kann alle Dinge wissen, wenn er alle Dinge wissen möchte.

In den Tiefen meines Bewusstseins habe ich meine Bestimmung seit meiner Kindheit gekannt. Ich kann mich an keine Zeit erinnern, wo ich nicht mit Gott redete, denn Er war der Erste, Dem ich meine Gedanken und später meine menschlichen Probleme mitteilte. Gott war für mich immer wirklicher, als jedes menschliches Wesen es jemals sein konnte. Ich sah solches Unglück in der Welt, und in mir erwachte der tiefe Wunsch, das Wissen um Gottes große Liebe und Führung mit anderen zu teilen. Und so befahl Gott mir, diese Botschaft an Sie weiterzugeben.

Da alle Frauen sich wünschen, Liebe zu geben, weiß ich auch, dass es viele im Laufe der Zeitalter gegeben hat, die ganz schwach Gottes Flüstern gehört haben, wie es ihnen befahl, ihren Platz als Weltmutter einzunehmen. Dieses Buch ist Gottes Botschaft an Sie. Gott hat Ihnen gesagt, was Sie tun sollen, um unsere Zivilisation zu retten und dauerhaft zu machen. Ich kann nur tun, wie mir gesagt wird, denn jeder Augenblick meines Lebens ist dieser Aufgabe gewidmet. Ich kann den Befehl allein nicht ausführen. Die Mütter der Welt können Ordnung in das Chaos bringen, Einheit in die Zwietracht und aus ANGST LIEBE machen, wenn Sie nur den leeren Sitz neben dem Vater der Welt einnehmen, um ihre Mütterliche Liebe zu geben.

Ich schließe diese Botschaft, wie ich sie eröffnet habe und sage Ihnen, dass *es fünf vor zwölf ist*. Sie können nicht warten, sonst geht die Welt zugrunde. Sie müssen sich nun vereinen, indem Sie die Kraft Ihrer Stimme noch vor der nächsten Wahl zu Millionen vervielfachen.

Wenn Gott Seinen Kindern klar darlegt, was sie zu tun haben, um mit Ihm zusammenzuarbeiten und die Bestimmung Seiner Kinder zu entfalten, wird Er auch mit Ihnen arbeiten, um ihre Bestimmung zu entfalten.

Die Menschheit wünscht sich Frieden und Liebe, Romantik und Schönheit. Und alle Menschen auf der ganzen Welt wünschen sich Freude in ihrem Herzen und Familienglück im Einklang mit dem Göttlichen. Die Welt kann eine Erfüllung ihrer Wünsche erfahren, *wenn sie mit Gott arbeitet,* aber nicht, wenn sie gegen Ihn arbeitet. Gott hat Väter und Mütter als gleichwertig unterteilte Paare erschaffen, damit sie sich zu gleichwertigen Paaren vereinen. Die aggressiven und vorantreibenden männlichen Qualitäten, die das Zuhause der Welt erbauen, müssen durch die weiblichen Qualitäten ausgewogen werden, die der Weltenfamilie die Bindekraft der Liebe schenken. Der Mann hat seit jeher Leben genommen. Die Frau hat seit jeher Leben gegeben. *Das Familien-Zuhause der Welt kann nur von Dauer sein, indem die männlich-weiblichen Qualitäten ins Gleichgewicht gebracht werden.*

Gottes leise Stimme hat den Vätern und Müttern der Welt seit jeher gesagt, dass Friede, Glück, romantische Liebe und Schönheit nur durch ihre Einigkeit kommen können. Es war niemals Einigkeit zwischen den Vätern und Müttern der Welt. Der Wunsch nach Glück kann jedoch erst erfüllt werden, wenn das Gleichgewicht zwischen den beiden gleichwertig unterteilten Partnern einer Partnerschaft die ersehnte Einigkeit möglich macht.

Wenn die Mütter der Welt Gottes Stimme gehorchen und die Väter der Welt ihre Herzen für das Gleichgewicht der Einheit bei der gemeinsamen Vater-Mutterschaft für die Welt öffnen, dann wird »der Friede, der alles menschliche Verständnis übersteigt«, INS SEIN TRETEN.

ANMERKUNGEN

1 John Newton, heute zu einer Melodie von Ernst Heinrich Gebhardt von 1875 gesungen

2 Es ist interessant, dass viele Menschen aus der Generation von Lao Russell schon die Big Band- und Jazzmusik als unerträglich empfanden, die für unsere Ohren heute vergleichsweise melodisch und geradezu lieblich klingt im Vergleich zu manchen neueren Musikstilen wie Hardrock, Techno und Rap. In wissenschaftlichen Pflanzenexperimenten wurde jedoch vielfach nachgewiesen, dass diese Musikstile das Wachstum von Pflanzen hemmen, während Mozart und andere klassische Musikstile das Wachstum fördern. Literatur z.B. von Peter Tompkins und Christopher Bird: »Das geheime Leben der Pflanzen«.

3 Dieser Anstieg in der Gewalt hat sich seitdem fortgesetzt und gipfelt in immer häufiger und in immer mehr Ländern vorkommenden »Schulmassakern«, bei denen einzelne Jugendliche viele Menschen und meist zum Schluss sich selbst töten. Auch die Selbstmordrate bei Kindern und Jugendlichen hat sich z.B. in den USA seit 1950 mehr als vervierfacht. Literatur zu diesem Thema z.B. von Gordon Neufeld: »Unsere Kinder brauchen uns«.

4 Aus: Fernstudienkurs Kosmisches Bewusstsein, Einheit 2, Lektion 7, S. 68

5 Richard Maurice Bucke, Kosmisches Bewusstsein, Insel, Frankfurt 1993. Zitate aus diesem Buch werden in diesem Kapitel durch ein Sternchen gekennzeichnet, wurden aber teilweise neu übersetzt.

6 »Der Gesang Gottes« ist eine der zentralen Schriften des Hinduismus, ein spirituelles Gedicht. Der vermutlich zwischen dem fünften und dem zweiten vorchristlichen Jahrhundert entstandene Text ist eine Zusammenführung mehrerer verschiedener Denkschulen des damaligen Indien auf Grundlage der Veden, der Upanischaden, des orthodoxen Brahmanismus u. a., steht aber den Upanischaden gedanklich am nächsten.

7 P. D. Ouspensky, Tertium Organum, Otto Wilhelm Barth Verlag, Weilheim 1973, S. 213-214

8 Pjotr Demjanowitsch Ouspensky, Auf der Suche nach dem Wunderbaren. S. 214

9 Ouspensky, S. 250

10 Nachdichtung von Hans Reisiger, in: Walt Whitman, Grashalme, Zürich 2008

11 Mary Baker Eddy, Rückblick und Einblick, 1934, S. 13

12 Mary Baker Eddy, Wissenschaft und Gesundheit. S. 475 f.

13 Mary Baker Eddy, Wissenschaft und Gesundheit. S. 109

14 Lao Russell spielt hier auf die Entstehung der Mondscheinsonate an.

15 Natürlich brauchen Kinder die bedingungslose Liebe durch ihre Eltern, die nicht an Leistung geknüpft ist, sondern einen warmen Raum der Geborgenheit bereitstellt, in dem das Kind die Welt erkunden kann. Gemeint ist hier, dass Kindern nicht eine verzerrte Wahrnehmung der Gesetzmäßigkeiten in unserem Universum bekommen, weil ihnen der Zusammenhang von Ursache und Wirkung vorenthalten wird.

16 Die Rede ist hier zudem nicht von Ganztagsschulen, sondern von Halbtagsschulen, die den Kindern morgens ermöglichen, grundlegende Kulturtechniken zu erwerben, und ihnen nachmittags genügend Zeit für freies Spiel lassen, möglichst draußen in der Natur. So war es zu Walter Russells Zeiten. Lao Russell ist nie zur Schule gegangen, sondern erhielt Hausunterricht.

17 Walter Russell, Die Botschaft der Göttlichen Iliade, Kap. 2, S. 60

18 Die Blüte Europas und der USA um die Jahrhundertwende basierte auf durch Kolonialismus und Imperialismus erlangtem Wohlstand.

19 Naturgemäß ist dies deshalb, weil Menschenkinder als hilflose und auf jahrelanges Stillen eingerichtete »Traglinge« zur Welt kommen. Die WHO (World Health Organization) empfiehlt eine Stilldauer von 2 Jahren »oder mehr«. Die stabile Bindung an eine Hauptbezugsperson und die Einbettung in ein »Bindungsdorf« aus vertrauten Menschen aller Altersstufen ist für ihre emotionale und intellektuelle Entwicklung von hoher Bedeutung. Sie brauchen die Erfahrung bedingungsloser Liebe und Geborgenheit, um später ihrerseits bedingungslose Liebe geben zu können. Die daher für jede Gesellschaft zentral wichtige Aufgabe der Kindererziehung (und Altenpflege) gilt heute als minderwertig und erhält nur in ihrer professionalisierten Form (Erzieherin, Altenpflegerin) minimale Anerkennung. Das Problem ist also nicht, dass Frauen mit ihrer Fähigkeit zu Schwangerschaft, Gebären und Stillen prädestiniert dafür sind, die erste Hauptbezugsperson für ihre Kinder zu sein und ihnen ein stabiles geborgenes häusliches Umfeld zu bieten, sondern dass dieser weibliche Pol und die mit ihm verbundenen Eigenschaften und Fähigkeiten abgewertet werden, zugunsten einer einseitigen Ausrichtung auf marktgerechte Erwerbsarbeit.

20 Seit 1955, dem ersten Erscheinen des Buches, hat sich in zahlreichen Ländern Vieles getan, und Lao Russells Wunsch hat sich zu verwirklichen begonnen. Das passive Wahlrecht für Frauen ist in Europa mit dem EG-Vertrag Art. 19 eine Selbstverständlichkeit. Frauen sind heute ebenso gut oder gar besser ausgebildet als Männer und fordern nun die Umverteilung aller (jetzt) bezahlt und (jetzt) unbezahlt geleisteten gesellschaftlich nützlichen Arbeiten auf beide Geschlechter.

21 Inzwischen dürfen Frauen in einigen Ländern Soldatinnen werden und müssen z.B. in Israel sogar Wehrdienst leisten. Hier werden sie, allerdings nur freiwillig, auch in Kampfeinheiten eingesetzt. Inwieweit dies ein Fortschritt ist, sei dahingestellt.

22 Staatschefinnen hat es seither in vielen Ländern gegeben, in den USA allerdings noch nicht, wo immerhin mit Hilary Clinton zum dritten Mal eine Frau Außenministerin ist. 2007 gab es in den weltweit 123 Demokratien 12 Staatschefinnen, also 10 %. Der sich hier anschließende Aufruf von Lao Russell, eine »Liga zur Gleichberechtigung der Frauen« zu gründen, wurde daher gekürzt. Heute erscheint es wichtiger, sich für das Recht von Männern und Frauen (und ihrer Kinder!) auf ein Ausleben ihrer weiblich-mütterlichen und männlich-väterlichen Aspekte einzusetzen. Wie schon erwähnt (S. 61) werden derzeit alle Aspekte von Fürsorglichkeit und Erziehung sowohl durch

220

Väter wie durch Mütter aus der Familie in professionalisierte und kommerzialisierte Bereiche öffentlicher Institutionen verlagert. Die vorstaatliche Daseinsform Familie als Abbild der natürlichen Polarität wird zunehmend abgewertet, unter Generalverdacht gestellt und droht zu zerfallen zugunsten einer durchgreifenden Institutionalisierung des gesamten Lebens, während »Vater Staat« eine übermächtige Rolle als Beherrscher und Versorger zugeordnet wird, sowie zugunsten eines überhöhten Vertrauens in die Tätigkeit von »Profis« und Experten, gerade in Bezug auf Erziehung und Bildung der eigenen Kinder. Die Polarität zwischen männlichen und weiblichen Aspekten wird geleugnet bzw. für bedeutungslos erklärt (»Gender Mainstreaming«). Männer und Frauen, die stattdessen den ausgewogenen gleichwertigen Austausch zwischen polar entgegengesetzten Partnern als den eigenständigen Untereinheiten der Schöpfung fördern wollen, haben sich in Deutschland zum Beispiel im Familiennetzwerk »Familie-ist-Zukunft« zusammengeschlossen.

23 Dem Flieger Charles Augustus Lindbergh jr. (1902–1974) gelang 1927 die erste Alleinüberquerung des Atlantiks ohne Zwischenlandung, wodurch er zu einer der bekanntesten Personen der Luftfahrt wurde. Sein erster Sohn Charles III. wurde 1932 entführt und 12 Tage später tot aufgefunden; der Fall erregte aufgrund Lindberghs Berühmtheit weltweit Aufsehen und Anteilnahme.

24 Luther Burbank (1849–1926), berühmter US-amerikanischer Pflanzenzüchter, der mehrere hundert neuer Obst-, Gemüse- und Zierpflanzensorten züchtete. Zu Anfang des 20. Jahrhunderts suchten viele Farmer nach besser transportfähigen Sorten, um die neuen Vertriebsmöglichkeiten der Eisenbahn nutzen zu können. Burbank war in der Lage, Pflanzen mit den gewünschten Eigenschaften »auf Bestellung« zu liefern. Er pflanzte zigtausende von Samen. Wenn sie keimten, ging er schnell an den Saatreihen entlang und riss die meisten aus – lange bevor die Eigenschaft, nach der er suchte, sichtbar war (z.B. härtere Haut oder langsamere Fruchtreifung). Die Pflanzen, die er stehen ließ, hatten die gewünschten Eigenschaften.
Burbank gab zahlreiche Kataloge mit seinen Pflanzen heraus, schrieb aber nie etwas über seine Methoden. Swami Yogananda besuchte ihn und fragte ihn danach. Burbank antwortete: »Ich habe viele Sinne, die andere Menschen nicht haben, und kann damit Eigenschaften von Pflanzen erkennen.« Yogananda hakte nach und fragte, wie Burbank seinen Kaktus ohne Dornen produziert habe. Burbank antwortete: »Ich habe mit ihm geredet und ihm gesagt, dass er keine Dornen mehr brauche, denn ich würde ihn beschützen.«
(Quelle: http://www.wholistichealingresearch.com/futurestudies.html)

25 Originale Erstausgabe 1955.

26 Diese von Lao Russell 1955 mitten im Boom der Nachkriegszeit getroffenen weitblickenden Aussagen beginnen sich gerade heute in Zeiten der weltweiten Krise in vollem Ausmaß zu bewahrheiten.

27 Anspielung auf den berühmten Roman »A Christmas Carol« (Ein Weihnachtslied) von Charles Dickens. Der geizige Geschäftsmann Ebenezer Scrooge wandelt sich aufgrund innerer Erlebnisse und Erscheinungen zu einem gütigen, die Not der Menschen lindernden alten Herrn.

28 Charles Proteus Steinmetz (1865–1923), deutsch-amerikanischer Elektroingenieur, der Deutschland aufgrund der Sozialistengesetze unter Bismarck verlassen musste. Er

entwickelte Theorien zum Wechselstrom, die das Wachstum der Stromindustrie ermöglichten, und hielt über 200 Patente. Über ihn ist folgende Anekdote überliefert: Eines Tages fiel bei General Electric eine komplexe Anlage aus. Es handelte sich um einen ganzen Raum, vollgestopft mit hochkomplizierter Maschinerie. Zu diesem Zeitpunkt war Steinmetz bereits pensioniert, aber die Ingenieure bei General Electric waren – nachdem sie längere Zeit erfolglos herumgesucht hatten – verzweifelt und forderten Steinmetz als Berater an. Steinmetz schlurfte von Maschine zu Maschine, maß hier etwas, öffnete dort eine Luke, schrieb etwas in sein Notizbuch usw. Nach etwa einer Stunde nahm er ein Stück Kreide und markierte mit einem großen 'X' das Gehäuse einer Maschine. Die Arbeiter schraubten das Gehäuse ab und fanden das Problem im Nu. Als die Firma Steinmetz' Rechnung in Höhe von $10.000 bekam, weigerte sie sich zu zahlen. »Das erscheint uns ein wenig hoch für ein Kreidezeichen, bitte schlüsseln Sie Ihre Rechnung auf.« Nach einigen Tagen erhielten sie folgende aufgeschlüsselte Rechnung: Anbringen eines Kreidezeichens: $1; Wissen, wo es hingehört: $9.999

29 Theodore Roosevelt jr. (1858–1919), US-Präsident von 1901–1909, litt als Kind unter starkem Asthma und zahlreichen Allergien, ging gegen diese Einschränkungen jedoch mit eiserner Willenkraft und viel Sportlichkeit an.

30 Erst 1959, also vier Jahre nach dem ersten Erscheinen des Buches, gelang der Sowjetunion die erste Mondumrundung.

31 Walter Russell, Die Botschaft der Göttlichen Iliade, 1. Vortrag.

Lao und Walter Russell

Fernstudienkurs
Kosmisches Bewusstsein

Format: DIN A4
Lose-Blatt-Sammlung • 520 Seiten
Zahlreiche Abbildungen
€ 125,00 (Deutschland) / € 135,00 (Ausland)
(inklusive Versandkosten)

Mit diesem legendären Fernstudienkurs, den weltweit seit 1950 schon zahlreiche Menschen absolviert haben, können Sie sich in zwölf systematisch aufgebauten Kapiteln schulen, um Ihr ureigenes Potential zu verwirklichen. Die ganze Genialität der Russells ist in diese gründlichen Unterlagen zum Selbststudium geflossen.

Themen: Meditation, Gebet, Erleuchtung, Denken wissenschaftlich erklärt, Das geschlechtliche elektrische Universum, Der schöpferische Prozess, Das Wesen der Energie, Gleichgewicht, Leben und Tod, Meisterschaft durch Wissen, Das Geistige und das Physische, Schöpfung, Klang Stille und Wellenschwingungen, Wissen zur Selbstbestärkung, Elektrische Polarität, Reinkarnation, Transformation durch Kosmisches Wissen, Das Geheimnis der Zeitalter, Das kubische Wellenfeld, Die Würfelkugel des vierdimensionalen Universums, Der Schöpfungsprozess des Universums, Die Erschaffung von Materie, Das Wesen der Energie, Zivilisation und Charakter, Das Buch der Liebe.

Walter Russell

Die Botschaft der Göttlichen Iliade

Von der ewigen Reise der Schöpfung
gebunden • Leseband • 339 Seiten
€ 25,00 • ISBN 978-3-934719-18-7

Im Jahr 1921 erlebte der damals 49-jährige, als Künstler und Architekt äußerst erfolgreiche Walter Russell eine 39-tägige Periode der »Entrückung ins Licht«, in der ihm umfassendes Kosmisches Bewusstsein zuteil wurde. In diesem Zustand schrieb er über 30 000 Worte praktisch ohne Korrekturen.
Ein Teil der Texte wurde zusammen mit erläuternden Vorträgen und Fragenbeantwortungen zu einem der Hauptwerke Walter Russells zusammengefasst, der »Botschaft der Göttlichen Iliade«, auf die er sich in sämtlichen anderen Werken immer wieder bezieht.

Russell selbst schrieb zu diesem Buch: »Das Genie steckt in jedem. Nur kosmisches Wissen allein macht jedem Menschen sein ihm innewohnendes Genie bewusst, so dass er es in seinem eigenen Leben anwenden kann. Jeder Mensch kann werden, was er werden möchte. Ein Verständnis unserer Beziehung zu Gott und Seinem Universum ermöglicht es uns, jede Höhe zu erklimmen, die wir uns wünschen. Der Zweck dieser Botschaft der Göttlichen Iliade ist es, Ihnen dieses Verständnis vom Kosmos zu geben. Es ist mein tiefster Wunsch, dieses Wissen mit Ihnen zu teilen.«

Walter Russell

Das Genie steckt in jedem

4. Auflage
gebunden • Leseband • 90 Seiten
€ 8,20 • ISBN 978-3-9806106-5

In jedem Menschen steckt ein ungeheures Potenzial, das in dem Augenblick beginnen kann, sich zu entfalten, wo wir es anerkennen.
Wir brauchen nicht in der Angst zu leben, wir seien nur Massenware und nicht gut genug. Wir alle haben einzigartige Aufgaben, die nur wir auf dieser Erde und für diese Erde erfüllen können – und wir erkennen diese Aufgaben ganz einfach daran, dass sie uns Freude machen!

Das Buch schenkt uns den Mut, unserer Herzensstimme zu folgen. Ein wunderbares Geschenk für alle, die sich gern kleiner machen, als sie sind – und wir alle sind größer, als wir denken!

---

www.walter-russell.org

Glenn Clark

Walter Russell – Vielfalt im Einklang

Die Biographie des berühmten Universalgenies
3. Auflage
gebunden • Leseband • 106 Seiten
mit zahlreichen Fotos
€ 12,80 • ISBN 978-3-9806106-6-7

Nikola Tesla riet ihm, seine revolutionären wissenschaftlichen Erkenntnisse für 1000 Jahre wegzuschließen, bis die Menschheit reif genug sei. US-Präsidenten ließen sich von ihm porträtieren. Mit den bedeutendsten Denkern seiner Zeit stand er in geistigem Austausch. Er entwarf Gebäude, die heute noch berühmt sind und entwickelte ein geniales System der Eigentümerkooperative. Mit siebzig Jahren gewann er Preise im Eiskunstlauf ...

Der faszinierende Weg und die wegweisenden Ansichten des Universalgenies Walter Russell (1871–1963) machen die geistigen Grundlagen seiner phänomenalen Leistungen nachvollziehbar – für jeden! Anhand dieses Buches wurde seine kongeniale Frau Lao Russell auf ihn aufmerksam.